史上最強の三冠馬 ナリタブライアン

サンケイスポーツ記者
鈴木 学

ワニブックス

はじめに

1993年春、プロ野球・ヤクルトスワローズのユマ・キャンプの取材から帰国後、私はサンケイスポーツの競馬担当になった。1989年の入社以来ずっと「競馬記者になりたい」と訴えてきた結果、ようやく掴み取った待望の異動だった。そこからの数年は、夏競馬を除く週中のほとんどを滋賀県の栗東《りっとう》トレーニングセンターでの取材に費やした。

スターホースがレースに出走する週は、全休日の月曜からレース前日まで泊まり込みで朝早くから取材し、毎日その馬の記事を書くことになる。1993年の夏にデビューしたナリタブライアンもその一頭だった。中でも1994年は、三冠制覇を目論むナリタブライアンと、古馬の頂点を目指す、その兄のビワハヤヒデを中心に取材活動をしていたと言っても過言ではなかった。当然、ナリタブライアンのクラシック三冠レースすべてをこの目で見て、取材し、記事を書いた。それだけにナリタブライアンは、私が最も多くの時間を割いて取材した競走馬の一頭であるのは間違いない。私にしか書けないエピソードもあると自負している。

あれから時は流れ、2024年はナリタブライアンの三冠達成から30年目に当たる。そんな節目の年にナリタブライアンのノンフィクションを書き下ろすことになった時、私は決意した。

当時の取材では明かされなかった真実を浮き彫りにする――。

ナリタブライアンはなぜ菊花賞の前哨戦の京都新聞杯で敗れたのか？

１９９５年春に股関節炎を発症後、調整不足が明らかだった天皇賞（秋）を復帰初戦に選んだ理由はなんだったのか？

もしビワハヤヒデと対戦していたら、どちらが勝っていたのか？

なぜナリタブライアンは高松宮杯に出走したのか？

それらを解き明かすため、30年前後の時を経て新たに取材を開始した。

ナリタブライアンを管理した大久保正陽《まさあき》調教師と馬主の山路秀則《やまじひでのり》さんが亡くなった今、４人の伝説のジョッキーから話を聞くのは絶対条件だった。ナリタブライアンの主戦を務めた南井《みない》克巳《かつみ》さん、ビワハヤヒデの手綱を託された岡部幸雄《おかべゆきお》さん、ナリタブライアンと伝説の名勝負を演じたマヤノトップガンの主戦・田原成貴《たばらせいき》さん、そしてナリタブライアンの現役最後となったレースの手綱を取り、今なお騎手として第一線で活躍している武豊《たけゆたか》さん——。

２０２３年10月から24年３月にかけて実現した４人のインタビューのおかげで、30年前よりも真実に近づけたという思いが強い。それが真実かどうかはわからないが、少なくとも自分自身が納得できる答えを見つけ出そうと努めた。

７年４カ月と24日というナリタブライアンの生涯はあまりにも短いが、それは濃密で波瀾万丈だった。本書を読んで、これまでと異なるナリタブライアン像を見い出せるなら幸いだ。

史上最強の三冠馬
ナリタブライアン

目次

序章

栗東の地で南井克巳と再会

現役時代の面影を残す南井克巳

2023年10月3日午前7時、私は滋賀県のJR草津駅から乗ったタクシーに揺られていた。JRA（日本中央競馬会）の栗東《りっとう》トレーニングセンター、略して「栗東トレセン」への道すがら車窓《しゃそう》から見える金勝川《こんぜがわ》の流れ、その川岸に咲く彼岸花の群棲《ぐんせい》を懐かしく思うとともに、いくばくかの緊張感を覚えていた。受験の合格発表を見るために向かう学生のような心境だった。

栗東トレセンへ行くのは、ほぼ10年ぶりだった。その際は『週刊ギャロップ』の編集長として、漫画家の松本ぷりっつさんを連れていった。ギャロップ誌で「おってけ！3ハロン」という、競走馬を擬人化した爆笑妄想ウマ漫画を連載してもらっている彼女に栗東トレセン潜入ルポを描いてもらうためだったが、その時はまったくのノープラン。それでも、彼女の持って生まれたセンスによって、後日届いた漫画は爆笑エピソードたっぷりだった。

しかし今回は違う。無計画では臨めなかった。それではヘビー級のプロボクサーに丸腰で立ち向かうようなもの。この日の取材によって、本書の方向性が大きく変わってくる。大げさに言うなら、これからの運命を決める一日だった。

スポーツ紙を中心とする取材記者が宿泊する愛駿寮《あいしゅんりょう》近くの通用門に着いたが、開いている気配がない。この日の取材そのものを拒否されたようで不安がよぎる。運転手に正門へ向かうように告げた。Uターンし、シンザン像を左手に見ながら左折して坂を上り、右手にあるトレセン事務所を通り過ぎると凱門《かちどきもん》、通称・正門に着いた。警備員に顔写真付き通行章を示し、取材の旨を伝えると私を乗せたタクシーはトレセンの中に吸い込まれていった。

この日、トレセンの中は閑散としていた。それもそのはずで全休日だからだ。普段の全休日は月曜日だが、この日は火曜日。厩務員組合の主催するレクリエーションと重なったため、全休日になっていた。

正門から真っすぐ進み、静かな厩舎地区を抜けるとお目当ての調教スタンド（ふたつあるうちの小さいほう）が見えてきた。全休日とはいえ変則日程のため、その週の特別レースに登録した競走馬だけは調教が認められている。その馬たちにまたがって調教を終えた調教助手が、数人の新聞記者に囲まれていた。タクシーを降りると、ノースフェイスのブルゾンにブルージーンズ、そしてスニーカーというラフな出で立ちの男がスタンドから出てきた。

南井克巳。この人こそ、私の命運を託した人物だった。

「おはようございます」

笑顔で私に声をかけてくれた。以前と同じように受け入れてくれたと思いホッとした。

「ご無沙汰しております」

「やっぱり全休日だったね」

「ええ。でも静かでいいと思います」

「やっぱり」と言われたのは、南井さんが栗東トレセンを取材の場として指定した際、厩務員をしている友人に「その日、全休日やで」と言われたことを伝えていたからだった。

栗東トレセンで会うのは20数年ぶりだろうか。彼が調教師に転身してから、ここで会うのは初めてだった。現役当時に比べるとふっくらしているが、その年の２月までテレビで見ていた調教師としての姿と、当たり前だがなんら変わりはない。

その年の２月いっぱいで南井克巳は調教師を定年で引退した。調教師として管理馬を出走させる最後の日となった２月26日、２頭出しの阪神12Ｒは７着と12着。重賞の阪急杯に出走したメイショウケイメイは13着に終わった。騎手としてＪＲＡ通算１５２７勝、調教師として同４４６勝を挙げた男は「15歳からこの世界に入って55年間、無事に最後の日を迎えることができました。最後まで幸せに終わることができてよかったです。それもこれも皆さまのおかげです。本当にありがとうございました」と感謝を口にした。小倉競馬場での引退セレモニーで、調教師・藤岡健一《ふじおかけんいち》から花束を渡された時の号泣ぶりは特に印象的だった。

「健ちゃんとは古い付き合いだからね。（厩舎を開業すると、番頭役として）うちに来てくれたし。（向こうが）泣いたもんだから、こっちも泣けてきちゃったね」

藤岡健一とは、ジョッキーとしてふたり目の師匠である宇田明彦《うだあきひこ》調教師の厩舎で出会い、苦

▲調教師として定年引退を迎えた南井克巳は藤岡健一調教師からの花束贈呈で号泣した

楽を共にした。師匠が亡くなってからも南井は〝黄色が基調で黒丸五つ〟という宇田厩舎の調教服を身に着けてトレセンでの仕事に臨み、藤岡は調教師に転身し厩舎を開業すると、ほぼ同じデザインで黄色と黒を逆転させた調教服を新調した。ふたりは宇田明彦という人格者を介して固く結びついている。

調教師を引退してからは特に何もしていないという。

「朝6時半から1時間近く散歩して、ゆっくり食事して。あともう、ほんと何もすることない」

自宅にいる時は、そんな日常を過ごしているという。トレセンはたまに訪れる程度。競馬場にも行かない。馬券も買っていない。

「テレビで競馬を見て、自分が今まで育てた馬が別の厩舎に移ってどういう競馬をするのかなと、それを見るのが楽しいだけ。知っているオーナーの馬が出てれば、テレビでレースを見て応援しているぐらい。だから、その先の2年、3年、4年後は何も考えてないですよ」

夏の間は、妻の実家がある北海道・小樽《おたる》にいたそうだ。現役時代には決して味わえなかった平穏を今はゆっくりと心から味わっているように見えた。

「まずはどうする？」

「では写真を」

私がバッグからカメラを取り出すと、南井さんは先導してくれるように、すぐ近くにある樹木が生い茂る小さな丘に向かった。広々とした調教コースを左手に見ながら上っていくと、ナリタブライアン像が姿を現した。

トレセンの外で先ほど再会したシンザン像は、その史上初の五冠馬を管理した調教師・武田《たけだ》文吾《ぶんご》が寄贈したものと聞くが、**このナリタブライアン像はＪＲＡが造ったものだ**。作製した当時（１９９８—９９年）の栗東トレセン場長から「シンザン以来の関西馬として三冠馬になったナリタブライアンの銅像を栗東に造りたい」という要望があって、話を進めたという。

像の制作を発注した富山県高岡市の工場へナリタブライアンの写真を手に検品に行ったのは、栗東トレセンの総務課長を務めていた増田知之《ますだともゆき》だった。

「直すところはなく納品され、日々の調教を望める今の場所に設置されました」

のちに東京競馬場の場長を務める増田の岳父《がくふ》は、三冠馬シンボリルドルフを管理した調教師・野平祐二《のひらゆうじ》。ナリタブライアンは、その名と強さから〝皇帝〟と呼ばれたシンボリルドルフに次いで三冠馬になったのだから、奇縁を感じてしまう。

東京競馬場にあるウオッカ像や京都競馬場にあるコントレイル像は馬主から寄贈されたもので、ＪＲＡが自ら進んで名馬の銅像を作製・設置するのは、ナリタブライアン以降、ひとつもない。ナリタブライアン像は、かつて自身も走っていた調教コースの３〜４コーナー辺りを見るように置かれている。その隣には武田文吾の銅像もあり、そちらはコースの直線を睨みつけるかのようだった。

南井さんはどんな思いを抱きながら、かつての愛馬の像と一緒に写真に納まっているのだろう。撮りながら思っていたが、その表情から読み取ることはできなかった。

「隣に昭和天皇が調教をご覧になった施設があったんだけど、なくなっちゃったんだね」

１９７５年５月25日、全国植樹祭が金勝山で開かれた際、昭和天皇・皇后両陛下が栗東トレセンに来場され、ベランダから調教風景をご覧になった施設のことだ。あとで調べたら２０１６年に老朽化のため取り壊されたという。跡地にはご来場の記念碑だけが残されていた。

形あるものはいつかは壊れる。それが宿命だとしても、ナリタブライアンが輝いていた日々はなんと短かったのだろう。

１９９３年８月15日にデビューしたナリタブライアンは、最後の出走レースが１９９６年５月15日の高松宮杯だった。

２年９カ月という実働期間は、名馬の競走生活としては妥当と言える。しかし、種牡馬入りしてわずか２年後の１９９８年９月27日に急死。１９９１年５月３日に生を享《う》けてから、７年４カ月と24日という、あまりにも短い生涯だった。

三冠のレースぶりは、ディープインパクトが登場したのちすら〝史上最強〟と言われることがある。実際に三冠すべてを現場で取材した私も、その類《たぐ》い稀《まれ》な強さは目に焼き付いている。

▲ナリタブライアン像を前に。三冠ジョッキーの面影はまだ消えていない

圧倒的強さでライバルたちを蹴散らす姿を「暴力的強さ」と表現したこともあった。

ところが、三冠達成の翌年春に故障を発生。秋に復帰したものの本来の強さを取り戻せずにいた。96年にマヤノトップガンとの歴史に残る一騎打ちを演じて復活をアピールしたのも束の間、続く天皇賞（春）でサクラローレルに不覚を取ると、天皇賞より２０００メートルも短い１２００メートルのスプリントＧⅠに電撃参戦をする。そこで敗れたあとに、不治の病と言われる屈腱炎《くっけんえん》の発症が判明……栄光のあとに降って湧いてきた不運や不幸は、ナリタブライアンのあずかり知らぬ力によって生まれた「闇」に翻弄されたものと言えるかもしれない。

その闇のひとつが「人間」であるのは明白だ。

２０２４年はナリタブライアンの三冠達成30周年という節目の年。個人的なことを言えば、私は同年に還暦を迎える。その節目の年に、現場で最も取材した競走馬の一頭であるナリタブライアンの足跡を辿ってみたいと強く思うようになった。その思いを伝えて実現したのが、この日の南井克巳さんへの長時間にわたるインタビュー取材だった。写真撮影から戻った調教スタンド１階にあるテレビには、ＮＨＫＢＳプレミアムの朝ドラ『ブギウギ』が映っていた。それを見終わったあと、南井さんはナリタブライアンのすべてを話すと意を決するように言った。

「仕事しましょう」

そのひとことから、ナリタブライアンを巡る私の新たな旅は始まった。

第1章

故郷・早田《はやた》牧場 新冠《にいかっぷ》支場を訪ねて

1994 第61回 日本ダービー-G1
Narita Brian 1994 61th Japan Derby-G1

早田光一郎《はやたこういちろう》に烈火のごとく怒られる

1994年2月、僕は途方に暮れていた。

札幌から函館本線と日高本線を乗り継いで新冠駅に降り立った時、すでに約束の時間は過ぎていた。苫小牧《とまこまい》で乗り継ぎに失敗したのが原因だった。日高本線の車窓から見える太平洋は僕の心を反映しているように暗く沈んでいた。

降り立った新冠の駅前には車一台ない。タクシーに飛び乗るという思惑は見事に外れた。当時の僕は、携帯電話など持っていない。公衆電話を探して、先方に遅れることを詫びてからタクシーを呼んだ。

じりじりとした時間を経てようやくタクシーが到着した。

新冠町に「サラブレッド銀座」と呼ばれるエリアがある。国道235号から山側に入る一本の道の両側すべてがサラブレッドの生産牧場だから、その名が付いた。その道を山に向かって車はひた走り、右に曲がって橋を渡った。もう静内《しずない》町（現・新ひだか町静内／日高支庁沿岸中部に位置する）に近いといっていい小高い山の上にある早田牧場新冠支場に着いたのは、約束の時間から優に1時間以上が過ぎていた。

場主のいる執務室のドアを開けると、張り詰めた空気が僕の肌を差した。そこには、不快感をあらわにした早田光一郎がいた。

「いったい今何時だと思っているんだ。僕だって忙しいんだよ。予約していた散髪をキャンセルしてここにいるんだからね」

相手の怒りに肝が縮んだ。

その1週間前だった。栗東トレセンで記事をノート型ワープロで打っていると、週刊ギャロップ編集長の芹澤邦雄から電話が来た。ギャロップでビワハヤヒデとナリタブライアンの連載を始めるから、執筆者のひとりになってくれという。

「まずは、今度の休みに北海道の早田牧場新冠支場の取材に行ってくれ」

サンケイスポーツの記者だった僕に白羽の矢が立ったのは、当時僕が東京本社の記者でありながら、毎週のようにビワハヤヒデとナリタブライアンが調教を積んでいる栗東トレセンに出張し、2頭の取材を行っていたからだろう。サンケイスポーツと週刊ギャロップの二足の草鞋《わらじ》を履くことができるのだろうかという不安もあったが引き受けた。

話を戻そう。自分のせいとはいえ、早田光一郎に烈火のごとく怒られるとは思いもよらなかった。若輩記者にも丁寧に取材に応じてくれていた人物の豹変ぶりに自分を恥じた。だが、平身低頭して謝ると、その表情は氷柱が太陽に照らされて溶けていくようにゆっくりとだが緩んだ。取材を始める時にはいつもの早田光一郎に戻っていた。

名門・早田家の期待を一身に背負った光一郎

ビワハヤヒデ、ナリタブライアンなどを生産した早田光一郎は〝日高の風雲児〟と呼ばれていた。ナリタタイシンの父として知られるリヴリアや、ナリタブライアンの父・ブライアンズタイムなどの種牡馬を輸入し、生産者としてはビワハヤヒデ、ナリタブライアン兄弟や菊花賞馬レオダーバンなどの優駿を送り出し、飛ぶ鳥を落とす勢いだったからだ。

早田光一郎は、ナリタブライアンを語る上で欠かせない存在だ。ナリタブライアンの父も母も購入した彼こそが〝ナリタブライアンの創造主〟といってもいいのだから。

早田光一郎は1946年9月19日に福島県桑折《こおり》町で生まれた。生家は、江戸時代から庄屋や名主を務め、広い山林や農地を保有する名門。明治時代には「資生園」という農場を経営していたという。早田牧場の正式名称が「農事組合法人資生園　早田牧場」であるのは、これに由来する。

家督を継いだ当主は代々、幼名を捨て「早田伝之助」を名乗る。初代伝之助は六代目の当主・早田弘道。フリーライターの石田敏徳《としのり》が、週刊ギャロップで連載した、人と馬をつなぐ絆のノンフィクション「名馬は一日にしてならず」によると、弘道は1000人近い弟子を持つ心学の大家で、私財を投じて用水路を造るなど地域の発展に貢献。それが認められ、幕府から名字帯刀を許され、1822（文政5）年に早田伝之助を名乗ったという。早田光一郎は十一代目当主・伝之助となる。

1917年、半田山に近い農地に競走馬を生産する「早田牧場」を開いたのは、光一郎の祖父である九代目当主の早田伝之助だった。年に2、3頭の生産だったというから、あくまで本業の農業とは別に趣味で行っていたようだ。

子宝に恵まれなかった九代目は、妹の長女・多喜子を養子として育て、多喜子の夫に鹿児島の子爵《ししゃく》・隆麿《たかまろ》を迎えて後継ぎとした。東京帝国大学を出て獣医師になった隆麿は戦後、福島県庁の畜産課に勤めていた。

1949年9月19日に隆麿と多喜子の間に生まれたのが光一郎だった。祖父以来、56年ぶりに誕生した早田家の跡取り息子は、祖父母からも玉のようにかわいがられて育てられたという。

県立福島高校に進んで馬術部に入り、埼玉国体に団体で出場して2位となった。高校3年の夏休みに1カ月のホームステイでオーストラリアに渡り、そのスケールの大きさに圧倒された。自然豊かな国に触れて、将来は祖父も営む馬の世界に進むと決めたという。

北里大学獣医学部では臨床外科学を主に学び、卒業後はカナダに渡った。ナッシュビル・スタッドで研修するためだった。

早田は、ノーザンダンサー、ニジンスキーという世界的名馬を生産したカナダのウインドフィールズファームでの研修を希望していた。しかし、同ファームの創設者から「うちの牧場は規模が大きすぎる。種付け、生産、育成から調教まですべて経験できる牧場を紹介する」という返事が届き、ナッシュビル・スタッドに決まったという。海外研修先がカナダだったことは、早田光一郎のその後の人生を大きく左右したといっていい。

早田牧場の事業拡大とその裏にあった苦闘

約1年半の研修を終えて帰国すると、「お前は早田家の跡取りだから、お前の好きに使え」と、父の隆麿から2000万円を渡された。父の退職金だった。

光一郎は再びカナダへ渡り、その金で2頭の繁殖牝馬を競り落とした。そのうちの一頭が、のちに3年連続でカナダの最優秀牝馬に選出されることになるモミジだった。

モミジの通算成績は44戦12勝で、日本円にして1億円余りの賞金を獲得。日本で牧場を開く資金の一部を早田光一郎の元へ運んでくれた。

ちなみに、モミジという馬名はカナダの国旗にもなっているメープルリーフから付けたものだが、実際の和名はサトウカエデ（樹液を煮詰めたものがメープルシロップゆえに砂糖楓《かえで》）。カエデをモミジと勘違いして名付けてしまったのはご愛敬か。

1978年に北海道に進出して開場した早田牧場新冠支場に「モミジファーム」という別称を付けたほど、生産者としての礎を築いてくれた牝馬に愛着を抱いていた。

モミジは「モミジⅡ」という名前で、早田牧場で繁殖入りした。日本に輸入された当時、モミジという繁殖牝馬がいたため本名の後ろにⅡが付くことになったが、カナダの最優秀牝馬は母としても優秀だった。1986年に4番子のロイヤルシルキーが重賞レースのクイーンステークスを勝った。

そうはいっても、モミジが獲得した賞金だけで北海道で牧場を開場できるわけではなく、早田光一郎は福島の名士を頼った。父の隆麿に引き合わされたひとりである阿部善男《よしお》が出資者、いわゆるパトロンになってくれた。

阿部一族は古くから福島県霊山町《りょうぜんまち》で製糸会社を営んでいた地元の名士。その次男、善男を筆頭に馬主でもある救世会病院院長の長男、幸男（早田の祖父、九代目当主・伝之助の主治医でもあった）、兄に感化されて馬主になった三男・幸暉《こうき》の阿部三兄弟が支えてくれたことで、早田は1978年1月に早田牧場新冠支場を開くことができたのだった。

ナリタブライアンの日本ダービー制覇後に作られた早田牧場の総合パンフレットにある沿革を眺めると、そこからの事業拡大のスピードの速さが尋常ではないことがわかる。

1978年（昭和53）1月　新冠支場設立
10月　有限会社静内牧場スタリオンセンター設立
1979年（昭和54）9月　株式会社セントラルブラッドストックサービス設立
11月　ファニーバード福島記念優勝
1982年（昭和57）6月　明和分場開場
1983年（昭和58）1月　第九代早田伝之助永眠
4月　早田隆麿第十代早田伝之助を襲名
7月　有限会社早田牧場設立
1986年（昭和61）9月　ロイヤルシルキー　クイーンステークス優勝
1987年（昭和62）3月　えりも分場開場
1989年（平成元）3月　CBスタッド開場
1991年（平成3）9月　ジンクタモンオー　G3-小倉3歳ステークス優勝
11月　レオダーバン　G1-菊花賞優勝
1992年（平成4）4月　新栄分場開場
9月　ペガサス　G3-新潟3歳ステークス優勝
10月　ディビーグロー　東京障害特別（秋）優勝

1993年（平成5）
11月　ビワハヤヒデ　G2-デイリー杯3歳ステークス優勝
9月　ビワハヤヒデ　G2-神戸新聞杯優勝
11月　ビワハヤヒデ　G1-菊花賞優勝
ペガサス　G3-福島記念優勝
12月　ナリタブライアン　G1-朝日杯3歳ステークス優勝
ビワハヤヒデ「年度代表馬」「最優秀4歳牡馬」受賞
ナリタブライアン「最優秀3歳牡馬」受賞

1994年（平成6）
2月　ナリタブライアン　G3-共同通信杯4歳ステークス優勝
ビワハヤヒデ　G2-京都記念優勝
3月　ナリタブライアン　G2-スプリングステークス優勝
4月　ナリタブライアン　G1-皐月賞優勝
ビワハヤヒデ　G1-天皇賞（春）優勝
5月　ナリタブライアン　G1-日本ダービー優勝
6月　ビワハヤヒデ　G1-宝塚記念優勝
マーベラスクラウン　G3-金鯱賞優勝

種馬場の静内牧場スタリオンセンターは、リヴリアやブライアンズタイム、ナリタブライアンなどを繋養《けいよう》するCBスタッドの前身。CBスタッド完成後は外国から輸入された繁殖牝馬の検疫厩舎として使っていた。

セントラルブラッドストックサービス（CBサービス）は、シンジケート種牡馬の事務管理、種牡馬株の斡旋・売買、種牡馬ノミネーションセールの開催などの業務を行うとともに、競走馬保険代理店業務や国内外の競馬の情報収集および提供を行う会社である。

早田光一郎は北海道へ進出した当初から、種牡馬導入、繁殖牝馬購入を含め生産および育成のすべてを自分のグループのみで完結させようとしていたわけだ。

「馬を鍛えることが、強くなる早道。単純なことなんです。だから、私はそのためには、どんどん投資をします」

早田牧場新冠支場には芝、ダート、ウッドチップの3つに分かれた坂路を造った。当初は1000メートルだったが、ちょうどナリタブライアンの世代が育成する年に1250メートルに延伸した。

「坂を上ってからの直線を長くした分、目いっぱいに追える距離を増やしたんです。できる限りのことはすべてしました」

とはいえ、それは成功間近の話。当初から生産馬の勝利が事業拡大に追いついていたかといえば、そうではなかった。

「10年以内にダービーを取る」

28歳の若さで早田牧場新冠支場を開場。その2、3年後に取材に訪れた新聞記者（週刊ギャロップ初代編集長の芹澤邦雄）にそう宣言したという。

だが、現実は厳しかった。あっという間に過ぎた10年の間に、早田牧場新冠支場の生産馬はダービー馬になるどころか、ダービーの出走すら果たせなかった。そのため、早田は日高の同業者から〝大ぼら吹き〟と陰口を叩かれた時期もあったという。

夢のダービー制覇に向けて続く挑戦

それでも、優れた血統の馬を集めることが、ダービーを勝てるような強い馬づくりへの近道であり基本。その考えを変えず、海外から良質の種牡馬と繁殖牝馬を購入し続けていった。

「優秀な繁殖牝馬を優秀な種牡馬と交配する。そのためには投資は惜しまず、積極的に海外に出て、いい馬を購入する」

生産馬のビワハヤヒデが菊花賞を制したハレの日にこんなエピソードがある。

ビワハヤヒデの圧倒的な強さを目の当たりにし、興奮冷めやらぬファンのざわめきの残滓《ざんし》が京都競馬場内を包むなかで始まった菊花賞の表彰式。早田光一郎は、父親の十代目当主・早田伝之助を生産者の表彰台に残し、夫人の由貴子とともに慌ただしくタクシーに乗り込んだ。アメリカへ行く飛行機の出発時刻が迫っていたからだ。

「競《せ》りが行われるんですよ」

勝利の余韻に浸る暇などない。早田光一郎は2頭目のクラシックホース生産者という最高の名誉を掴んだ時、それはすでに過去のものとして前を向いていた。

過去よりも未来のほうが重要。次代のクラシックホース、なかでもその頂点たるダービー馬を生産するための繁殖牝馬を求める旅のほうが大切だったのだ。

「これまで、いろいろな無駄なカネを使ってきたからこそ、今の自分があるんです。無駄といっても、すべてが強い馬をつくるための資本投下ですがね。新興牧場だからこそ、ポジティブ、アグレッシブでなければならない」

こうした資本投下が実を結んで、初めて生産馬がダービー出走を果たせたのが1991年のこと。レオダーバンだった。この時、トウカイテイオーという無敗の皐月賞馬がいたのにもかかわらず早田は、「勝てると思っていた」という。

しかし現実は2着が精いっぱいだった。続いて生産馬がダービーに出走したのはレオダーバンから2年後、1993年のビワハヤヒデだった。こちらも大きな希望を抱いて出走したが、またもや2着。同じ北海道でも静内町の名門・藤原牧場が生産したウイニングチケットに惜敗を喫した。

「ダービーを取るというのは難しいもんだ。甘いもんじゃない」

そうはいっても、レオダーバンは1991年の秋に菊花賞馬に輝き、牧場に初のGIタイトルをもたらした。開場14年目のことだ。ナリタブライアンがダービー馬になったのは、それから3年後のことだった。

GI初制覇から3年後には、早田は悲願のダービーどころか三冠馬を世に送り出した。GI初タイトル獲得からのペースは一気に加速した。牧場の基盤がしっかり固められた時期だからこそ、一気に花開いたと言っていいだろう。

最強の兄弟を産んだ名牝・パシフィカス

そのきっかけのひとつが、1889年12月に、**ビワハヤヒデとナリタブライアンの母・パシフィカスを手に入れたことだった。**

パシフィカスの競走成績は英国で11戦2勝。ひいき目に見ても特段褒められたものではないが、早田はその馬体に内在する血脈に注目した。父が〝20世紀最高の大種牡馬〟と言われたノーザンダンサーだからだ。しかも、パシフィカスの母・パシフィックプリンセスは米国GⅠのデラウェアオークスを制している。

早田にとって、ノーザンダンサーへの執着は並々ならぬものがある。海外での研修生活がノーザンダンサーを生んだカナダだったことが深く関わっているのは明白。さらにパシフィカスは、ノーザンダンサーと同じウインドフィールズファームの生産馬なのだ。

ウインドフィールズファームは、早田が「うちでは規模が大きすぎる」と研修の受け入れを断られた牧場ではあるが、そうしたきっかけがあったからこそ、帰国後に牧場主のE・P・テイラーと友好な関係を結べていた。

そして、英国ニューマーケットのセールで、パシフィカスを初めて見た時、早田の第一印象はこうだった。

「姿勢のいい馬だな」

早田には「種牡馬、繁殖牝馬ともに牝馬が鍵になる」という信念があり、ノーザンダンサーを父に持つパシフィカスは、たとえ馬体が今ひとつであっても購入するつもりでいた。ところが、実物を見た印象は想像以上だった。当然、買いの一手となった。

落札価格は3万1000ギニー。当時のレートで約5600万円という安さで買えたのは、お腹にいた子供の父親がシャルードという無名の種牡馬だったからだという。

そのシャルードを父に持つビワハヤヒデが、デビューするや日本競馬界を席巻する活躍を見せるのだから、競馬はわからないし面白い。また、そうした名牝を掘り出し物として手に入れた早田の幸運、強運には恐れ入る。

早田がブライアンズタイムを購入した理由

パシフィカスの購入に先駆け、早田はある種牡馬の購入を決めていた。**その馬こそ、ナリタブライアンの父となるブライアンズタイムだった。**

1989年の夏、早田は現役競走馬だったブライアンズタイムのトレード契約を結ぶためにアメリカへ向かった。

「ジャパンカップに参戦させたあと、日本で種牡馬にする」

そうした青写真を描いていた。

ブライアンズタイムの父はロベルトで、母はケリーズデイ（その父・グロースターク）。4歳のケンタッキー産の鹿毛《かげ》馬だった。

早田は最初、ブライアンズタイムのいとこで、同じロベルト産駒のサンシャインフォーエヴァーに目を付けていた。サンシャインフォーエヴァーは1988年に芝路線に転向後、大活躍を演じた。GⅠを3連勝し、ブリーダーズカップターフは2着に敗れたものの全米芝牡馬チャンピオンに選出されていたのだ。ところが、所有するダービーダンファームが提示した価格と折り合いがつかず交渉は決裂。そこで、ほぼ同じ血統構成のブライアンズタイムを代役として購入することになったのだった。

売買契約を交わした時点でのブライアンズタイムの競走成績は18戦5勝。追い込みを得意とし、1988年のアメリカ三冠レースの前哨戦・フロリダダービー（ダート1800メートル）で2歳チャンピオンのフォーティナイナーをクビ差で破ってGⅠ初制覇を果たした。単勝オッズ34倍というダークホースだった。

続くケンタッキーダービーでは5番人気に支持され、後方から鋭い末脚を繰り出したが追い込み届かず6着に敗れた。勝ったのは牝馬のウイニングカラーズだった。

三冠レースでの最高着順はプリークネスステークスの2着。ブライアンズタイムは、その秋にペガサスハンデキャップ（ダート1800メートル）を制して2個目のGⅠ勲章を手にした。

だが、その後のブライアンズタイムの成績は褒められたものではない。それでも早田はその馬に惹かれていった。日本で成功しそうな血統的魅力に満ちあふれていたからだ。

「（ブライアンズタイムには）ノーザンダンサーの血が入っていないからです。ノーザンダンサー系の繁殖牝馬がここまで増えると、ブライアンズタイムのようなアウトクロスになる種牡馬が必要になってくるんですよ」

実際、ノーザンテーストを父に持つノーザンダンサー系牝馬の宝庫だった社台《しゃだい》ファームでは、トニービン、サンデーサイレンス、ヘクタープロテクターといったノーザンダンサーのアウトクロスを矢継ぎ早に購入していた。ブライアンズタイムが導入された当時、サンデーサイレンス産駒はデビューしておらず、トニービンが大成功を収めていた。早田は言った。

「日本でのブライアンズタイムの成功はある程度、予測できたんです」

種牡馬の購入には莫大な資金が必要で、大きな賭けをするようなもの。成功すれば巨大な富を得られるが、産駒が鳴かず飛ばずなら借金だけが残る。早田も1994年当時、「この15年間で種牡馬だけで30頭は輸入しているけど、そのほとんどが駄目だった」と振り返っていた。

それでも早田が、ブライアンズタイムが成功すると読んだ理由はこうだ。

「リアルシャダイというお手本があったからなんですよ」

1993年、11年間もリーディングサイアーを守り抜いてきたノーザンテーストを王座から引きずり下ろしたのがリアルシャダイだった。早田がブライアンズタイムの購入を決めた1989年には、すでにリアルシャダイの産駒であるシャダイカグラが桜花賞を制覇するなど成功の第一歩を記していた。

同じロベルトを父に持つブライアンズタイムなら……というわけだ。

「失敗ばかりしていたから、駄目ならこの次はどうすればいいのか、それを考えながら行動できたんです。これだけ失敗を重ねているんだから、日本でシンジケートを組みやすい馬を持ってきたってバチは当たらないでしょう」

そう言って早田は豪快に笑った。

ジャパンカップに参戦させるため、トレード後はブライアンズタイムを芝のGIレースに走らせるつもりでいたが、球節《きゅうせつ》がもやもやしたことからジャパンカップどころか芝のレースを使えずに引退した。通算成績は21戦5勝だった。

輸入されたブライアンズタイムが繋養されたCBスタッドの場長・佐々木功《いさお》はかつて、橋本牧場の場主・橋本善吉《ぜんきち》に同行した海外で、マルゼンスキーがお腹にいた繁殖牝馬・シルの購入を目の当たりにした。マルゼンスキーが競走馬を引退し、種牡馬となってからその世話を14年間もしてきた。

「見た瞬間、『マルゼン級だ』と直感した」

一流種牡馬を知る男がブライアンズタイムをそう評価した。

「元気がいいし本当に素晴らしい種馬。一目見た時に成功を信じた。あと一歩進むと、気性難で手のつけようがない。でも、その少し手前、紙一重というような性格のほうが成功するんだ」

事実、サンシャインフォーエヴァーの代役が日本で大種牡馬になるのだから不思議なものだ。

その後、日本に導入されたサンシャインフォーエヴァーからは、これといった活躍馬が出なかったのだからなおさらだ。2020年代の今だと、ディープインパクトとブラックタイドの関係性を重ね合わせてしまう。

ブライアンズタイムとブラックタイドの類似点

ナリタブライアンに続く三冠馬・ディープインパクトは、日本の競馬を変えたサンデーサイレンスの直子の〝最高傑作〟と言われる。競走成績もそうだが、種牡馬としても父に匹敵する成績を残して数々の名馬を送り出した。ブラックタイドは、〝日本競馬の至宝〟とも呼ばれるほど誉《ほま》れ高いディープインパクトのひとつ上の兄。父サンデーサイレンスもディープインパクトと同じ。つまり、血統だけを見れば生年月日以外はまるで同じである。

2頭とも金子真人《まこと》に購入された（いずれも途中で金子真人ホールディングス株式会社に名義が変更）。2001年の当歳セレクトセールでのブラックタイドの落札価格は9700万円。翌年のセレクトセールに上場されたディープインパクトのそれ（7000万円）より2700万円も高値だった（落札価格はいずれも消費税別）。馬体の良さから、ブラックタイドのほうが高い評価を受けていたのだ。

ところが、競走成績は逆転。ブラックタイドも3歳時に重賞（スプリングステークス）をひとつ勝っているのだが、いかんせん1歳下の弟は、兄が屈腱炎《くっけんえん》で休養中に無敗で三冠馬となり、兄が2年3カ月ぶりに復帰した時には凱旋門賞出走に向けてフランスへ飛び立つ準備をしていた。屈腱炎から復帰後、一度も勝利を挙げることなく種牡馬入りしたのは、賢弟のそれから遅れること2年後だった。種牡馬入りできたのも、ディープインパクトの全兄《ぜんけい》という〝代用〟であったと想像するのは難くない。

ディープインパクトは先に述べたように種牡馬としても稀に見る活躍を演じる。キズナ、コントレイル、サトノダイヤモンド、ミッキーアイル、リアルスティール、リアルインパクト、ディープブリランテ、ロジャーバローズ、フィエールマン、エイシンヒカリ、アルアイン、ワールドプレミアなど多くの産駒が種牡馬になった。とはいえ、祖父や父に並ぶような後継馬と言える存在はいないというのが実情だ。

コントレイルの産駒がデビューしていない2024年春現在、ディープインパクトの有力後継種牡馬は同年の皐月賞馬・ジャスティンミラノを出したキズナ（祖母はナリタブライアンと同じパシフィックプリンセス）が一歩リードしているといえるが、評価が定まるのはジャスティンミラノの今後次第か。

ディープインパクトとは対照的に、すでに後継種牡馬が出て、そのサイアーラインが絶えないと思わせているのがブラックタイドなのである。**その産駒の中でただ一頭のGⅠ勝ち馬・キタサンブラックが後継種牡馬の地位を確立したからだ**。そればかりか、その子供のイクイノックスが〝2023年度の世界ナンバーワンホース〟の称号を獲得し、鳴り物入りで種牡馬生活をスタートさせた。初年度の種付け料は父キタサンブラックと同じ2000万円。破格の高額ながら、現役引退が表明された直後に早くも満口となったほど人気なのだ。

サンデーサイレンスのサイアーラインは枝葉を広げており、その中で最も繁栄すると思われていたのは当然ながらディープインパクト系だった。ところが現実は、キタサンブラック→イクイノックスと続くブラックタイド系が、サンデーサイレンスの血を後世に伝える最も有力な存在となっている。ディープインパクトの代用種牡馬が、本家を凌駕する成功を見せたのは、まさにサンシャインフォーエヴァーの代用で日本に導入されたブライアンズタイムを彷彿とさせるではないか。

芦毛の賢兄・ビワハヤヒデの誕生

時を1990年代に戻そう。

ブライアンズタイムへの早田の期待に変化はなく、種牡馬入りした1990年シーズンから上質の繁殖牝馬と重点的に交配させた。もちろん、パシフィカスもその一頭である。最も配合が合うというノーザンダンサーの牝馬なのだから当然だった。

ナリタブライアンが2歳時に7戦、日本ダービーまでに計10戦もできた理由も、早田は血統で説明できるという。

「5代までアウトクロスになっているように配合してあるからでしょう。アウトクロスのほうが丈夫な馬ができるようです。ブライアンズタイムはロベルト系ゆえ、どうしても球節が窮屈だけど、子のナリタブライアンにはそれがない。父と母のいいところだけを受け継いだのがナリタブライアンなんです。そう、僕のイメージしたどおりに出てきましたね」

ナリタブライアンの〝創造主〟は、そう語っていた。

ナリタブライアンを語る上で1歳上の兄であるビワハヤヒデも欠かせない存在だ。ナリタブライアンはデビュー前から賢兄と比較され、兄と並び、追い越す存在となった1994年秋には夢の兄弟対決を待ち望む競馬ファンが多かったのだから。

ビワハヤヒデが生まれたのは福島県にある早田牧場だった。

パフィフィカスを輸入した1990年はバブル経済の全盛期と重なり、繁殖牝馬の猛烈な輸入ラッシュとなっていた。そのため、成田空港の検疫所は満杯状態が続いていた。

パシフィカスもこの影響を受けて輸入の日程が大きくずれ込み、日本に到着したのは2月だった。出産予定日が近づいていたため、万が一を考えて北海道の早田牧場新冠支場へ連れていくのを断念し、福島に途中下車した。

早田牧場福島本場は当時、サラブレッド生産のメッカである北海道に新冠支場が創設されたことで、主に1歳馬の育成と休養馬やレースを終えた競走馬の疲れを癒やすための施設として利用されていた。

桜の蕾《つぼみ》もまだ固い1990年3月10日未明、パシフィカスが産気づいた。場長の熊谷治男が出産に立ち会った。10歳の黒鹿毛の母馬の出産はあっけなかった。

「外国で3頭の子供を産んでいるからかな、楽な分娩でしたよ。ここでの出産は昭和61（1986）年以来のこと。ビワハヤヒデの母親の時は一頭だけのお産だったから、余計に気になっていました。しかも、ノーザンダンサー（が父親）の牝馬なので、『ああ、いい血統だな』なんて思っていました」

そして、生まれてきた子の印象をこう語っていた。

「血統的に、芦毛《あしげ》はある程度想像していました。骨格もあったし、大きな体で生まれてきたので、いい悪いで言えば、いいほうの馬だな、という印象でしたね。でも、飛びぬけて良かったわけじゃない。まさか年度代表馬に選ばれるような馬になるとは思ってもみなかったです」

この話を聞いたのはビワハヤヒデの誕生から4年後だった。実はその時、熊谷にこうも言われていた。

「ずいぶんまえの話だから、はっきりした記憶がない」

それでも記憶の糸を必死に手繰ってもらい、どうにかこうにか引き出したエピソードだった。

一頭のみのお産でこうなのだから、多くいる繁殖牝馬の一頭が産んだナリタブライアンの出産当時のエピソードなど、牧場で多くの人に話を聞いても特筆すべきものは出てこなかった。

1990年春、高村光太郎の詠む「ほんとうの空」の下での生活も2週間が過ぎ、パシフィカス親子は北海道の早田牧場新冠支場・明和分場へ居を移した。明和分場で、のちにビワハヤヒデと名付けられるとねっ子を見た場長の太田三重の第一印象はこうだった。

「顔の大きな馬だなあ」

それは現役時代でもビワハヤヒデのトレードマークになった。

早田光一郎にとっては、ここからが本当の仕事だった。見ず知らずの外国人が付けたシャルードを父に持つ芦毛の子の出産が終われば、「今度は自分の配合」による種付けが待ち受けているのだから。

交配相手は決まっていた。

ブライアンズタイム。

それしか考えられなかった。

関係者の証言で振り返る幼少期

１９９４年冬の早田牧場新冠支場で早田光一郎は言った。
「馬の代金は夢の代金。夢を売るかどうか。『あいつのところなら夢が詰まっている。こいつなら託してみようか』と買い手が思ってくれるような馬をつくらないといけない。それには目的がなくちゃ駄目。目的がないのに『これが夢です』なんていうのは説得力がまったくない。僕の目的？　コンスタントにトップクラスの馬を出すこと。もちろん、ダービー馬をつくれれば最高です」

馬主となってサラブレッドを購入する時、人はどんな馬を真っ先に買いたいだろうか。ほとんどの馬主は「ダービーを勝てる馬」と思っているはずだ。

男馬（牡馬）を購入すれば、夢を見るのはダービーのゴールを先頭で駆け抜けるシーンであり、初夏の東京競馬場の美しい緑のターフ上で愛馬の横で記念撮影に臨むシーンだろう。

その夢が現実になる可能性が少しでも高い馬を生産する。それこそが「夢を売る男の使命」だと早田は思っているようだ。彼の話に耳を傾けながら僕はそう感じていた。

「だから、僕の場合は２０００から２４００メートルのクラシックディスタンス、特にダービーの２４００メートルを念頭に置いて配合を考えています。もちろん、ナリタブライアンだっ

て、そう」

取材も終わろうとしていた時だった。目の前に置かれた早田牧場のパンフレットを何気なく眺めていると、雪上でトレーニングしている2歳馬たち二十数頭の中の一頭に目が留まった。

「これ、ナリタブライアンじゃないですか？」

「どれ？」

「これです」

「この流星はたしかにナリタブライアンだね。気づかなかったよ」

そのパンフレットは30年後の今、残念ながら手元にないが、ナリタブライアンの日本ダービー制覇後に作られた48ページの総合パンフレット『HAYATA FARMS』にもその写真は使われ、丁寧にも「トレーニング中のナリタブライアン」というキャプションが添えられている。

牧場にいた時のナリタブライアンはどんな馬だったのだろうか。

前述のとおり、残念ながら誕生当時のエピソードに特筆すべきものはない。その証拠に繁殖牝馬を繋養する早田牧場明和分場の場長・太田三重はこう話した。

「皮膚が薄くてあか抜けた馬だなという第一印象の記憶しかない。特にナリタブライアンが凄かったということはなかった。うち（明和分場）は40頭近くの子供を取り上げるし、ブライアンズタイム産駒も（ナリタブライアンの世代は）7頭いたから。お産に立ち会う現場の人間は、

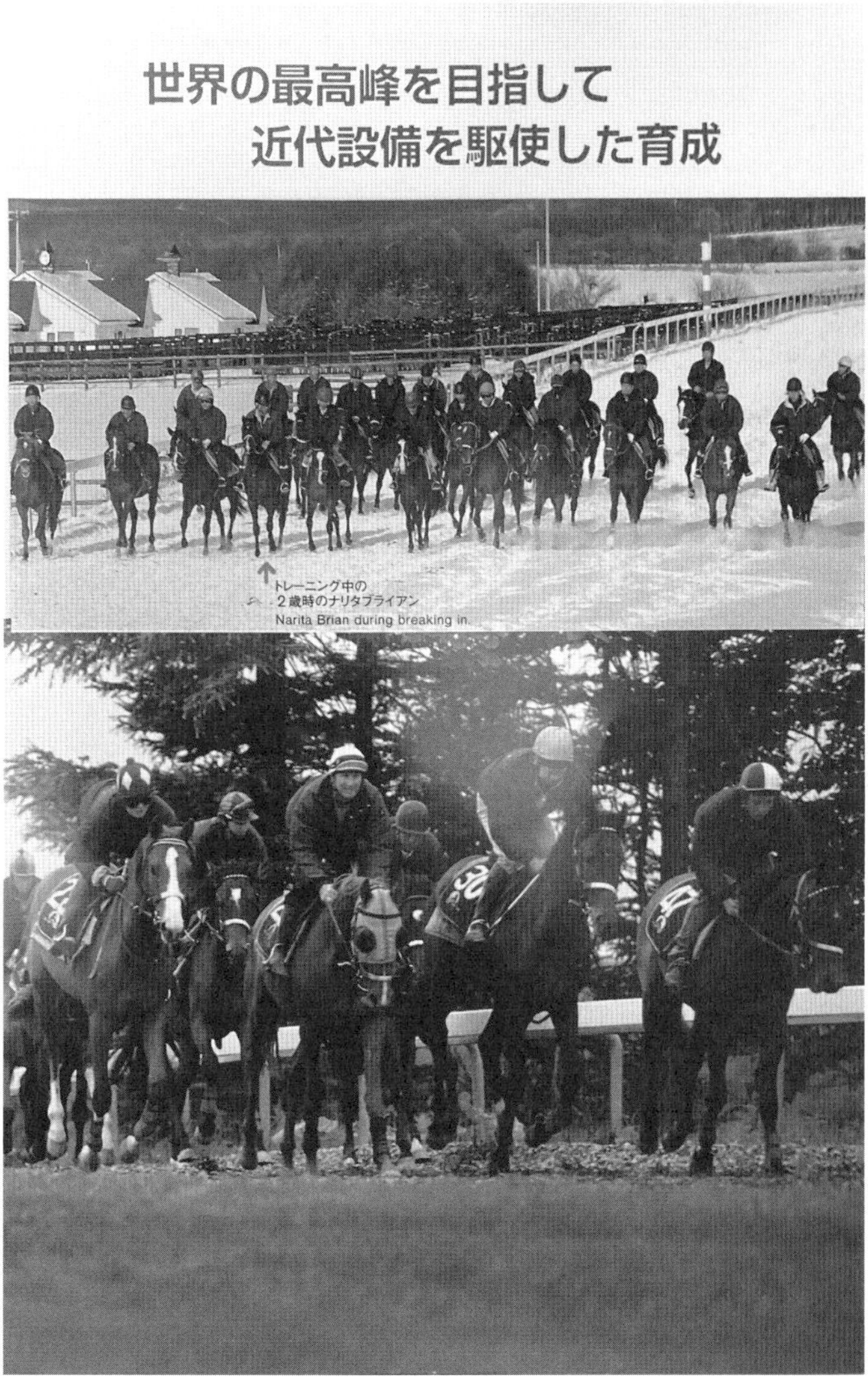
世界の最高峰を目指して
近代設備を駆使した育成
トレーニング中の
2歳時のナリタブライアン
Narita Brian during breaking in.

▲矢印とともに「トレーニング中の２歳時のナリタブライアン」とある

無事に生まれた子供には特別な印象がないということが多い」

ナリタブライアンも生まれた時はごく標準、ごく普通に誕生したのだ。

1歳馬の育成を行う早田牧場えりも分場の場長・三好善行は以下のように語っていた。

「ビワハヤヒデもナリタブライアンもいました。どちらかというとナリタブライアンのほうが記憶に残っています。体が小さかったけど、サラブレッドらしいサラブレッドと言うのでしょうか。バネ、スピード感があって、ゾクゾクとするものを感じました。馬同士ではヤンチャなところを見せていたんですが、人間に対しては甘えるようなところがあり、僕が放牧地に入るとすぐに寄ってきましたね。ここでは昼夜放牧を行っていて、夜中にこっそりと見にいくと、ナリタブライアンは先頭に立って他馬をリードしていました。必然的に運動量は同期の中でもトップだったでしょう。物おじしない根性は凄いなと思って見ていました」

早田牧場新冠支場の場長・宮下了はこう話していた。

「暴れん坊の半面、ちょっとしたことで驚いていた。バネが良すぎて調教では左右に逃げていくようなところも見せていた。気難しいところがあっただけに、活躍には喜びもひとしおだね。昔からマイナス材料を肥やしとしてきた馬。育成時代も同期生と喧嘩をしても、一週間くらいしたら、きっちりお返ししていた」

早田牧場新冠支場のチーフ攻馬手《せめうましゅ》・其浦三義はビワハヤヒデと比較してこう語った。

「ビワハヤヒデは全体的に均整が取れていて、1歳の調教が始まる1歳秋の時期に乗っていた中では首差しが良かったですね。なんと言ってもおとなしくて、若駒らしからぬ落ち着きがあって、まったく手のかからない馬でした。あんなに活躍する兄を見て、兄に比べて小柄なナリタブライアンが、育成段階で兄と比較されるのはかわいそう、と言ってきました。でも、印象が薄くて目立たなかったビワハヤヒデがあれだけ活躍するんだから、この弟だって絶対に走る（活躍する）。本当はGⅠを取れる予感があったのも事実なんです。（早田）社長だって、それなりに自信を持っていたみたいですしね。全体のバネというか、敏捷性と暴れた時の力は他の馬とは全然違いましたね」

早田牧場の全馬の削蹄《さくてい》を任されていた装蹄師の安藤明夫は言った。

「最初にツメ（蹄《ひづめ》）を見ようと近づいた時、馬体のバランスの良さと皮膚の薄さが印象に残りました。ブライアンズタイムの子供ということもありましたが、兄と違って最初から〝いい馬〟だと思いましたよ。体が小さい割には、蹄はビワハヤヒデよりもふた回りくらい大きかったですね。ツメの形、硬さも申し分なかった。角張ったビワハヤヒデに対して、ナリタブライアンは丸くて浅い。こうした馬はツメの質が弱いケースがあるだけに無事に行けるかがすべて、という気がしました。走り方の関係か左脚のツメの減り方が早かったですね。軽い挫跖《ざせき》（蹄底におきる炎症）をしたことがあった時でも、気性の勝った馬で、痛がるポーズは見せませんでした。根性は見上げたものがありました」

「何度かヒヤッとしたこともあったけど、無事に乗り越えたのは持って生まれた運の強さかもしれません」

CBスタッドの場長、佐々木功はこう話した。

「皮膚が薄くて、それでいて骨組みはしっかりしている。ツメが薄いのも、うまく遺伝してくれた。ブライアンズタイムは太陽の下で手のひらにツメを乗せると透けて見えるほど。薄くて丈夫だから、こんなにいいことはない。ブライアンズタイムの子は父によく似た気性の産駒が多い。中でも、ナリタブライアンは生き写しと言っていいぐらいだ」

ナリタブライアンを管理することになる調教師の大久保正陽《まさあき》が、初めてナリタブライアンを見たのは生まれた1991年の夏前だった。早田牧場明和分場を訪れた大久保に早田光一郎が「小さな馬なんですがね」と懸念点を挙げると、大久保は言下に否定するように口を開いた。

「**小さくてもいいんだ**」

一緒に来ていた馬主の山路秀則《やまじひでのり》の前で購入を即決したという。

のちに大久保は作家・木村幸治の取材にこう答えている。

「私はブライアンにはまあまあの評価でした。自分（の調教）に合うようなタイプだからオーナーに勧めた」と。

第2章

大久保正陽《まさあき》厩舎へ入厩、そしてデビュー

アヒルの子と喧伝されていたナリタブライアン

「これはモノが違うかもしれない」

ナリタブライアンに跨《またが》った途端、村田光雄《みつお》は黒鹿毛の2歳馬の柔らかな背中に驚いた。

「ハミ受けも全然違う」

速いキャンターに下ろした時の、重心を下げて加速していく感覚、そして鞍上からのサインに対する反応の鋭さに酔いしれた。

「ほんと、これまで乗ったどの馬にもない柔らかな背中だったんですよ」

このエピソードを、ナリタブライアンの世話をしている持ち乗り調教助手に聞いたのは1993年夏、ナリタブライアンがデビューに向けて札幌競馬場で調整している時だった。

札幌最大の繁華街・すすきの。その中心部にあるビルに入っている『一心亭』で、オリジナルの鉄板鍋を囲み村田光雄の話を聞いていた。

僕はその春、東京本社の記者でありながら、毎週のように関西に出張して栗東トレセンでの取材に明け暮れていた。それだけに夏の北海道開催で札幌に出張しても、親交を温めていたのは栗東トレセンで働く、僕と同世代の調教助手や厩務員だった。村田も年齢が近いこともあって（といっても僕のほうが4歳ほど上だが）自然と仲が良くなり、北海道で村田ら数人の厩舎仲間と一緒に食事をすることになった。

村田光雄は北海道新冠町西泊津《にしはくつ》生まれ。そこで生産牧場を営むハクツ牧場の場主・村田紀光《のりみつ》とその妻・クニエとの間に三男として生まれた。静内農業高校を卒業後、知人の紹介で名門・メジロ牧場に就職し、馬の乗り方を教わった。メジロマックイーンの育成にも携わったという。

メジロ牧場での3年間の修業後、千葉県白井《しろい》にあるJRA競馬学校厩務員課程に進み、厩務員として1990年春に大久保正陽厩舎に入った。

調教師の大久保正陽は当時、のちに宝塚記念と有馬記念を勝つメジロパーマーを預かっており、それ以前には〝三冠馬ミスターシービーのライバル〟と呼ばれたメジロモンスニーや、中山大障害（春）を勝ったメジログッテンなどメジロブランドの競走馬を預かっていたので、村田が厩舎に入ったのも自然の流れだったのかもしれない。

一心亭での食事の際にナリタブライアンの話に水を向けたのはもちろん、僕だった。すると村田光雄は、前のめりになって担当馬を絶賛し始めたのだった。

温厚で真面目な性格。人と話す時は笑みを絶やさない。だが、その端正《たんせい》な顔に似合わず、心のなかにしっかりとした芯を持ち、根は頑固。そんな印象を村田に持っていた。

村田の話に脚色や誇張はない。彼の性格や表情から、それは明白だった。

「兄のビワハヤヒデが皐月賞とダービーで2着だよ」

僕がそう言うと、村田はこともなげにこう返してきた。

「他の厩舎の馬とは比べられないけど、ナリタブライアンは凄い馬だよ」

出世した時に使えるエピソードをもらった。僕は心の内で喜んでいた。

村田光雄がナリタブライアンと初めて対面したのは、その年の5月11日。栗東トレセンの検疫所に、早田牧場から到着して検疫を終えたナリタブライアンを大久保正陽厩舎へ連れていくため迎えにいった時だった。

「コロッとした馬だな。兄が走る馬だから、凄い馬が入ってきたのかも」

その思いはナリタブライアンに跨るたびに強くなった。

「君の一生で二度と出会えないくらいの馬になるかもしれないよ」

夏に早田牧場新冠支場を訪ねた際に、場長の宮下了から掛けられた言葉も、現実のものとしてじわじわと大きくなってくるのを感じていた。

「そんなプレッシャーをかけないでください」

宮下に笑顔で言い返したが、双肩にかかる重圧は大きくなっていった。

だが、快進撃を始めるまでのナリタブライアンについての報道は、ビワハヤヒデの弟としてそれなりではあったが、意外とあっさりしたものだったと記憶している。

デビュー前の初追い切りで騎乗した南井克巳がコメントをほとんど残さなかったこともある

が、最大の要因は陣営がナリタブライアンを「普通の馬」と言い続けていたことにある。「白鳥」だとわかっていながら、「アヒルの子」であると流布《るふ》していたのである。

大久保正陽の長男で調教助手を務める大久保雅稔《まさとし》は、取材陣にこう言い続けていた。

「物見が激しくて、スズメが飛ぶだけで驚いて横に飛んでしまうほど臆病」

「目は他の馬に比べて小さいので、視野が狭いからビクビクしているんでしょうか」

ビワハヤヒデとの比較を聞かれると、決まってこう言った。

「比べるのがかわいそうですよ。いやほんと、こっちは普通の馬ですから」

ナリタブライアンが厚く覆われたベールを脱いで「普通の馬」でないことがわかった京都3歳ステークス（現京都2歳ステークス）のあと、大久保雅稔に真意を尋ねた。

「普通の馬とは思っていませんでした。乗ってみてわかっていましたよ。デビュー前から走る馬だってことは。普通の馬と言っていたのは、走る（デビュー）まえから〝**いい馬だ。走る馬だ**〟**と宣伝する馬に限って期待を裏切ることが多いからです**。だから、本当に走ると思った馬は、極力大きなことを言わないようにしているんですよ」

競走馬を管理する厩舎は縁起や験《げん》を担ぐところが多い。取材をしていて、大久保正陽厩舎は特にそれらを重んじているように感じていた。そうした厩舎の考えよって、ナリタブライアンは「普通の馬」として仕立て上げられていたのであった。

「ナリタブライアンを当歳時に買った時には、まさか上（ビワハヤヒデ）があんなに走るとは思っていなかった。だから、上の活躍に『そんなに走らないでくれ』と思っていた」

日本ダービーを制したあとに大久保正陽がそう振り返ったのも、デビュー前からいらない注目をナリタブライアンに集めたくないと思っていたからだろう。

ナリタブライアンが覚醒するまで、報道陣が大久保正陽厩舎の煙幕を言葉どおりに受け止めて「普通の馬」であると納得していたのは、ナリタブライアンがデビューまで傑出した追い切り時計を出していなかったためでもある。

21世紀となってから20年以上がたった今でこそ兄弟揃ってのGIホースは当たり前になったが、当時はまだ賢兄・賢弟は稀にしか出ていなかった。賢兄・愚弟はそこらにいくらでも転がっていても賢兄・賢弟などフィクションのような世界の出来事という、我々報道陣の先入観もあったはずだ。かくいう僕も村田光雄から「あの馬は走る」と聞かされていながら、陣営の煙幕に惑わされそうになっていた。

南井を成長させたふたりの師匠とタマモクロス

ここで、この物語のもう一方の主人公である南井克巳が登場する。

この頃、南井は毎年、夏開催は北海道シリーズに腰を据えて参戦していた。そこに声をかけてきたのが大久保正陽だった。

「君はダービーを取ったことはあるか」

「いえ、ありません」

「じゃあ、（ダービーを）本当に勝てるかわからんが、乗ってみるか」

厩舎で引き合わされたのがナリタブライアンだった。

30年前の南井克巳は、すでにトップジョッキーのひとりであった。関西では武豊が1987年にデビューし、2年目にはスーパークリークで菊花賞を制覇、3年目に早くも全国リーディングジョッキーに輝くなどその天才ぶりを発揮していた。

南井も大レースで騎乗する騎手のひとりとして欠かせない存在だったが、その地位を確立するまで、武豊とは対照的に長い時間がかかった。

1953年1月17日、京都市伏見区で生まれた南井は、父親の仕事の関係で4歳の時に愛知県刈谷《かりや》市に引っ越した。その街中でよく出会ったのが馬だった。

「刈谷市は瓦や土管などを作る窯業《ようぎょう》が盛んな街で、馬が瓦や土管を運んでいたんですよ」

2023年10月のインタビューの際に南井さんは教えてくれた。

引っ越しによって身近になった馬。加えて、父親が中京競馬場や名古屋競馬場に連れていってくれた。160センチに満たない小柄な体もあって、いつしか騎手を志すようになっていた。それは自然の成り行きだった。

南井が日本中央競馬会の第19期長期騎手養成所に入ったのは1968年4月。3年後の1971年3月に騎手免許を取得し、栗東の工藤嘉見《よしみ》厩舎からデビューした。初日に初勝利を挙げ、12月までの10カ月間で20の勝ち鞍を積み上げて関西騎手新人賞を手にした。

順風満帆のスタートを切り、翌年は34勝をマーク。3年目には46勝で関西リーディング3位となった。だが、そこから壁にぶち当たった。大レースに勝てない。それがデビューから1987年まで16年間も続いた。

「あの時は若かったから、気持ちの問題だったんでしょう」

GⅠの常連となってから、新聞記者に当時のことを聞かれれば、そう答えていた。さらにこう付け加えていた。

「GⅠで本命になる馬に乗っていなかっただけの話ですよ。チャンスのある馬に何回か乗れば、誰でも勝てるのがGⅠです。GⅠを勝ったとかで人間の価値は決められない」

30年後、改めて聞くと南井さんは頷いた。

「僕もいろいろと新聞社の方に言われてきましたよ。『(GⅠを)勝てないね。勝てないね』って。やっぱりチャンスのある馬に乗らなかったら勝てないし、別にGⅠを勝ったからといって人間としての価値とは関係ないと思う。みんな同じようなこと（努力）をやってきているんだから、GⅠを勝てたか勝てないだけで人間の価値を決めたら違うんじゃないのって言ってきた」

そうした考えの根底にあるのは、ふたりの師匠の教えだった。工藤嘉見と宇田明彦。このふたりの調教師のおかげで南井は人間として成長でき、GⅠを勝てる馬に巡り合えた。

第一の師匠・工藤嘉見には礼儀の大切さを学んだ。言葉遣い、頭の下げ方、他人に対する感謝の気持ちなどを厳しく教えられた。競馬は自分ひとりの力ではどうにもならないもの。周囲が機会を与えてくれて成り立つという師匠の考えによる。

「人に助けてもらわなければ、いい仕事ができない。だから礼儀が大切と厳しく教えられた」

第二の師匠・宇田明彦には自身の弱点を悟らされた。真面目すぎるところから脱却することが大事だと学んだ。

「もっとリラックスしろ。もっと力を抜いて馬に乗れ。ズブい人間になれと言われ続けた」

ふたりの師匠の教えが体に染み込み、自分のものになり、過去の自分と決別した頃に出会ったのがタマモクロスだった。ふたりの師匠によって生まれ変わった自分がチャンスを呼び込んだと言っていいかもしれない。

1987年3月、南井は明け3歳（当時の表記は4歳）となったタマモクロスの手綱を取って新馬戦に臨んだ。舞台は芝2000メートル。2番人気の支持を受け、逃げたが直線で失速して7着に敗れた。その後、舞台をダートに替えて3戦目に初勝利を挙げた。

ところが、芝に戻した4戦目に、前の落馬のあおりを受けて競走中止の憂き目に遭ってしまう。その影響があったのか、4戦続けて敗退。陣営は障害への転向も考えたというが、再び芝へ転向した途端、タマモクロスの快進撃が始まった。

京都・芝2000メートルの400万下（現1勝クラス）に5番人気で出走すると、南井が手綱を動かすことなく2着に7馬身もの差をつけて楽勝したのだ。

続く藤森特別（400万下、芝2000メートル）で南井は騎乗できなかったが、またもや8馬身差の圧勝。手綱を取った松永幹夫《みきお》は「このクラスにいる馬じゃない」と評したという。

当時のことを南井さんに2023年秋に尋ねてみた。

「タマモクロスは勝ち切れない時があったけど、それでも先生（調教師の小原伊佐美《おばらいさみ》）がずっと乗せてくれて。3歳の秋に京都で（藤森特別を）勝ったことで菊花賞にも出られたんですが、そういう時も菊花賞を使わないで鳴尾記念（GⅡ、阪神、芝2500メートル）に出て……」

重賞初出走で、2着に6馬身差をつけて圧勝した。

「その時点で小原先生が僕に乗せてくれたのが、やっぱり僕にチャンスを与えてくれたんだよね。天皇賞まで乗せてくれたのは。小原先生のおかげだし、オーナー（タマモ）のおかげ。ずっとタマモさんの馬に乗せてもらえたし、（僕が）調教師になってからは馬を預けてくれて重

賞も勝つことができた」

その年に34歳にして初めて関西リーディングジョッキーとなった南井は翌1988年、タマモクロスとのコンビで初のGⅠタイトルを獲得する。金杯（京都）と阪神大賞典を勝ち、重賞3連勝で臨んだ天皇賞（春）を制覇。続く宝塚記念も快勝してGⅠ連勝を決めた。そこに「大レースを勝てない」と言われた、かつての南井克巳の姿はなかった。

タマモクロスに出会えたのも、ふたりの師匠から学んだことを積み重ねてきたからこそ。その思いが南井にはある。それを「人と人との絆」という言葉に置き換えてもいい。

「今はもう騎手変更、騎手変更ばっかりでしょ。ある程度、馬が走ったら外国人ジョッキーに乗せたりね。大手のオーナーや牧場はそういうふうに決めているでしょ。昔は乗れなかった僕だって、そういうチャンスを与えていただいて大レースを勝つことができた」

南井のオグリキャップへの騎乗秘話

タマモクロスの引退後、オグリキャップの手綱が回ってきたのもタマモクロスの主戦を務めていたからだった。

天皇賞（春）と宝塚記念を制したタマモクロスにその秋、新たな強敵が現れた。それこそが

▲タマモクロス（左）に騎乗し天皇賞（春）に続き、天皇賞（秋）も制覇。写真中央はオグリキャップ

オグリキャップだった。

その年、地方競馬の笠松から中央競馬の栗東・瀬戸口勉《つとむ》厩舎に転厩してきたオグリキャップは、クラシック登録がなく皐月賞、日本ダービー、菊花賞の三冠レースには出走できなかったが、その類い稀な能力を中央でもいかんなく発揮。中央初戦のペガサスステークスから、毎日杯、京都4歳特別、ニュージーランドトロフィー、高松宮杯、毎日王冠と重賞6連勝で秋の天皇賞に臨んできた。

1973年に地方・大井競馬から中央に移籍するや快進撃を続け皐月賞を制したハイセイコー。国民的アイドルホースとなり、競馬ブームを巻き起こした立役者は〝怪物〟と呼ばれた。オグリキャップは、ハイセイコーと同じような境遇だったゆえに〝新怪物〟〝芦毛の怪物〟と呼ばれるようになっていた。

迎えた天皇賞（秋）。1番人気こそオグリキャップに譲ったが、勝負では完勝した。2番手を進み、最後の直線で猛然と襲いかかってきたオグリキャップの末脚を封じ込めた。

続くジャパンカップでもオグリキャップに先着（タマモクロス2着、オグリキャップ3着。勝ったのは米国のペイザバトラー）。引退レースの有馬記念こそオグリキャップの反撃に遭って2着に敗れたが、ライバルとして名勝負を繰り広げたことからオグリキャップの主戦として白羽の矢が立った。

▲オグリキャップでマイルCSも制覇し、南井はその剛腕を知らしめた

「『えー、僕でいいんですか』って瀬戸口先生に言うと、『うん、頼むわ』って。『あ、じゃ、乗ります』って言ったんです。だから、きっかけっていうのはわからないね。そのきっかけやチャンスをものにしていかなきゃいけないしね。やっぱり、プロっていうのはそんなもんでしょう。やっぱりいい馬に跨ってチャンスをものにするのが、その人のプロとしての偉さじゃないかな。GⅠというのは、そんなに恵まれて勝つもんじゃないもの。やっぱり能力がある強い馬が勝って当たり前というのがGⅠだと思うんだよね。うん」

２０２３年秋、そう言って南井さんは頷いた。

新馬戦の惜敗→9馬身も突き放した初勝利

南井がナリタブライアンに初めて跨った１９９３年夏の函館競馬場に時を戻そう。

調教の指示は「15―15（２００メートル15秒ペース）」だった。

「跨った瞬間から、これまでの馬とは違うなって感じた。緩いキャンターから速いキャンターへギアチェンジする時、ググッと重心を下げて加速したんです。あっ、この感触、一度だけ体験したことがあると。オグリキャップに追い切りで乗った時でした。何か、うまく言えないけど、うわあ凄いって感じ」

30年の時を経た今、その感覚を覚えているのか聞いてみた。

——新馬戦に乗るまえに調教に跨ったわけですよね

「一回。そんなにバリバリやってないんだけども、軽く乗りましたね」

——今振り返ってみると

「そうですね。いい馬ですけど、あんまり調教をバリバリやっていないから、大丈夫かなって一瞬、思ったことがありますよね」

——あ、そうですか

「うん。能力はある馬だなって感じはしましたけど」

——それでも、今や伝説みたいになっていますが、最初に跨った時、速いキャンターに移ると馬体が沈んだ、と

「そうそうそう」

——これと似たような感覚を以前、オグリキャップの追い切りで味わった。これは間違いないですか

「間違いないですね」

——オグリもやっぱりそういう馬だったんですか

「そうですね。速いところにいくと馬体がスーッと下がっていきましたね」

村田光雄が〝一生で二度と味わえない〟と感じた乗り味を、南井はオグリキャップと比類するものとして受け止めていたわけだ。

1993年8月29日、函館競馬場でナリタブライアンはデビュー戦を迎えた。舞台は芝1200メートル。

陣営の煙幕が功を奏し、ビワハヤヒデという偉大な兄を持ちながらナリタブライアンは2番人気だった。栗東トレセンの坂路で好時計を出していた、テンポイントの近親・ジンライに1番人気を譲ってファンの前に現れた。結果は人気どおりの2着だった。

好スタートを切って、スタート直後に先頭に立ったものの、鞍上の南井克巳がなぜか手綱を引いてブレーキをかける。その間に後続に抜かれて8頭立ての4、5番手まで下がってしまった。その後、外からスムーズに進出して、直線入り口では先頭のロングユニコーンに迫る勢いだった。だが、そこから脚《あし》いろが同じになってしまう。南井がムチをゆっくりと2発入れても反応が鈍い。最後は手綱を抑えるようにナリタブライアンを走らせ、2番目でゴール板を駆け抜けた。

当時、南井克巳はレースをこう振り返っていた。

「スタートは普通だったが、その直後に脚がもつれるようになって突っ張って、走るのをやめるような感じになった。『あっ、故障した』と思って一瞬、様子を見たんだ。パンクじゃなかったから、先行集団に追いつこうとしたら、凄い脚を使ってくれた。届かなかったのは目いっぱい追っていなかったからだろうね。使って変わるだろう。走る能力は持っているよ」

追い切りで受け取った感触が間違っていなかったことがわかったから、無理をしてまで勝とうとは思わなかったということだろう。

30年後のインタビューでブライアンが走るのをやめた理由を聞いた。

「スーッと出た時にゲートの影を見たんだね。それで馬がブレーキを踏んだので、故障したかなと思って一回抑えたんですよ。どうもなかったからそのまま走らせた」

大久保雅稔の言うとおり、ナリタブライアンは物見が激しい馬だったのだ。こうした弱点がデビュー戦でも出たことで、それから約3カ月後にナリタブライアンは代名詞となる〝武器〟を携えることになる。

当時は、同じ開催のレースであれば何度でも新馬戦に出走できるルールだった。デビュー戦で2着に敗れたナリタブライアンの2戦目は8月29日に行われた、いわゆる「折り返し」の新馬戦だった。同じく芝1200メートル。馬場状態も、前夜に降った雨の影響で前走と同じ重馬場だった。

デビュー戦同様、ナリタブライアンは好スタートを切った。前走と違うのは、その後もスムーズに走ったこと。外から手綱をしごいて先手を取ろうとするトキオアクティブを行かせようとするように一旦は2番手の位置となったが、スピードの違いは明白で再び先手を取る。向こう正面では3馬身ほどの差だったが、直線に入ると南井が追うこともなく後続をどんどん引き離していく。生涯ただ一度の逃走劇は、終わってみれば2着のジンライを9馬身も突き放す圧勝だった。

「やっぱり、村田君の言うとおりの逸材だ」

結果を知って、僕はそう思った。

9馬身差の圧勝後、南井はこう話した。

「きょうはスムーズにゲートを出てくれ、走りっぷりも良かった。重馬場で追うとノメる（バランスを崩す）点だけを注意して乗った。見てのとおりの楽勝。大物感十分だね」

30年後も「**2戦目で変わりましたね、うん、集中して走っていた。やっぱり強かった**」と言って目を細めた。

南井が報道陣に囲まれていた時、大久保正陽はその横で早田光一郎の耳元でささやいていた。

「**この馬は、兄を超えますよ**」

勝つ時は強いのに負ける時はあっさりと

陣営が3戦目に選んだのは重賞レースだった。そのまま函館に滞在して1カ月後のGⅢ・函館3歳ステークス（現函館2歳ステークス）に出走することになった。

前走で9馬身差の圧勝。しかも、GⅠは未冠もクラシック戦線で主役を張っているビワハヤヒデが同日行われる神戸新聞杯に出走することもあり、マスコミは2頭の話題を週の半ばから取り上げた。9月22日（水）付サンケイスポーツの見出しはこうだった。

「前代未聞　兄弟同日V挑戦　兄ビワハヤヒデ弟ナリタブライアン」

「前代未聞」とは大きく出たものだ。

記事は〈「レースをするごとに、けいこを積むたびに馬が変わっていくんです。落ち着きも増してきたし、競馬も覚えてきましたよ」と村田助手はブライアンに目を細める。鞍上のベテラン・南井騎手も「走りっぷりもいいし、大物感も十分」とベタぼめだ〉と伝え、〈賢兄に負けじと、万全の状態でレースに臨む。兄弟同日重賞Vなれば、ブライアンの来春のクラシック展望がグッと明るくなる〉と締めていた。

23日朝に行われた追い切りは、調教相手の外に併せ、向こう正面までゆったりと馬場を周回。残り600メートルからピッチを上げて力強く4コーナーを回り、直線で仕掛けられると反応良く、4馬身差をつけた。
サンケイスポーツは「〝半弟〟も万全だ!!　兄弟同日重賞Vへナリタ4馬身ちぎる」の見出しとともに、「動き、反応ともに申し分ない。これまでで一番いい状態でレースに臨めそうだ」と騎乗した南井のコメントを伝えた。
同じページには僕が書いたビワハヤヒデの記事も載っている。秋競馬が始まると、僕は栗東トレセンでの通常の取材体制に戻っていた。ビワハヤヒデの記事はこうだ。

ダービーから4カ月。大きな顔。発達した前軀《ぜんく》。春のクラシックを沸かし続けたビワハヤヒデの灰色の馬体が、さらにパワーアップして坂路で躍動する。（中略）
愛馬が映るモニターに目をこらしていた浜田調教師の顔が緩む。「時計のかかる馬場でハヤヒデの標準時計が出たんだから合格だ。90％のデキまで来ているね」。ダービー2着馬にとって、それは勝利宣言に等しい。「うん、負けてもらっては困るんだよ」。ビワにとって大目標は4歳最後のクラシック、菊花賞制覇。たとえそのステップレースとしても、悲願のGⅠを制するまでは〝格下〟に負ける訳にはいかないのだ。

皐月賞、ダービーともに惜敗しての2着。その悔しさを晴らすために、夏を巻き返しの準備に置いた。放牧に出さず自厩舎で調整し、覆面（耳覆い）を外した。「ゴール前の惜敗は集中力の差」と浜田師は感じ、集中力を高めるためには自然体に戻すのが一番という結論に達したからだ。夏の間の〝練習〟で、ビワは覆面を外しても動じない精神力を身に付けた。

ナリタブライアンは良血＆９馬身差の前走が評価され、函館３歳ステークスにライネストウショウに次ぐ2番人気で臨んだ。しかし、現実は厳しく、兄と明暗を分けた。

スタート良く4番手集団につけ、３コーナーでは先頭をうかがう勢いのナリタブライアンだが、４コーナーから徐々に遅れ出す。直線で早々に余力をなくし、見せ場すら作れず９頭立ての６着に敗れた。

一方、ビワハヤヒデは函館３歳ステークスの直後に行われた神戸新聞杯を楽勝した。悲願のクラシック制覇に向けて好スタートを切った兄とは対照的な結果に終わった。

南井は初の函館リーディングジョッキーを獲得するとともに北海道シリーズ全体のリーディングジョッキーにもなったが、６着に敗れた重賞レースのあとは浮かぬ顔だったと想像する。

「ひどい道悪馬場に脚を取られっぱなし。道中で楽をするところがまったくなかった」

敗因をそう語ったが、果たしてそれで納得していたのだろうか。

30年後に尋ねると「**なんだったんでしょうね。意外だったね**」と言う。実は敗因そのものを掴み切れていなかった。それが真実のようだ。

デビュー戦でゲートの影を見て驚いて走るのをやめようとしたかと思えば、２戦目は楽勝。ところが、３戦目で人気を裏切って掲示板にも載れない走りを見せてしまう。どちらが本当の姿なのか？　この時の「ビワハヤヒデの弟」は、まだ掴みどころのない存在だった。

函館3歳ステークスで敗れたナリタブライアンの次のレースとして陣営が選んだのは、福島芝1700メートルのきんもくせい特別だった。

福島と言えば、中央競馬では第3場。悪く言えば「裏開催」「ローカル競馬」である。正直言って、クラシックを狙うような馬が走るレースではない。にもかかわらず、なぜここを選んだのか。クラシックを諦めたのか。いや、デビュー2戦目を圧勝した直後に早田光一郎の耳元で「この馬は、兄を超えますよ」とささやいた大久保正陽が、クラシックを断念するはずがない。クラシックに向かうため、逆算すると、どうしてもこの時期に2勝目を挙げて賞金を上積みする必要があると考えてのことだった。

1勝のままではこのあと、出走したいレースに出られない可能性が出てくる。来春のクラシック戦線を自分の思い描いたローテーションで進ませるためにも、この時期に必ず2勝目を挙げておきたい、という意思の表れだ。

事実、新聞記者のひとりに大久保はこう答えている。

「相手関係も調べての上だが、少しでも楽に勝てるように福島へやった（使いにいった）んです」

福島でナリタブライアンの手綱を取ったのは、南井克巳ではなく清水英次《えいじ》だった。1971

年に牝馬で天皇賞（秋）と有馬記念を制したトウメイなどの主戦を務めた45歳のベテランに、今後にとって重要な1勝を挙げる使命を託した。

清水は内々で3頭による先行争いを見ながらレースを進めた。4コーナーでは強引に馬群の中を割って進出し、4コーナーで逃げるランセットに外から並びかける。直線、相手が必死に追われる隣でナリタブライアンと鞍上は余裕たっぷり。楽な手応えでかわすと、3馬身の差をつけて2勝目をマークした。

「スタートを切ってから少し追い、向こう流しは楽に行った。3コーナーで仕掛けて出たが、伸びは抜群。馬の間を割っていくし、古馬みたいなところがある。直線内にモタれたが、能力は相当ある」

断然の1番人気に応え、陣営からの必勝指示にも応えたベテラン騎手はレース後にそう振り返った。陣営もこれでひと安心といったところだろう。思惑どおり2勝目を挙げたナリタブライアンが次走に選んだのはもちろん、重賞レース。きんもくせい特別の2週間後に行われるデイリー杯3歳ステークス（現デイリー杯2歳ステークス）だった。このレース、前年に兄ビワハヤヒデがレコードで快勝していた。

ビワハヤヒデのデイリー杯3歳ステークスまでの戦績は次のとおり。

①1992年9月13日　新馬戦　阪神芝1600メートル　1着

②1992年10月10日　もみじステークス　オープン　京都芝1600メートル　1着
③1992年11月7日　デイリー杯3歳ステークス　GⅡ　京都芝1400メートル　1着
3連勝で、特別戦と重賞はいずれもレコード勝ち。一点の曇りもない出世だ。

片や弟のナリタブライアンはといえば、勝つ時は強いのに負ける時はあっさり。どっちが本当の姿なのか、この時点では判然としない迷走を続けていた。

ついにクラシックを制覇したビワハヤヒデ

そのナリタブライアンが王道を一旦離れて2勝目を挙げると、すぐさま前年に兄が快勝したレースに照準を定めた。しかも、デイリー杯3歳ステークスの翌日には、兄が悲願のクラシック制覇を懸けて臨む菊花賞が行われる。

函館3歳ステークスでは兄弟同日重賞勝利を逃したが、今回は兄弟同一重賞制覇および兄弟による2日連続重賞制覇を狙うことになったわけだ。

当時のサンケイスポーツには「Nブライアン抜群のデキ」の見出しとともに、僕が書いた最新情報が載っている。

――菊花賞の有力馬ビワハヤヒデの弟ということで特に注目を集めているナリタブライアンは、

状態が抜群なことから関係者の期待感は高まるばかり。坂路での追い切りは確かに迫力満点で前走時を大きく上回っていた。「これだけ動けばね。これまでで最高の仕上がりと言っていいでしょう」と大久保雅調教助手が胸を張る。なら、けいこと実戦が結び付く馬だけに大いに期待していいということになる。

「そうなんですよ。枠順も最高。なんとしてもクラシックに路線に乗せたい馬ですからね」と大久保助手。このレース、兄弟制覇は目前だ。

だが、物事はそううまくは運ばない。

きんもくせい特別から中1週というローテーションが影響したのか、ナリタブライアンのレース当日の馬体重は、前走から12キロ減の４４８キロだった。もみじステークス1着から臨んできた武豊騎乗のニホンピロオウジャに次ぐ２番人気での出走となった。

キョウエイコロナが４００メートル以降、１ハロン（２００メートル）11秒台の速いラップを刻んで逃げる。６番枠から発走したナリタブライアンは、14頭中12番手という後方馬群の中で競馬を進める。きんもくせい特別のように勝負どころで外に出したいところだが、今回はそうはいかなかった。馬群に入り、直線を向いても前があかず抜け出せなかった。

進路が開いて追い出しにかかった時は大勢が決したあと。絶好の手応えで抜け出したボディーガードが後続を引き離していく。２番手以降はどの馬が抜け出してもおかしくない状況で、ナリタブライアンは3着に食い込むのが精いっぱいだった。

「今日は控えるようにとのこと。直線でちょっと追いにくくなったけど、あれは不利というほどではない。勝った馬は強いよ」

レース直後にそう話した南井だが、その後、こんな話を残している。

「前が塞がってゴール前200メートルまで抜け出せなかった。（ナリタブライアンに）落鉄も途中であったみたい。ふたつの不運がなければ2着はあった。少しずつ若さが取れている。馬混みの中でも気にしない」

敗戦にも次への糧《かて》を見い出していた。

一方、兄のビワハヤヒデは、翌日の菊花賞で2着に5馬身差をつける圧勝で悲願のクラシック制覇を果たした。2着に来たステージチャンプの手綱を取っていたのは南井だった。

菊花賞当日、僕は京都競馬場にいたが、前日までは栗東トレセンで菊花賞の出走馬を取材していた。そのため、デイリー杯3歳ステークスはトレセン事務所内の記者席にあるテレビで見て、結果にため息をついていた。

週中のビワハヤヒデは、菊花賞に向けて申し分のない状態を披露していた。僕の取材の中心も、もちろん兄のほうだった。

11月4日、ビワハヤヒデの追い切りを終えて引き揚げてきた主戦騎手の岡部幸雄が、ビワハヤヒデを管理する調教師・浜田光正と目が合うや「いいですね」と馬上から声をかけた。うん、うんと大きく頷く浜田。追い切り後のふたりの表情だけでビワハヤヒデの状態の良さが伝わってきた。

「クラシック最後のチャンスだけはなんとしても取る」

半馬身差で敗れた日本ダービー後、浜田はその気持ちを忘れずに菊花賞ウイークを迎えた。浜田は言い切った。

「考えられることはすべてやった」

芝3000メートルで行われる最終関門に向けて、浜田は持久力をつける調教方法に変えたり、岡部の助言もあって反応が良くなるようにと耳覆いを外したりした。厩舎を開業して10年目。ビワハヤヒデという芦毛馬と巡り合い、初めてクラシック制覇が手の届くところまで来ていた。浜田の執念がビワハヤヒデの肉体に宿り、菊の大輪を咲かせようとしていた。

11月7日付のサンケイスポーツに載っている「特捜班の最新情報」に、僕は本番前日のビワハヤヒデの気配をこう綴った。


――――

ビワハヤヒデが6日、久保助手を背に、悲願の菊制覇に向けて最終調整を行った。体ができているので2本目は15―15と微調整だったが、手脚がよく伸びて軽快、その上迫力を増した。「寸分の狂いもない」と浜田調教師は胸を張る。久保助手も「最高の状態にあるんじゃないかな。春と比べてもたくましさが出た」と愛馬に全幅の信頼を置いている。無冠返上の青写真どおりに来た。

事実、ビワハヤヒデは強かった。

戴冠のゴールへ、ひた走る。残るは406・2メートルの直線だ。抜群の手応えで4コーナーを回った岡部幸雄は、軽くステッキ一発。ビワハヤヒデにGOサインを送った。伸びる、伸びる。たちまち先頭に躍り出た芦毛馬は、2馬身、3馬身……と後続馬群を置き去りにした。懸命に追いすがるダービー馬ウイニングチケットも、伏兵ステージチャンプの急追も、もう相手ではなかった。3分04秒7――背筋の寒くなる〝世界レコード〟での圧勝劇だ。

「思っていた以上に、うまく折り合ってくれたね。直線に向いた時は、少しでも相手を離しておこう、とだけを考えていたんだ」

相手とは、もちろんウイニングチケットだ。上がり「34秒4」の豪脚を持つライバルこそ、唯一、気掛かりな存在だった。だからこそ、岡部は直線入り口で〝出し抜け〟を食わせた。

「この一手で負かせる」の確信に満ちていた。

もう1頭の「相手」もいた。他ならぬビワハヤヒデ自身だ。決して、長距離タイプとはいえない同馬に、この3000メートルを克服させるには……。

「長距離戦は道中、いかにスタミナのロスを防ぐか、がポイントになる。そのためには、いいスタートを切って、好位置をキープしたい」

レース前の予告どおり、好スタートを切った岡部は、スッと愛馬を3、4番手に導いた。いつでも先行馬をかわせる位置――。走法に自在性を備えるビワハヤヒデは、このポジションで、折り合った。秋初戦、9月の神戸新聞杯と、まったく同じ態勢。あとは鞍上の「GO指令」を待つばかりだった。春は苦汁を飲まされ続けた。「勝った！」と思った皐月賞は、ゴール直前、ナリタタイシンの強襲に遭った。クビ差――。今度こそ……のダービーでは、ウイニングチケットと激しい叩き合いの末、1／2馬身差の惜敗を喫している。

クラシックレース連続2着。5カ月余りの時を置いて、迎えた菊花賞こそ、雪辱を期す最後の舞台だった。そして今、愛馬は〝シルバー・コレクター〟の名を返上した。同時に、岡部は菊花賞最多勝利ジョッキー（3勝＝タイ記録）に名を連ねた。

「落ち着いて、本当に強くなったね。これなら……」

この勝利が、今年100勝目の区切りとなった同騎手は、新たな目標を暮れのグランプリ「有馬記念」に定め直した。さあ、次は強豪古馬勢が相手だ。

これが当時、僕が書いた菊花賞のヒーロー原稿。これを読んでいただければ、ビワハヤヒデが実に強い勝ち方をして悲願のＧⅠ制覇を果たしたことが伝わることだろう。

一方で、ファンの誰もが兄との差がさらに開いたと思ったに違いない。ナリタブライアン陣

▲菊花賞で岡部幸雄を背に悲願のクラシック制覇を果たしたビワハヤヒデ

営にとって、もどかしい思いが続く。

しかもデイリー杯3歳ステークスで3着に敗れたことで、ローテーションを見直す必要がでてきた。2着以内に来ていれば賞金を加算できて朝日杯3歳ステークス（現朝日杯フューチュリティステークス）への直行が可能だったが、このままの賞金では出走できるかどうか微妙となったからだ。

陣営が選択したのは、京都芝1800メートルのオープン特別・京都3歳ステークス（現在は重賞に昇格した京都2歳ステークス）。またしても中1週の強行軍だった。

第3章

覚醒

〝シャドーロールの怪物〟誕生の序章

1993年の京都3歳ステークス当日、京都競馬場で行われたメインレースはマイルチャンピオンシップだった。名牝の誉れ高い外国産馬・シンコウラブリイが悲願のGⅠ制覇を果たして有終の美を飾ったレースは、当日の雨の影響により不良馬場で行われた。

だが、その3レース前の第7レースで行われた京都3歳ステークスは良馬場。朝からぐずついた天気で降ったりやんだりだったが、京都3歳ステークスでは雨がやんでいた。その後、雨脚が強まり、ついには大雨となったと記憶している。

もし京都3歳ステークスが大雨のなかで行われていたら、ナリタブライアンの〝リニューアル〟された姿はもう少し地味に映っていたのかもしれない。

このレースからナリタブライアンは、彼の代名詞となる馬具を装着した。

シャドーロール。

ナリタブライアンの写真を見れば一目瞭然だろう。鼻の上部にぐるりと巻くように着いている白いモール状のものだ。今ならGⅠで9勝を挙げたアーモンドアイの鼻の上に巻き付いているものと言ったほうがわかりやすいか。

このシャドーロール、今でこそアーモンドアイを管理していた国枝栄《くにえださかえ》厩舎の所属馬が装着していいるようにポピュラーな馬具になっているが、当時は知られた存在ではなかった。ナリタブライアンが装着して三冠馬に上り詰めたことがきっかけとなって、その使用頻度が高くなったと言っていい。

実際、ナリタブライアンのレースぶりはシャドーロールを着けて一変した。その戦績を2期に分けるとしたら、**「シャドーロール前」と「シャドーロール後」とするのが正しいだろう。**

それだけ効果は抜群だった。京都3歳ステークスでのナリタブライアンのレースぶりは、良血の覚醒を予感させるものだった。

いつものように好スタートを決めると、抑えきれないほどの手応えで、純白のシャドーロールを上下に揺らしながら外の5番手を追走する。勝負どころでも外を回って先頭集団を捕らえにかかる。直線では鞍上からステッキが2発入ったが、そんなものは不要と思わせるほど楽に抜け出して快勝した。勝ちタイムの1分47秒8は従来の記録を1秒1も更新する3歳（現2歳）のJRAレコードだった。

ナリタブライアンは、純白のシャドーロールを汚すことなく引き揚げてきた。

「（8頭立てと）頭数が落ち着いてすんなりした流れ。決め手も凄いね」

南井は快勝に笑顔だった。

2023年秋、南井さんにシャドーロール効果を改めて聞いてみた。

「やっぱりシャドーロールを着けて、ある程度レースに集中できるようになりましたね。シャドーロールって昔からあったんだけども、僕は頭の高い馬に着けるとばかり思っていたんですよ。ナリタブライアンで、下を見る馬に着けるんだと初めて知って、先生、凄いなと思いましたね。下を見すぎる馬に下が見えないようにする。ナリタブライアンは脚元を気にするような馬だったから、着けて良かった。走りっぷりはまえと一緒だけど、やっぱり周りに対して気にしないで走れるようになりましたね。やっぱり集中できるのかな」

ＪＲＡのサイトにある「競馬用語辞典」ではこう解説されている。

〈頭絡の鼻革にボア状のものを装着したもの。芝の切れ目や物の影などに驚く馬に対し、下方を見えにくくして前方に意識を集中させる効果を期待して用いられる。また、競走中に頭を上げる癖のある馬に使用することによって、頭を下げさせ、馬を御しやすくする効果を期待して用いられることもある。〉

大久保正陽の認識も、南井克巳のそれもどちらも正しかったわけだ。とにかくシャドーロールという武器を手に入れたナリタブライアンは〝無双状態〟になった。

この日、僕はメインレースのマイルチャンピオンシップで一頭の馬に注目していた。

イイデザオウ。オープン特別のアイルランドトロフィーを勝ってここに臨んできたディカードレム産駒は、ナリタブライアンと同じく、持ち乗り調教助手の村田光雄が世話をしていたからだ。アイルランドトロフィーでは、重馬場のなかを7番人気で逃げ切っていた。週中に村田光雄と話した時、彼はこう言っていた。

「道悪で時計のかかる馬場になれば……」

雨脚は強さを増し、京都の芝コースは第8レースでは良馬場だったのに、続く第9レースでは重馬場になっていた。そしてメインの第10レースが始まる時には、最も多く水分を含んでいる状態を示す不良馬場へと変わっていた。

「イイデザオウにとってチャンス到来」

そう思った僕は、イイデザオウとシンコウラブリイの馬連馬券を厚めに購入してレースを見守った。レースは、6番人気のイイデザオウが5枠8番から好スタートを切って楽に先手を奪う。鞍上の角田晃一《こういち》がスッと馬場の内側へ誘導する。

第8レースまでは良馬場で行われていただけに、内側の馬場だけが一気に悪くなることはない。そうであるのなら、内ラチ沿いの経済コースを通るのが最も距離のロスがない。鞍上の好判断もあって、道悪巧者のイイデザオウは二枚腰を使って粘る。さすがに圧倒的1番人気のシンコウラブリイにはかわされたが、それ以外の後続を振り切って2着を死守した。

ナリタブライアンが京都3歳ステークスを勝ち、イイデザオウは下馬評を覆して人気薄で2着。もし、京都3歳ステークスが不良馬場で行われていたら、果たしてナリタブライアンは同じような走りができていたのだろうか。天気を味方に付けたナリタブライアンとイイデザオウ、そして、この2頭の世話をする村田光雄の運の強さを実感した一日だった。

その夜、栗東トレセンに戻って取材記者の宿泊施設・愛駿寮に着くと村田光雄に祝福の電話を入れ、馬券を取れたお礼とともに彼と2頭の運の強さを伝えた記憶がある。

30年後、京都3歳ステークスの馬場が雨の影響を受けるまえで良かったですねと私が言うと、南井さんはしれっと言い放った。

「別に気にならない馬だと思いますよ。**この馬はそんなことを苦にする馬じゃないと思いますね**」

京都3歳ステークスの走りから、ナリタブライアンの成長を感じ取っていた本人だから言える言葉と受け取った。

「ゴール前なのに耳が絞れていないんです」

京都3歳ステークスに圧勝して賞金を加算したナリタブライアンは、陣営の思惑どおり、同世代のチャンピオンを決める朝日杯3歳ステークス（現朝日杯フューチュリティステークス）に駒を進めた。

今でこそ、牡馬が出走できる2歳（ナリタブライアン当時の表記は3歳）のJRAのGⅠレースは朝日杯フューチュリティステークス（阪神、芝1600メートル）とホープフルステークス（中山、芝2000メートル）のふたつあるが、当時は阪神3歳ステークスが牝馬限定戦の阪神3歳牝馬ステークスに生まれ変わったこともあり、朝日杯しかなかった。関西（栗東トレセン）所属の牡馬にとっては、舞台の中山競馬場まで遠征しなくてはならなかった。ナリタブライアンにとって初めての関東への遠征だった。

だが、距離が異なるとはいえ、来春に見据えるクラシック三冠初戦・皐月賞（芝2000メートル）も中山競馬場で行われる。そのまえにできればコースを経験させておきたい。何より、朝日杯はこの世代にとって最初のGⅠレースである。勝てばJRA賞最優秀3歳牡馬というタイトルも獲得できる一戦なのだ。

しかもナリタブライアンにとって、ここは兄・ビワハヤヒデが1番人気で2着に敗れたレース。ビワハヤヒデとナリタブライアンは馬主も所属する厩舎も違うので、馬主を含む陣営にとって雪辱戦の意味合いはまったくない。だが、生産者の早田光一郎やファン、ファンの声を代弁するマスコミは違う。菊花賞を圧勝し、暮れの大一番の有馬記念でも有力馬の一頭に挙げられるビワハヤヒデの弟として注目を集めていた。実際、12月6日付サンケイスポーツの見出しは「ナリタブライアン　兄ビワの雪辱だ」であった。

同日付の新聞には、前日に行われた阪神3歳牝馬ステークス（現阪神ジュベナイルフィリーズ）でヒシアマゾンが圧勝したことをリポートした僕の記事も載っている。

関東馬ヒシアマゾンに搭載されたエンジンがうなりを上げて、並み居る関西馬を蹴散らした。これは凄い。楽な手ごたえで直線先頭に立つや、まるで他馬を子供扱いしてぶっちぎりにかかる。終わってみれば、2着に5馬身差のレコード勝ちだ。

関東から遠征して勝利を収めたヒロインの誕生をそう綴ったのだが、翌94年の有馬記念でナリタブライアンとヒシアマゾンが同期の最強馬を決めようとするとはこの時、露にも思っていなかった。

この年の秋のGⅠでは関東馬が躍動。天皇賞をヤマニンゼファーが制して先鞭をつけると、ホクトベガがエリザベス女王杯を、シンコウラブリイがマイルチャンピオンシップを勝っていた。さらにヒシアマゾンが制したことから、記事は「強い関東馬」がテーマとなり、僕は原稿をこう締めた。

この日は唯一の関東馬が圧勝。朝日杯3歳Sにもアイネスサウザーやタイキウルフの大物が関西馬を迎え撃つ。スプリンターズSにも真打ちヤマニンゼファーが登場だ。関東馬の逆襲は暮れのグランプリまで続きそうな勢いに充ちあふれている。

とはいえ、僕の取材の主戦場は関西の栗東トレセン。朝日杯3歳ステークスの週も、栗東に滞在してナリタブライアンの動向を中心に取材していた。

きんもくせい特別から中1週→中1週→中2週と、レース間隔は相当詰まっていたが、充実期を迎えたナリタブライアンは、疲れなど微塵も感じさせなかった。

京都3歳ステークスのあと、村田光雄がこう話していた。

「写真を見ると、ゴール前なのに耳が絞れていないんですよ」

馬は苦しい時、通常は前に向けている耳を後ろに向けて寝かせる。それを「耳を絞る」と言う。京都3歳ステークスでのナリタブライアンは、最も疲れているはずのゴール前でも耳を絞っていなかったのだ。底知れぬ愛馬の潜在能力の高さに村田は目を輝かせて言った。

「まだまだ、全能力を出し切っていないみたいですね」

京都3歳ステークスをレコード勝ちしたことで、兄ビワハヤヒデの調教師・浜田光正《みつまさ》との取材でもナリタブライアンの名前が出てくるようになった。

「ハヤヒデは頭が大きくて規格外の体つきだが、弟は小柄だけど馬の形としては欠点がなくて（兄より）上だね。素軽いし、スピードも徐々に出てきているよ。ハヤヒデが5歳（現在の表記は4歳）になってから対戦するのが楽しみだし、それだけの可能性は持っているよ」

リップサービスも含まれていただろうが、ナリタブライアンの能力を高く評価していた。

逆にナリタブライアンの大久保正陽は「兄は兄」と言って、他厩舎にいるビワハヤヒデの話題を避けていた。朝日杯については「前走の勝ちっぷりから、十分チャンスはあるだろう」と語り、勝算ありとみていた。

朝日杯ウイークの12月9日に、有馬記念ファン投票の最終集計結果が発表された。トップはビワハヤヒデ。得票数は14万6218だった。

当のナリタブライアンは12月8日に追い切りを行った。栗東トレセンの坂路を800メートル60秒3で上って体をほぐしてからウッドチップコースへ。シャドーロール効果なのか、首を下げて重心を低くしたフォーム、柔らかなフットワークを披露した。

馬なりながら自分からハミを取って進んでいき、ラスト200メートルで余力たっぷりに12秒3をマークした。タイムは1200メートル86秒9、1000メートル68秒1、800メートル53秒8、ラスト600メートルは39秒5。

「追っていないのに、これだけの時計が出れば十分。仕上がりには自信があります」

そう言う村田光雄は満足そうだった。

マル外《ガイ》を蹴散らしてのGI初制覇！

ナリタブライアンは朝日杯3歳ステークスで堂々と1番人気に支持された。京都3歳ステークスをＪＲＡレコードで勝ったことに加え、「あのビワハヤヒデの弟」であることも影響していたはずだ。

ただし、1番人気とはいえ単勝オッズは3・9倍。前年の兄ビワハヤヒデが1・3倍だったことを考えれば、圧倒的な人気ではない。重賞のデイリー杯3歳ステークスを含む3戦3勝で臨んできたビワハヤヒデに対し、ナリタブライアンは、デビュー6戦目の京都3歳ステークスでようやく兄と同じ勝利数に並んだ。それでは兄に及ばないというファンの判断は当然といえば当然か。

しかも、強力なライバルも多かった。特に外国産馬は強敵といえた。

当時の日本競馬は円高の影響もあり、良質の競走馬を購入しやすくなっていた。ＪＲＡで外国産馬を意味する記号は「○の中に外」で㊇。それゆえに「マル外《ガイ》」と呼ばれていた。

ＪＲＡは、外国産馬が出走できるレースを増やそうと「外国産馬の出走制限緩和8カ年計画」を1992年に策定した。これに対し、かつてないほどのマル外の台頭に危機感を抱いていた生産者が反発していたため、外国産馬は国内生産者保護の立場からクラシックレースから締め出されたままだった。

1996年に始まったＮＨＫマイルカップ（芝1600メートル）は創設当初、「マル外ダービー」と呼ばれていた。「外国産馬や短距離馬に目標となる大レースを4歳（現3歳）の春に創設すべきだ」という機運が高まり、クラシックに出走できない強い外国産馬の受け皿としての役割を果たしていたからだ。

事実、第1回NHKマイルカップは出走18頭のうち14頭がマル外で、勝ったのも外国産馬のタイキフォーチュンだった。マル外は、トニービンを父に持つ内国産のテレグノシスが2002年に勝つまでNHKマイルカップを勝ち続けた。

1993年の朝日杯3歳ステークスの前週に行われた阪神3歳牝馬ステークスを勝ったヒシアマゾンも外国産馬だった。前年の朝日杯でビワハヤヒデを負かしたエルウェーウィンもマル外だ（手綱を取っていたのは南井克巳である）。

朝日杯に出走したマル外はエイシンワシントン、タイキウルフ、フィールドボンバーの3頭。それぞれ2、3、6番人気だった。エイシンワシントンは1戦1勝で朝日杯へ。タイキウルフは新馬戦と福島3歳ステークスを連勝して臨んできた。フィールドボンバーは新馬戦で勝ち、京成杯3歳ステークス（現京王杯2歳ステークス）4着、もみじステークス1着という戦績だった。ちなみに、フィールドボンバーは早田光一郎が海外のセールで落札して日本に輸入された馬だった。

内国産馬にも強敵は多かった。4番人気のアイネスサウザーは、折り返しの新馬→アイビーステークス→府中3歳ステークスと3連勝で臨んでいた。5番人気のボディーガードはナリタブライアンが敗れたデイリー杯3歳ステークスの勝ち馬。7番人気のサクラエイコウオーは、〝スーパーカー〟と呼ばれたマルゼンスキーを父に持つ快足馬だった。

レースはタイキウルフが先手を奪って始まった。400メートルを過ぎたところでサクラエイコウオーが外から先頭に立つ。最初の600メートルの200メートルごとのラップタイムは11秒9―11秒5―10秒9。普通は200メートルから400メートルのラップタイムが一番速いものだが、この朝日杯はサクラエイコウオーがタイキウルフをかわして先頭に立ったことで、400メートルから600メートルがさらに速い超ハイペースとなった。

しかしナリタブライアンはその激流に巻き込まれることなく、縦長となった馬群の7、8番手でレースを進める。

前半1000メートルの通過タイムはなんと57秒6。超ハイペースのままタイキウルフが再び先頭に立ち、サクラエイコウオー、エイシンワシントン、ボディーガードの4頭が一団となって勝負どころを迎えた。ナリタブライアンはまだ中団後方だ。

4コーナー手前で先行集団の脚いろが鈍ってくると、ナリタブライアンが外から楽な手応えで上がってきた。4コーナーを回った時には先行集団に取りつく。そして直線。鞍上の南井が仕掛けると一気に加速。馬場のど真ん中を一直線に突き進み、後続をどんどん引き離していく。南井が左後方を振り返りながらゴール板を先頭で駆け抜けた。

2着フィールドボンバーとは3馬身半もの差がついていた。勝ちタイムの1分34秒4は、ダービー馬となったアイネスフウジンに並ぶ同レースで歴代2位の好時計だった。

中山競馬場で見ていた僕は、ナリタブライアンがゴールするとすぐに記者席を飛び出し、エレベーターに乗って検量室前に向かった。着くと、騎手を降ろして裸馬になったナリタブライアンを曳《ひ》いている村田光雄に話しかけた。

「**おめでとう。この馬にこんなに単勝がつくことは今後、二度とないよ**」

これ以上の賛辞はないと自負している。この時点で、来春のダービーまでナリタブライアンが勝ち続けることを確信していたからこそ言い切れた言葉なのだから。

三冠馬誕生を予言した朝日新聞記者の言葉

取材を終えて記者席に戻った僕は、翌朝の新聞のための原稿を書き始めた。

外車がなんだ。国産車だって、強いものは強い。しかも、こっちには確かな血統的背景もある。菊花賞馬ビワハヤヒデの弟。ナリタブライアンが、外国馬を疾風のごとく抜き去り、兄の果たせなかった3歳チャンピオンに輝いた。

「こりゃすごい」。

ファンのだれもがうなったほどブライアンは強かった。サクラエイコウオーとともに激しい先行争いを続ける㊕のタイキウルフやエイシンワシントンに惑わされることなく、南井ブライアンは自分のペースを守って、自慢の瞬発力を発揮するタイミングを待った。4コーナーで仕掛けるとスルスルと楽な手ごたえで上がっていく。

残り200メートルの標識を過ぎて先頭に立つとゴーサインだ。2馬身、3馬身……。見る見るうちに他馬を引き離し、1分34秒4の好タイムで栄光のゴールを駆け抜けた。

「良の発表だけど、馬場は悪かったから、パンパンの良馬場ならレコードが出ていただろうね。今日はメンバーが揃っていたのに、あれだけ抜け出したんだから相当な馬だよ」。来春のクラシックに向けて、確かな手応えをつかんだ南井の口は滑らかだ。

昨年、兄ビワハヤヒデも朝日杯に臨んだが、結果は南井騎乗のエルウェーウィンにハナ差で屈した。そう、ブライアンにとって、ここは兄ビワの無念を晴らす舞台でもあった。その雪辱を果たしたのが、兄を負かした南井というのも何かの奇縁を感じさせる。

同じ年に兄弟でGIを制してしまうのだから、まさに〝天才兄弟〟。生産者の早田光一郎・早田牧場新冠支場主も「菊花賞の時もうれしかったが、今度は種牡馬も自分で輸入したブライアンズタイムなので格別です」。

父ブライアンズタイムはダービー2着で菊花賞馬のライスシャワーを送り出したリアルシ

ヤダイと同じロベルト産駒。ブライアンはクラシックに向けて距離適性、勝負強さを兼備しており視界は極めて良好だ。

ハナ差負けした兄ビワより、3馬身半の圧勝を演じたブライアンは3歳時では兄を超えた。「兄と比べられたらプレッシャーはかかるが、それに近づきたい。これだけ走れば期待も当然大きくなるし、将来が楽しみだよ。距離は長くても大丈夫」（南井）

春の皐月賞、ダービーとも2着に敗れた兄に代わって春の2冠制覇。そして〝兄弟3冠制覇〟の達成。大きな夢の実現に向け、南井ブライアンが、春のクラシック戦線に向かう。

兄のビワハヤヒデに続き、弟のナリタブライアンも「GIホース」の称号を得た。これは1984年にグレード制が導入されてから5組目の快挙だった。

過去の兄弟（兄妹）GI制覇は次のとおり。

・兄ニッポーテイオー（1987年天皇賞など）／妹タレンティドガール（1987年エリザベス女王杯）

・兄タマモクロス（1988年春天皇賞など）／妹ミヤマポピー（1988年エリザベス女王杯）

・兄サクラチヨノオー（1988年ダービー他）／弟サクラホクトオー（1988年朝日杯3歳S）

・兄メジロデュレン（１９８６年菊花賞）／弟メジロマックイーン（１９９０年菊花賞など）

これでビワハヤヒデ、ナリタブライアンの母親・パシフィカスは、名牝中の名牝の仲間入りとなった。

朝日杯の当日、決戦の舞台である中山競馬場に大久保正陽の姿はなかった。同じ日に武豊の騎乗で香港国際カップに出走する管理馬のナリタチカラに同行して香港にいた。

調教師のコメントがＪＲＡの機関誌『優駿』（１９９４年2月号）に載っている。

〈ナリタチカラが出走した香港の招待レースに出かけていて、かすかに流れる短波放送でレースを聴いていたんです。終わった直後に電話をして、勝ったことを確認しました。

レース間隔が詰まっていたので、１週目に強く追ってレースの週は余裕をもたすなど、調教に工夫をしてみました。流れが速くなり展開が味方するところもあったようですが、南井騎手がこの馬の持ち味である切れる脚をうまく引き出してくれたようですね。

前々走のデイリー杯３歳Sがスタート直後に落鉄、おまけに直線も窮屈になって脚を余した格好だったんです。当時はロスの多い走りが目についていたので、前走からシャドーロールを着けてみたんですが、そうしたら2連勝。効果が出たようですね。３歳ですでに7戦しているので、しばらくのんびりさせてから、次のプランを考えたいですね。〉

▲第45回朝日杯３歳ステークスからナリタブライアンの最強伝説は幕を開けた

同じページには、朝日新聞記者の有吉正徳《まさのり》が独自の視点で書いた、興味深い観戦記もある。南井克巳がゴールした際に後方を振り返っている写真を〈この構図を見て、競馬の世界に伝えられている、ある有名な写真を思い出した〉と、1973年にアメリカ三冠レースの最終戦べルモントステークスで、セクレタリアトの鞍上で振り返って後続を確認したロン・ターコットに重ね合わせていたのだ。セクレタリアトはそのレースで2着に31馬身もの大差をつけてアメリカ三冠馬に輝いた。有吉はこう続ける。

〈ちょうど20年後の日本のGⅠで、ナリタブライアンは〝ミニ・セクレタリアト〟を演じた。（中略）セクレタリアトの、およそ1／9の着差ではあったが、永遠に詰まることのないと感じられた点ではまったく同じだった。〉

三冠馬誕生を予言するようで、その記事は僕の心に残った。

30年後、執筆した有吉は言う。

「三冠馬といえば負けない名馬というイメージがあるけれど、ナリタブライアンは朝日杯を勝つまでは、強い勝ち方をしたかと思えば、結構コロコロ負けていましたよね。完全無欠というのではなくて、そういう弱点もある名馬でした。クラシックシーズンだけはめちゃめちゃ強かったから、異色の三冠馬でしょう。王道を歩んでいるわけじゃないのに三冠馬になった。エリートとは違う雑草の三冠馬でした」

年度代表馬選出の難しさを知る

朝日杯3歳ステークスの2週間後、同じ中山競馬場で行われたグランプリ・有馬記念に兄のビワハヤヒデが出走していた。単勝3・0倍で1番人気だった。2番人気はその年のジャパンカップの覇者レガシーワールド。ビワハヤヒデの同期のライバルでダービー馬のウイニングチケットがそれに続いた。

ビワハヤヒデは好位からレースを進め、4コーナーでは早くも2番手。直線で満を持して先頭に立った。勝った。誰もがそう思ったのも束の間、ビワハヤヒデの外から疾風のように伸びてきた馬がいた。トウカイテイオーだった。前年の有馬記念（11着）以来、1年ぶりの出走でグランプリを制覇。主戦騎手の田原成貴はテレビのインタビューで感動の涙を流し、スタンドも奇跡の復活に沸いた。ビワハヤヒデは前年の朝日杯3歳ステークス、その年の皐月賞、日本ダービーの時と同じように脇役に戻ってしまった。

ビワハヤヒデの1993年は、共同通信杯2着、若葉ステークス1着、皐月賞2着、日本ダービー2着、神戸新聞杯1着、菊花賞1着、そして有馬記念2着。素晴らしい成績である一方、もどかしさが残ったともいえる結果だろう。

翌1994年の1月10日、ナリタブライアンの陣営に朗報が届いた。JRA賞の最優秀3歳牡馬に選出されたのだ。

ＪＲＡ賞の競走馬部門の表彰は当時、11の部門に分かれていた。１９９３年度のＪＲＡ表彰は、ＪＲＡの競馬記者クラブに5年以上所属している全国の記者や競馬専門紙の一部トラックマン（トレセンで追い切りの時計を取ったり、厩舎のコメントを集めたりしてレースを予想する専門家）の１７１人が各部門に投票。原則として、その得票数によって賞は決まる（過半数に満たない場合は、報道関係者、評論家、ＪＲＡハンデキャッパーの計12人で構成される選考委員会で審議された末に決まる）。

ナリタブライアンは満票に１票満たない１７０票だった。

年度代表馬は、投票者が各部門で投票した馬の中から１頭だけを選び、その総数が最も多く、かつ条件を満たすと選ばれる。

年度代表馬に輝いたのはビワハヤヒデだった。ナリタブライアンとの史上初の兄弟同時受賞となった。ただ、年度代表馬に投じられたビワハヤヒデの票は87。投票によって年度代表馬になるには、全体の3分の2以上の票数を獲得しなければならず、選考委員会の審議に持ち越されての選出だった。選考委員会ではビワハヤヒデとヤマニンゼファーの一騎打ちとなり、10対１（1人は議長として投票権なし）でビワハヤヒデが選ばれた。

当時、競馬記者クラブの所属が1年に満たない僕は投票資格がなかった。この年に投票権を持っていたら、最優秀3歳牡馬部門ではナリタブライアンに投票した。最優秀4歳牡馬部門はビワハヤヒデに投じる。だが、年度代表馬は、安田記念と天皇賞（秋）を制したヤマニンゼファーに入れたと断言できる。

1993年の僕は、GIで1勝のビワハヤヒデとGI2勝のヤマニンゼファーでは後者のほうが優勢と判断していた。安田記念は1600メートルで天皇賞（秋）は2000メートル。距離カテゴリーの異なるGIを制したことも重視できる要素だった。ヤマニンゼファーは、最優秀5歳（現在の表記は4歳）以上牡馬、最優秀短距離馬、最優秀父内国産馬の3部門を受賞し、年度代表馬の得票数はビワハヤヒデに次ぐ56票だった。

ビワハヤヒデの戦績も当然ながら年度代表馬に値するほど優秀だ。連対率は100％。三冠レースは2着、2着、1着で、その年の総決算である有馬記念は2着。1993年の競馬シーンを最も沸かせた馬といえば、ビワハヤヒデをおいて他にいなかった。

年度代表馬は、その名のとおり「年度を代表する馬」。しかし、何を基準に年度を代表する馬とするかは人によってそれぞれ。投票者の判断に委ねられるとしか言いようがない。

余談になるが、投票権を得てから「この馬を年度代表馬に選ばなければならない」という強い意志を抱いて投票した馬が選出されなかったことがある。2020年のコントレイルだ。過去に皐月賞、日本ダービー、菊花賞の三冠馬で年度代表馬にならなかったのは皆無。ましてやコントレイルは無敗で三冠馬になっているのだ。「無敗の三冠馬を年度代表馬にしないのは日本競馬の恥」。そのくらいの思いを持って投票したが、年度代表馬に輝いたのはアーモンドアイだった。

その年のジャパンカップで、コントレイルとアーモンドアイは対戦した。その舞台には、その年の無敗の3冠牝馬・デアリングタクトも臨んでいた。3頭による直接対決を制したのはアーモンドアイ。2着がコントレイルで、3着がデアリングタクトだった。投票者の多くは、直接対決の結果を重んじたのだ。それはそれで納得せざるを得なかった。

ただし、なかには首を傾げざるを得ない投票もある。振り返ると、1993年では、年度代表馬の投票にあった。ナリタブライアンに1票入っていたのだ。

これも価値観の違いと言われてしまえばそれまでだが、「2歳（当時の表記は3歳）の馬を年度代表馬に投票するというのは常軌を逸した行為ではないか」と思ったものだ。

たしかに朝日杯3歳ステークスでのナリタブライアンは強かった。それは認める。だが、過去にもナリタブライアンのような強い2歳馬はたくさんいた。マルゼンスキーしかり、タケシバオーしかり。朝日杯の歴代勝ち馬だけでも、この2頭がすぐに思い浮かぶ。

しかも、ナリタブライアンの戦績は7戦4勝。強い競馬で勝ったかと思えば、コロッと負けてしまう。そうした馬を年度代表馬として投票していいのだろうか。しかも2歳だ。歴戦の年長馬を相手に、7戦4勝の若年馬に一票を投じる気持ちがわからなかった。

「この馬は来年、必ずや三冠馬になる。だから投票した」と言うのであれば筋違いもはなはだしい。年度代表馬というのは将来の期待を込めて投票するのではなく、対象年のみの競走実績やその内容を判断して選ぶものなのだから。

後日、ナリタブライアンを年度代表馬に投じたのは、あるスポーツ紙の記者だと知った。直接本人に尋ねた記憶はないので人づてに聞いたはずだが、その記者は欧米で活躍したアラジという名の競走馬の例を挙げたという。

アラジは2歳でヨーロッパの年度代表馬に選ばれた。1991年の2歳時にデビュー戦こそ2着に敗れたが、その後は連勝街道を突き進み、フランスのモルニ賞、同サラマンドル賞、グランクリテリウム、そしてアメリカのブリーダーズカップジュベナイルとGⅠ4連勝を果たした。同年のヨーロッパのカルティエ賞年度代表馬と最優秀2歳牡馬、さらにアメリカのエクリプス賞最優秀2歳牡馬に選ばれた。

しかし、もしアラジがヨーロッパのみにとどまっていたら、GⅠを何勝しようが年度代表馬に選出されなかっただろう。アラジが評価されたのは、ダート競馬の本場アメリカに渡り、2歳ダート王者を決めるブリーダーズカップジュベナイルに出走して勝利を収めたからに他ならない。国内のみの出走で2歳GⅠを制したナリタブライアンとは訳が違う。

だが告白する。心の中で理路整然と反論する半面、ナリタブライアンに投じられた年度代表馬の1票を見て嬉しくなった。僕だったら絶対に使わない手法とはいえ、ナリタブライアンを年度代表馬級と評価してくれたことに同志がいたと胸を躍らせていた。そして、胸の内でこうも思っていた。

1994年は、ナリタブライアンが三冠馬となり、満票で年度代表馬に選出されるまでを見届ける年になるだろう――と。

史上初の兄弟〝同日重賞制覇〟に向けて

年が明け、ナリタブライアンの陣営が、1994年の初戦に選んだのは、2月13日に行われる共同通信杯4歳ステークス（現共同通信杯）だった。

「早めに共同通信杯からスタートすることが決まっていたので、仕上がりはいたって順調。力を出せるし、今季初戦を勝ってクラシックに弾みをつけたい」

大久保正陽の息子で調教助手の大久保雅稔《まさとし》は自信ありげに話していた。

ナリタブライアンが朝日杯3歳ステークスを制した時点で、年明け初戦は共同通信杯にすると決められていた。共同通信杯の週に、大久保正陽調教師がそれを認めて頷く。

「そうだね。ダービーのことを意識すれば、左回りのここからスタートするのがいいからね」

1800メートルの距離は京都3歳ステークスで経験済みだが、これまで出走してきた函館、福島、京都、中山の4競馬場はすべて右回り。ナリタブライアンは東京コースばかりか、左回りで競馬をしたことがない。日本ダービーと同じ東京競馬場で走らせたい。左回りの競馬をダービー前に体験させたいという思惑が、調教師の言葉から滲《にじ》んでくる。

「もともとのんびりした性格だから、環境や周りの変化に戸惑う馬ではないと思う。今は馬本位、馬の気分に合わせて走らせているから、少し攻め（調教）量は足りないかもしれない。この時点でびっしりと仕上げるより、段階を踏んで仕上げていかないとね。目標はまだ先だから」

調教師は2月の段階ですでに日本ダービーを見据えていた。日本ダービーの日から逆算した結果、目標の舞台である東京競馬場で行われる共同通信杯に照準を定めたのだ。

大久保正陽が、ダービーから逆算して定めた共同通信杯のある2月13日は、兄のビワハヤヒデが出走する京都記念も行われる。ビワハヤヒデを管理する浜田光正もまた、年度代表馬に選ばれた日に「この栄光に恥じないよう、今年も京都記念から確実に勝っていきたい」と語ったように、早くから年明け初戦のレースを決めていたのだ。

これまで二度の機会がありながら達成できなかった、兄弟による同日重賞制覇のチャンスがまた訪れた。当時と違うのは、ビワハヤヒデは菊花賞を制して年度代表馬にも輝き、ナリタブライアンも朝日杯3歳ステークスを制してGⅠホースとなっていたこと。偉業達成の公算は以前と比べて遥かに大きくなっていた。

前年同様、僕は東京の記者にもかかわらず、毎週のように栗東トレセンで取材を続けていた。この週も栗東で、全休日の月曜日からナリタブライアンとビワハヤヒデの動向を追っていた。大久保正陽厩舎へ行くと、村田光雄は疲れた様子でカイバ付けや寝藁《ねわら》上げなどの厩舎作業をしていた。というのも、2月7日未明に東京新聞杯に出走した、もう一頭の担当馬であるイイデザオウと一緒に帰厩したばかり。その数時間後には担当馬2頭のカイバ付けに来ていたからだ。全休日は厩務員や調教助手ら厩舎スタッフの休みを確保するために設けられているものだが（労務的には法定休日）、その週に有力馬を出走させるスタッフは休日返上で厩舎に来ることが多かった。村田光雄もそのひとりだった。

GⅠ馬とGⅠ2着馬を担当している村田光雄の馬運《うまうん》は抜群にいいが、それだけにかかる重圧も大きい。5日に東京競馬場の出張馬房を訪ねた時には「疲れたよ」と、ぐったりしていたくらいだった。

この日も、訪れた報道陣に「今日は休みですから」と言葉少なめだった。とはいえ、ナリタブライアンの状態を聞かれると言い切った。

「馬は順調そのものです。唯一、心配なのは、レース間隔が空いていることくらい」

全休日の取材が終わっても、僕の仕事は終わらない。すでに電話で取材を終えていた早田光一郎の記事を書かなくてはならなかった。

ビワハヤヒデとナリタブライアンが同じ日に阪神と東京の重賞に出走するため、「体がふたつ欲しい」と嬉しい悲鳴を上げていた早田光一郎は、僕の取材にこう答えていた。

「私はナリタブライアンのほうに応援に行きます。ビワハヤヒデのほうには親父（伝之助）が。ええ、一生に一度のクラシックを間近に控えているブライアンのほうが、やっぱり気になります。自分が行ったからといって勝てるわけではないんですが……。ビワは完成された馬なので、私は応援しなくても大丈夫でしょう」

その口調はどちらの勝利も確信しているようだった。

ナリタブライアンの追い切りは2月9日の水曜日に行われた。すべての取材を終えた僕はノート型ワープロを開いて原稿を打ち始めた。

完璧だ。ナリタブライアンが共同通信杯へ向け、絶好の追い切りを披露した。まさに真打ちの登場だ。坂路で4ハロンを61秒4で登坂してからウッドチップコースへ。

前夜の雨で黒さを増したウッドチップに漆黒の馬体が溶け込む、鼻づらにつけた純白のシャドーロールが浮き上がって、一直線に向かってくる。しなやかに首を上下させ、流れるように突き進むフォームは、芸術品と呼べるほど完成されたものだ。

ラスト1ハロンで南井騎手がムチを見せると鋭敏に反応。馬体をさらに沈めて加速態勢に入ったブライアンは余力たっぷりに12秒3の鋭い伸びをみせてゴールイン。

「動きはいいし、ほんと、何も言うことないよ」

その言葉を待つまでもなく、南井の満面にたたえた笑みを見れば、状態は手の取るようにわかる。

「素直だし、乗りやすいし。貫禄が出てきたね」

朝日杯3歳Sを制して3歳チャンプに輝いたブライアンは、順調に成長を遂げている。

「デビュー前の調教から、やっぱりモノが違うと思ってたけど、まだ脚がもつれるなど、そそっかしい面が残ってたからね」

それがレースを使うたびに解消。完璧なフォームを身に付けて、年明け初戦に臨もうとしている。

絶好調の愛馬に大久保正陽調教師は「ベストの状態で出走できる」と言い切った。

東京コースを選んだのにも意味がある。

「メジロモンスニーとナリタタイシンは東京コースを使わずにダービーに出たからね」

その結果がダービー2着、3着。

「だから（本番前に）一回でも使ったほうがプラスと思ったんだ」

今度こそ。大久保師は早くも共同通信杯を通り越し、5月29日のダービーを見据えている。南井の悠然とした姿や大久保師の自信にみちたまなざしを見る限り、ナリタブライアンの春初戦に死角は見えない。

――――

その翌日にはビワハヤヒデが栗東トレセンの坂路で京都記念の本追い切りを行った。坂路を3本も上り、3本目には鞍上からの激しいムチによる叱咤激励に応えて、ビワハヤヒデはこの日の一番時計をマークした。

「年度代表馬なんだから、ここで負けるわけにはいかないよ。だから100％に近いデキで出さなくちゃ、いけないいんだ」

ナリタブライアンの大久保正陽とは好対照に、浜田光正は1994年を一戦一戦を必勝で行く構えだった。

「どんなレースでも目いっぱいの仕上げができるように、春は間隔を空けて3戦にしたんだ」

京都記念を皮切りに、天皇賞・春、宝塚記念がそのプラン。有馬記念2着後、1月4日から坂路で入念に乗り込まれた馬体は緩みひとつなかった。浜田は言った。

「大本命だからこそ、レースが近づくと不安になる。いつかは地元・関西での負け知らず（この時、5戦5勝）も崩れるかもしれない。でもな、今はそんなことが考えられないんだよ」

週刊ギャロップ「GI兄弟物語」の誕生秘話

週末、兄弟同日重賞制覇に狂いが生じた。狂わせたのは人間の力の及ばない大自然だった。2月12日未明から太平洋岸を中心に降り続いた大雪が首都圏を一面の銀世界に変えた。首都圏を襲った25年ぶりの大雪により、12日の東京競馬の開催は中止となった。同日の阪神競馬も降雪のため中止。降雪での東西同時中止はＪＲＡ史上初めてのことだった。

東京競馬場は除雪作業が困難を極め、馬場の一部が凍結していたことなどにより、共同通信杯が行われる13日の開催も中止に。このため京都記念は13日に、共同通信杯は14日に実施されることになり、兄弟同日重賞制覇は夢と消えた。

ナリタブライアンは2月10日に東京競馬場に移動していた。栗東トレセンにいる僕は、ビワハヤヒデの動向を取材。12日午後には、ダートコースで行われていたビワハヤヒデの前日追いを見ていた。

調教開始の午前4時には5センチの積雪があり、馬場入りしたのはほんの数頭。ビワハヤヒデも一番乗りの予定だったが、降雪と阪神競馬開催中止のため、午後からの調教に切り替えていた。坂路コースが使用中止となり、１９９２年11月のデイリー杯３歳ステークス以来となるダートでの調整となった。

首を巧みに使った、前脚を掻き込むような無駄のないフォームに浜田光正は、その動きに惚れ惚れした様子で上機嫌に語った。

「3歳（現表記は2歳）時は顎を突き出して走っていたのに、今は素晴らしいね。これならダート王も狙えるんじゃないか」

ビワハヤヒデがダートの競馬に出走することは生涯なかったが、芝2200メートルで行われた翌13日の京都記念は単勝オッズ1・3倍の圧倒的人気に応えて圧勝劇を演じた。2着のルーブルアクトにつけた着差は実に7馬身だった。

「年度代表馬なんだから、これぐらいの競馬をしとかないとな。今日の無駄のない走りを見ると、円熟期に近づいた感じだね」

浜田はそう言って満面の笑みを浮かべた。

一方、弟のナリタブライアンは、兄ビワハヤヒデの楽勝から一日遅れの14日に東京競馬場の共同通信杯に出走し、これまた楽勝した。

翌週も目黒記念などを栗東で取材という日程が組まれていた僕は、栗東のトレセン事務所にある記者席のテレビで共同通信杯を観戦していた。

「**強い**」

その言葉以外、出てくるものはなかった。

いつものように好スタートを切ったナリタブライアンは、やや行きたがるそぶりを見せて前を行く2頭に接近するが、それも束の間。ボディーガードが先手を奪う頃には折り合いがついて中団の4、5番手からレースを進める。直線で鞍上が外に持ち出すと余力を持ってラストスパートだ。

加速したナリタブライアンは後続をみるみるうちに突き放していく。最後は流す格好で、2着のアイネスサウザーに4馬身もの差をつけて楽にゴール。2着争いが激しかっただけに、ナリタブライアンだけが異次元のレースをしているようだった。

勝ちタイムの1分47秒5はレースレコードだった。ビワハヤヒデとナリタブライアンの兄弟は、JRA史上初の兄弟による2日連続重賞制覇の快挙を、どちらも圧勝劇で達成した。

「ビワハヤヒデの域に達していい馬。（ラジオたんぱ杯3歳ステークスとシンザン記念を連勝していた）ナムラコクオーなど強い馬は何頭かいるけど、本当に楽しみ。できれば皐月賞もダービーも今日くらいの頭数（10頭）でやってくれたらいいかな」

南井がこう言ったのは、多頭数による本番でのアクシデントを恐れてのこと。裏を返せば、アクシデントがなければ勝てる――。

30年後、南井さんにナリタブライアンを信頼できるようになったのはいつかと尋ねると、返ってきたのが共同通信杯だった。

▲第28回共同通信杯４歳Ｓでは雪の影響をいっさい感じさせない走りを披露

「雪で一日レースが延びたけど、雪も見ないでそのまま真っすぐ走ってくれて、『これは強いな』と思ったね」

あの時の東京競馬場は、除雪された雪がコースの横に置かれており、向こう正面では積まれた雪の間を走っていた。物見が激しいと言われてきたナリタブライアンが、滅多にないシチュエーションにも動じることなく真面目に走っていたからこそ、主戦騎手は愛馬の成長をこのレースで最も実感したのだろう。

共同通信杯4歳ステークスと京都記念。この2戦によって1994年の競馬シーンは、古馬路線はビワハヤヒデ、クラシック路線はナリタブライアンを中心に回ることになった。そして、この2頭の進む道が交わる時、兄弟対決が実現する――。

そんな夢が競馬ファンに広がっていった。そのような機運があったからこそ、週刊ギャロップで「GI兄弟物語」がスタートした。第1回の担当は僕だった。

以下、本書に再録する。

日本競馬史上にかつて、同時期に同じターフ上でこれほどまでの栄光を勝ち取り、喝采を浴びた兄弟が存在しただろうか。

ビワハヤヒデとナリタブライアン。

天才兄弟。賢兄賢弟。この兄弟にはもう、こんな表現は陳腐で似合わないのかもしれない。

日本では今、年間1万頭近くのサラブレッドが生まれ、激しい生存競争の中で淘汰されていく。そういった状況の中で、同じ母親から生まれた年子の兄弟が同じ年にGⅠホースに輝いた。これはもう、奇跡に等しい確率といえる。しかもこの2頭は今、初めてGⅠを制した時以上に輝き、その光は衰えるどころか、さらに輝きを増している。

日本競馬史にも、賢兄賢弟と呼ばれた兄弟が何組かいる。

輸入牝馬イサベリーンを母に持つヒカルメイジとコマツヒカリは兄弟ダービー馬だ。兄ヒカルメイジはビワハヤヒデと同じ持ち込み馬で、昭和32（1957）年にレコードタイムでダービーを圧勝。2年後の34（1959）年には異父弟のコマツヒカリが得意の不良馬場で快勝した。

タニノムーティエとタニノチカラの兄弟も賢兄賢弟だった。45（1970）年に皐月賞とダービーを制したムーティエは菊花賞後に引退。その子供たちが2歳になった48（1973）年に、2歳下の力が秋の天皇賞を勝った。

メジロオーロラの子供たち、メジロデュレン（菊花賞、有馬記念）と史上初の10億円ホース・メジロマックイーン（菊花賞、天皇賞2回、宝塚記念）兄弟は記憶に新しい。

ところがこの3組の賢兄賢弟、コンビで考えるとファンへのアピール度が欠けていた。兄弟が同時期にターフを沸かすことが一度もなかったからだ。兄弟がそろってGⅠ戦線を疾駆して行く姿は、ファンにとって血が騒ぐほどの興奮を覚えるものだ。大相撲が今、絶大な人気を博しているのも、若貴兄弟が同じ土俵上で優勝を目指して真剣勝負をしていることが大きな要因だろう。そのうえ、兄弟対決も実現しようものなら……。

　胸躍る大きな夢を〝サラブレッドの若貴〟ビワハヤヒデ、ナリタブライアンのGIブラザースはファンに与えているのだ。暮れのグランプリレースでは、血を分けた兄弟同士で年度代表馬争いをという夢を抱かせてくれる。しかも、2頭の兄弟対決は本家花田兄弟による優勝決定戦よりも早く実現するかもしれないのである。

　芦毛と黒鹿毛。ごっつい体とスマートな体。「ブライアンはハヤヒデよりもウイニングチケットの弟みたいだね」とビワの浜田調教師が思わず漏らすほど、この兄弟から外見上の相似点を探すのは難しい。だが、ひとつだけそっくりなところがある。「とにかく強い」というところだ。

　パシフィカス。早田牧場新冠支場主の早田光一郎氏が平成元（1989）年、米国のディセンバーセールで購入した繁殖牝馬8頭のうちの一頭だ。そのお腹の中で、シャルードを父にもつ芦毛の子供がすでに宿っていた。

　それがビワハヤヒデ。牧場でもデビュー前の調教でも目立たない存在だった芦毛馬は、デビュー戦で鞍上の岸慈彦に「想像を絶する強さ」と苦笑いを浮かべさせるほどの圧勝劇を演じた。無傷の3連勝を飾ったところで、新芦毛伝説は始まった。

ところが、朝日杯3歳S、共同通信杯、皐月賞、ダービーとすべて惜敗が続く。悲運の名馬の異名をもらいかねない戦況から、ハヤヒデは逆襲に移った。

ハヤヒデがクラシック最終関門の菊花賞獲りに鍛錬を積み重ねていた昨年の夏、函館では黒鹿毛のあか抜けた3歳馬がデビュー戦を待っていた。

ナリタブライアン。皐月賞、ダービー2着の弟として、当然のごとく注目を集めたが2着に敗れた。兄のような鮮烈なデビューを飾れなかったが、2戦目では9馬身差の圧勝。ところが3戦目の函館3歳Sでは道悪に泣いて6着に沈んだ。その後も落鉄でデイリー杯3歳Sを3着になるなど、堅実な兄と比べて成績の波が激しい弟だった。

その兄弟が昨秋以降、一気に頂点を極めることになる。ハヤヒデは菊花賞の世界レコードで「悲運の名馬」を返上し、4歳最強馬として君臨。その1カ月後、ブライアンも兄に続けと朝日杯3歳Sをぶっちぎりで制し、3歳牡馬チャンピオンに輝いたのだ。兄が覆面を脱いでから、逆に弟はシャドーロールを着けてから圧勝劇を始めているところも、おもしろい。

奇《く》しくも、京都記念ではハヤヒデの主戦・岡部幸雄が重賞通算100勝を挙げ、その翌日の共同通信杯4歳Sのナリタブライアンの勝利では南井克巳が重賞50勝を挙げた。

兄弟そろって名騎手の記録に花を添えるところにも、GI兄弟のもって生まれたスター性が感じられる。

「初めて跨った時に、オグリキャップの追い切りで乗った時と同じ感触を得た」。

南井が最大級の賛辞を贈るブライアンは、南井の感触が確かだったことを証明して朝日杯3歳S、共同通信杯とハヤヒデが惜敗したレースを兄の敵を討つかのように圧勝劇でクリアしていった。もちろん、あとは兄の果たせなかった皐月賞、ダービー制覇がブライアンに課せられた仕事だ。

兄も負けてはいられない。京都記念では5冠馬シンザンの19連続連対に次ぐ、デビュー以来12連続連対を達成。「特に注文をつけるところはない。順調にさえいってくれたら、おのずと答えは出る」。危なげないレースぶりに名手・岡部は春の盾、そして宝塚記念に向けて揺るぎない自信を得た。「どうやら、円熟期に近づいたようだね。今後はメジロマックイーンのように息の長い一流馬になってほしい」と願う浜田調教師に背くことなく、ハヤヒデは名馬の道を着々と進んでいる。

兄ハヤヒデは古馬の最高峰へ。弟ブライアンは兄の果たせなかった春のクラシック2冠制覇へ。今春のGⅠ戦線を、この天才兄弟が怒濤《どとう》のように席巻していく。

この本を読んできた方にとっては、ナリタブライアンとビワハヤヒデの戦歴を振り返るところなどはダイジェスト版を読むようなものだったはずだが、敢えてここに再録したのは、当時の熱量を知ってもらいたかったからだ。

週刊ギャロップは1993年の秋に創刊されるや競馬のライトファンやミドルファンの心を掴み、競馬専門誌として異例の売り上げを誇った。翌1994年も当時の競馬ブームを担うメディアとして多くのファンに読まれていた。

そんな時に登場したのが、ビワハヤヒデとナリタブライアンのGI兄弟だった。機を見るに敏な当時の編集長・芹澤邦雄はさっそく「GI兄弟物語」の連載を始めた。それは、すぐに読者からGIブラザースのイラストが殺到したほどの人気を博した。

この連載1回目で、GI兄弟に比肩する（本当はそれ以上なのだが）存在として登場させた大相撲の若乃花・貴乃花兄弟による史上初の優勝決定戦が実現したのは、平成7（1995）年の九州場所だった。その時、ビワハヤヒデはすでにターフを去っていた。

なお再録にあたり、前文を割愛したり一部をわかりやすい表現にしたり若干の修正を施していることをお伝えしておきたい。

重賞3連勝ではっきり見えてきたクラシック制覇

共同通信杯の楽勝後、皐月賞までのナリタブライアンのローテーションはしばらく白紙で、ぶっつけで臨む可能性もあったが、陣営はスプリングステークスに登録した。週刊ギャロップの1994年3月27日号に、大久保正陽にしては珍しい、長めのインタビューが載っている。

大久保はそこで、スプリングステークスを使った真意を語っている。

「実は最初、ぶっつけで皐月賞に向かおうと思っていた。実際、そのように調整してきたわけだが、元気が良すぎてね……」

「調教だけだとイライラしたり、厩《うまや》の中で落ち着かなかったり、弊害が出てきたんだよ。それなら、ちょうどいいレースがあるし、使おうということになったんだ」

「どうも、この馬は間隔が空きすぎると良くない。力が有り余っているのかな」

大久保によると、ナリタブライアンは共同通信杯のあと、1週間ほど楽をさせて2月20日から坂路で乗り始めた。馬に負担をかけすぎないよう、それでいて甘やかさないよう徐々に調教のピッチを上げ、3月4日と11日に追い切りを行ったという。

この時、ビワハヤヒデについても珍しく言及している。よっぽど愛馬の調子が良く、大久保自身の機嫌も良かったのだろう。

「ナリタブライアンを初めて見た時、ビワハヤヒデはデビューしていなかったし、兄弟でＧＩを取ることになるとは思ってもいなかった。兄弟そろって、これだけ同時期に走るのも珍しいよ。兄貴のほうはヨソの厩舎なのでよくわからないが、母親（パシフィカス）が優秀ということだろう。レースぶりも体形も違うからね。母親は種牡馬のほうに似る産駒を出すんだろね」

そして最後に、スプリングステークスに向けてこう締めた。

「やはり無事が一番ということだね。100％の力を出せるように仕上げていくだけだよ」

それだけ多く話した反動とは思わないが、スプリングステークス週の月曜日、3月21日になると、大久保は「全休日は話をしません」と報道陣を厩舎からシャットアウトした。担当する持ち乗り調教助手の村田光雄がいつもの全休日と同じように寝藁上げをしている姿が厩舎の外から見えることで、ナリタブライアンが順調であろうと判断するしかなかった。

翌朝になると、大久保は報道陣の取材に応じた。前日は全休日ゆえスタッフに余計な負担をかけたくないため、自らが鉄のカーテンになったようだ。たしかに、ナリタブライアンの注目度はクラシックレースが近づくにつれて高まり、取材も熱を帯びてきていた。ナリタブライアン自身は至って順調なようで、大久保の言葉は自信にあふれていた。

「道悪もこなせそうだし、スピードもある。（中山競馬場の）コースも経験しているし、今回は不安は何もない」

1週前追い切りで仕上がったため、24日の木曜日に馬なりで追い、25日に中山へ向かうと伝えた。ところが、23日にナリタブライアンは追い切られた。大久保は言う。

「先週（一杯に）やっているし、明日（24日）に輸送するので、今日にしたよ」

変更した理由はもうひとつあった。元騎手の調教助手・寺田雅之が打ち明けた。

「24日は雨で馬場状態が悪化する恐れがあったしね」

クラシックレースのタイトルを射程に収めているナリタブライアンだけに、すべての不安を取り除いてレースに臨ませるのは調教師として当然の仕事なのだ。

スプリングステークに向けての本追い切りは終始、馬なりだったが、柔らかいフットワークでウッドチップコースを疾走する姿は、スピード感がある。鞍上の村田光雄の手がかすかに動いただけで反応鋭く加速していく。さらに重心を低くして滑るように追い切りを終えた。大久保が納得の表情で報道陣の問いかけに応じる。

「指示は『サラッと乗ってこい』だった。馬なりでも直線はスピードがあったね」

ラスト200メートルの12秒3は共同通信杯の追い切り時と同タイムだ。この馬なり調教にもしっかりとした理由があった。

「馬がその気になりすぎてしまうからね」

ここ2週は南井克巳が騎乗して追い切り、すでにレースに向けて仕上がりは十分だった。レース週はオーバーワークにならないよう、馬に闘志の火をつけすぎないよう、慎重を期していた。本番の皐月賞まで中2週のローテーションにも大久保は、こう言い切った。

「計算づくでやっていること」

さらにこうも話していた。

「このままの状態を維持できれば、大仕事をしてくれる予感がする」

その日は皐月賞ばかりか、すでに日本ダービー制覇まで見据えているようだった。

無事に中山競馬場入りし。そこでの調整も順調に終えたナリタブライアンは、3月27日のスプリングステークスに単勝1・2倍という圧倒的支持を得て臨んだ。

2番枠から、いつものように好スタートを切ったナリタブライアンは、南井克巳が外と後ろを見ながら後方2番手まで下がる。インターイメージが先手を奪ってレースが進むなか、向こう正面でのナリタブライアンは最後方だった。だが鞍上は焦らない。3コーナー過ぎから仕掛けたナリタブライアンは外から絶好の手応えでまくっていく。直線に入るまえに先頭集団に取りつくと鞍上はゴーサイン。ラスト200メートル手前で先頭に立つと、鞍上はステッキを一発も入れず、手綱から指示を送っただけで後続を引き離すばかり。2着フジノマッケンオーに3馬身差をつけて前哨戦を終えた。

取材を終えた僕は、中山競馬場の記者席でノート型ワープロを開いた。

クラシックへの足慣らしは、完璧だった。またしても3馬身以上の差をつけて圧勝。有無を言わせぬ強さだ。向かうところ敵なし。ナリタブライアンが黒い弾丸となって、皐月賞に王手をかけた。その姿は、まるで子供の中に大人がまじって走っているよう。

スターは、やることなすこと、すべてがニクい。今回は最後方から行って、見事な〝まくり〟を決めてみせた。「ホントは好位につけて、外めに出してからスパート、の競馬を考えていたんだけどね」。ところが、実際は南井の思惑どおりには運ばない。いいスタートは切れたが、ブライアンがついて行けないため、後方からの競馬になってしまったのだ。

それでも南井は愛馬を信じている。「力はあるんだ。折り合ってることだし、あせることはないさ」。道中は気楽に追走だ。3コーナーを回ってラスト3ハロンでGOサイン。「見た目は早い感じがするかもしれないけど、前半に楽しているからね」。気合を入れると、すぐさまエンジン全開。ステッキを入れないでも一気に後続を突き放していく。ラストは朝日杯3歳S以来、恒例になっている〝後方確認〟でゴールインだ。

「疲れを残さない楽な競馬ができた」。レース間隔が空きイライラしていたブライアンを落ち着かせるための出走。これで当初の目的だった〝ガス抜き〟も完了だ。

さあ、残すは本番のみ。「どこからでもGOサインに応えていける馬。これだけ強い勝ち方をしていれば、もう注文つけるところはないね。あとはスムーズなレースができれば……」。そのあとに続く言葉はのみ込んだ。だが、「クラシックでも勝てる」と、南井が目で語っていた。

ナリタブライアンは使われすぎだったのか?

これで前年の朝日杯3歳ステークスから2月の共同通信杯4歳ステークス、そして今回と重賞3連勝。JRAが1984年にグレード制を導入以降、重賞3連勝で皐月賞に臨んだ例はなく、このままナリタブライアンが三冠初戦に出走すれば初めてとなる。

ナリタブライアンが休養中に頭角を現したナムラコクオーとエアチャリオットが、スプリングステークスの3週前に行われた弥生賞でそれぞれ1、2番人気の支持を受けながら3、2着に敗れていた。その2頭を相手に逃げ切ったのは、ナリタブライアンが朝日杯で負かしているサクラエイコウオー。若葉ステークスを快勝したオフサイドトラップなど新たなライバルも出てきたが、スプリングステークスの勝ちっぷりに、クラシック路線はナリタブライアン一色となった。一冠目の皐月賞のまえから、「三冠確定」という声も出始めたくらいだった。

朝日杯制覇がデビュー7戦目のこと。クラシックシーズンを迎えると、皐月賞の前に共同通信杯とスプリングステークスに出走したナリタブライアン。年が明けて皐月賞までに2戦した大久保正陽の思惑はすでに書いたとおりだが、30年の時を経た今もなお、**競馬ファンの間からは「使いすぎではなかったか」という疑問の声が数多く上がっているという。**

2023年秋、ナリタブライアンを調教師として管理していたら同じローテーションを組んだかと南井さんに聞くと、即座に当時のローテーションを肯定した。
「僕だったら、やっぱり使いますね」
――その理由は
「今でこそトレセンの周りに育成場がある。今だったらそうした施設でびっしり調教をやってきて、GⅠを使う馬となると3週間前から1カ月前に厩舎に入れて本番に向けて調整していくでしょ？」
――はい
「昔はそんな施設はなくて、放牧に出すといったら、遠く（の牧場）に出さなくちゃいけなかったから、（リスクの高い）長距離輸送をしなきゃいけない。それだけに走る馬は厩舎で仕上げていく体制が多かったでしょ？」
――そうですね
「ね、時代が変わっちゃったから。だから、（1994年当時にナリタブライアンを管理していたら）厩舎で追い切りして、一回競馬場で走らせる。僕だったらそうって思いますね。それが正しいと思います。今でこそ（2歳のGⅠ勝ち馬は前哨戦を使わず）本番一本で行くという流れですが、昔は、一本で行くっていうのは、カイ食いの悪い牝馬だったり、体が減るような馬だったり、どこかしらに不安を抱えていた馬でした。やっぱり一回、トライアルとかを叩いて本番へ行くのが普通でしたよね」

――ええ

「やっぱ時代なんですよね、結局。今はもうトレセン近くの外厩《がいきゅう》（へ管理馬を短期放牧に出すこと）が進んでいるし、大手の牧場は馬づくりのノウハウもよくわかっている。でも、昔はそうじゃなかったから」

ＧⅠに出走させるような馬に対し「春３戦・秋３戦」を基本ローテーションとして定着させたのは、調教師としてタイキシャトル、シンボリクリスエス、ゼンノロブロイ、レイデオロ、グランアレグリア、バブルガムフェローなど多くの名馬を育て上げた藤沢和雄《かずお》だと言っても過言ではない。彼は他にも「馬なり調教」「集団調教」など革新的な調教技術を浸透させ、日本競馬のレベルアップに貢献した名伯楽である。

だが、30年前の藤沢和雄はリーディング調教師にこそなっていたが、獲得したＧⅠのタイトルはシンコウラブリイによる１９９３年のマイルチャンピオンシップのみ。彼の考えは、まだ常識として厩舎に浸透していなかった。

大久保正陽の選択が間違っていたのではなく、時代がそうさせた――。

それが、当時は騎手として、その後は調教師として厩舎での馬づくりに携わってきた南井さんの答えだった。

第4章
最強の三冠馬

史上5頭目の三冠馬に向けた最初の関門

「ナリタブライアンにもはや敵なし」

スプリングステークスの圧勝によって、そう印象付けたナリタブライアンは、大きな注目を集めて皐月賞ウイークを迎えた。

1994年4月11日（月）のサンケイスポーツには「ブライアン冠璧　さあ今週は皐月賞…3冠ロードの始まりだ」という見出しが躍った。そこには「まずは1冠」とも。マスコミはすでに三冠馬の誕生を期待していた。

翌日のサンケイスポーツには〈ブライアンの強さ　関係者の証言から探ってみた〉という記事が載っている。

まずは主戦の南井克巳から。

「ボクが騎乗したオグリキャップ、タマモクロスとはタイプが違うが、ブライアンも一流馬としてのモノを持っている。前走でどんな競馬でもできることがわかったし、仕掛けてからの反応が鋭く、いい脚を長く使えるのもいい。1週前追いも軽めだったが、素晴らしい動きだった。前回は最後方から行ったが、今回はある程度前で競馬をさせたい。このまま順調に行けば大丈夫だと思うが、まだ対戦していない上がり馬がいるので、気を引き締めたい」

ナリタブライアンの世話をする持ち乗り調教助手の村田光雄はこう語っている。

「スプリングステークス後、気合乗りがガラッと変わってきた。カイバ食いで心配する馬ではないので前走と変わらない体重で出られるでしょう。中2週なので追い切りは水曜日（4月13日）にやってても上がりをサッとやるだけで十分。不安がないのが一番。順調。無事に来てくれたら結果はついてくると思います」

兄のビワハヤヒデを管理する浜田光正はこうだ。

「今、兄弟対決をやったら、ビワが負けることはないと思う。でも暮れの有馬記念で対戦したとすれば、ビワにとって強敵になるだろう。だから今からライバルの一頭として見ているんだ。皐月賞はもちろん、ブライアンが勝つだろうね」

ナリタブライアンが所属する栗東トレーニングセンターの診療所防疫課長・富岡義雄はこんなコメントを寄せた。

「首の使い方、トモ（後肢）の踏み込み、そのすべてが科学的に見て理想的なんです。加速する際に沈むように見えるのも、背中からトモにかけての力が強くてしなやかだからこそ。しかも、ブライアンは非常に筋肉が柔らかい。柔らかい馬は、得てして疲れがたまりにくいんですよ」

最後は生産者の早田光一郎だ。

「丈夫なのは、5代までアウトクロスになるよう配合しているからでしょう。アウトクロスのほうが丈夫な馬ができるようです。しかも、母親のパシフィカスが父親のいいところばかりを子供に伝えるようで、（ナリタブライアンは）馬体自体も父にそっくりですが、球節が窮屈な父と違ってブライアンにはそれがなく、まったく脚元に気になるところがないんですよ」

当時の記事はこう締めてある。

〈4歳春の時点では偉大な兄ビワハヤヒデを凌駕し、理想的なフォームを身に付け、血統から見ても丈夫でスタミナ、スピード、底力を兼ね備えたナリタブライアン。彼にとって皐月賞は、3冠達成のための第一歩にすぎないのかもしれない。〉

全休日明けの4月12日、ナリタブライアンは栗東トレセンのウッドチップコースをキャンターで軽快に2周し、軽く汗を流した。

村田光雄は「今日のように左回りだと、掛かり気味になるほど気合を出して走りますね。順調そのものですよ」と、笑顔で報道陣の取材に応じていた。

サンケイスポーツが「史上5頭目の『三冠』へGO」の見出しを付けて最終面でナリタブライアンの特集を掲載した13日の朝、ナリタブライアンは本追い切りを、南井克巳が跨ってウッドチップコースで行った。

グン。南井がステッキを抜くだけで、ナリタブライアンの馬体が沈み、一瞬のうちに加速する。直線入り口で3馬身差まで迫っていた、ドラゴンゼアーを瞬く間に引き離していく。ドラゴンゼアーも皐月賞出走予定馬だ。「たとええ調教であろうと、後ろから来る馬には抜かれない」。そうした意思を伝えるかのように、ライバルを一瞥して直線へ。ラスト100メートル付近で繰り出された鞍上からの肩ムチ一発で、馬体はさらに沈み込むとスピードを増した。

ラスト200メートルは11秒7。抜群の切れ味に、見守っていた大勢の報道陣から驚きの声が上がった。前夜の降雨によって不良馬場で行われたのに、この切れ味はまさに秀逸だった。

「しまいの脚もしっかりしていたし、文句のない状態です」

南井の声が弾む。そして愛馬への賛辞が続く。

「一戦ごとに強くなっているし、さらに成長するだろうね」

南井は最後にこう言って取材を終えた。

「あとは展開だけ。18頭の多頭数で、どんなポジションになるかわからないので、それが課題」

最後に挙げた唯一の心配点も杞憂に終わるだろうと僕は楽観していた。この日、病気療養のため姿を見せなかった調教師の大久保正陽がかつて、ナリタブライアンについてこう話していたからだ。

「どこからでも動けるから、安心して見ていられるよ」

皐月賞でナリタブライアンは、トレーナーの言葉が真実であったことを実証する。

大久保厩舎とマスコミの間に生まれた軋轢

ナリタブライアンやビワハヤヒデが追い切った翌日の4月14日、栗東トレセンに衝撃のニュースが飛び交った。

トウカイテイオー故障。

前年の有馬記念でビワハヤヒデを破って奇跡の復活を遂げ、宝塚記念への出走を予定していた天才ホースが、調教中に左前脚を骨折したのだ。栗東トレセンの競走馬診療所で診断の結果、「左橈《とうこつ》骨掌側面剥離骨折」で全治3カ月以上と判明。4度目の骨折だった。

4月18日には、馬主の内村正則が天皇賞・秋を最後に、翌年から種牡馬入りすることを正式に表明した。さらに4月16日に春の天皇賞連覇を目指していたライスシャワーの右前肢骨折が発表された。

これはすなわち、1994年春のGI戦線は、ナリタブライアンとビワハヤヒデに託されたことを意味していた。

ナリタブライアンは、トウカイテイオーの骨折が判明した14日、角馬場とウッドチップコースで体をほぐしてから、予定どおり決戦の地・中山競馬場へ向かった。

翌4月15日には、午前7時に中山競馬場の芝コースに姿を現した。キャンターへ移ると、きっちり仕上がった柔らかみのある馬体が躍動する。中山競馬場へ来るのは3度目とあって、堂々たる落ち着きを見せていた。手綱を取った村田光雄は「コースを見せておけば馬が安心すると思って本馬場に入れました。芝のはげたところを気にするところがあったが、心配ない」と語る。この日も追い切り同様、シャドーロールを装着していなかったが、「レースでは着ける予定」とも話した。

その日に発表された皐月賞の枠順で、ナリタブライアンは最内の1枠1番に決まった。翌日のサンケイスポーツは1面で枠順確定を伝え、「**皐月フィーバー　1番枠　1人気　1冠だ**」という大きな見出しが目を引いた。

皐月賞前日の朝、ナリタブライアン陣営と報道陣との間で軋轢《あつれき》が生じた。

村田光雄が取材に応じないというのだ。

調教師の大久保正陽は不在。主戦の南井克巳は阪神で騎乗。この日のナリタブライアンの様子は村田に聞くしかなかったので、報道陣が反発した。皐月賞出走馬の前日追いが終わって出張厩舎に行くと、報道陣がナリタブライアンのいる馬房から少し離れた場所で待機していた。厩舎の扉は閉められ、中の様子はうかがえない。

村田と最も親しい大阪所属のサンケイスポーツのベテラン記者が、2階で休養している村田を呼び出すが、村田は頑なに取材に応じなかった。一触即発のムードが漂ったが、JRAの広報を通じてコメントを出すことで報道陣はしぶしぶ妥協した。コメントは次のとおりだった。

「ひとことで言えば調子は変わりない」

出張厩舎のあまりにもピリピリした雰囲気にナリタブライアンに異変が生じたのではないかと勘ぐる記者もいたが、そうではなかった。村田は中山競馬場で単独で取材に対応しなければならないことにナーバスとなり、本番前日にとうとう気持ちが切れてしまったのだった。

皐月賞前日の、中山競馬場でのナリタブライアン陣営の異常な緊張ムードを作ったのは大久保正陽の不在だった。張本人はナリタブライアンがクラシック初戦を迎えようとしている時、栗東トレセン近くの自宅で病に伏せていた。発表は「風邪をこじらせたため」だったが、実際は盲腸炎を悪化させて腹膜炎で苦しんでいたという。

調教師不在のなか、調教助手を務めるふたりの息子・雅稔と龍志《りゅうじ》を中心にスタッフが一丸となって厩舎を支えた。しかし、さすがに中山競馬場への出張だけは村田に任すしかなかった。そのため村田は取材陣の対応に苦慮することになってしまった。

大久保正陽が病気になったことで中山に行けたのは村田と、村田より4つ若い調教助手のふたりだけ。栗東トレセンでは、大久保正陽の名でJRAを通して「厩舎内の取材を控えるよう」と通達を出したことで、混乱はなかったが、出張馬房まではその効力がなかった。中山競馬場に入厩した木曜日にカメラマンとの間で撮影を巡ってちょっとしたトラブルがあった。レースの前日に、ある記者がナリタブライアンの馬房の鼻前に立ったことで、その日の取材を拒否したというのだ。

村田は作家の木村幸治に、このような趣旨のことを話している。

「なんとも言えない気持ちでした。マスコミの取材攻勢にあって、初めてのことですから面食らってどうしたらいいのかわからなかった。プツンと切れてしまった時がありました」

さすがにナリタブライアンの鼻先で写真を撮るようなことはしなかったが、僕もこの取材拒否には反発したひとりだった。これをきっかけに、北海道では一緒に食事をしたり、世話をする愛馬が勝てば祝福の電話を入れたりしていた仲に亀裂が入ったと感じ、以前のようにフランクに話せなくなった自分がいた。

あの一件以来、マスコミは報道の権利と義務をただ振りかざすのではなく、取材対象者にもっと配慮すべきではないかと自省してきた。

もしあの時に戻れるのなら、私は村田光雄の気持ちを慮《おもんぱか》って取材をするだろう。

超ハイペースのレースで叩き出したレコードタイム

ナリタブライアンは、そんな周囲の喧噪《けんそう》に影響を受けることなく（村田光雄が愛馬と接する時は平常心で臨み、マスコミには盾となって愛馬を守ったからだろう)、単勝1・6倍と断然人気の皐月賞で自身の能力を存分に発揮させた。

やっぱりナリタブライアンは強かった。

最内枠からのスタート。それだけに南井克巳は、戦前に「今回はある程度前で競馬をさせたい」と話していたとおりの騎乗を披露した。

ゲートの中で隣のカズサハリケーンが2度立ち上がったが、ナリタブライアンは動じない。ゲートが開くと、いつものように好スタートを切った。外から前に行きたい馬を行かせる。まず先頭に立ったのは好ダッシュを見せたメルシーステージ。しかし、皐月賞を逃げ切ったサクラエイコウオーがスタート直後に他馬と接触したことでスイッチが入り、1コーナーに入る前に先頭に立った。メルシーステージとアイネスサウザーがそれに続く。

ナリタブライアンは内側の7、8番手を追走する。前半1000メートルの通過タイムは58秒5。明らかに超の付くハイペースだった。ところが、ナリタブライアンはそのペースのなかを向こう正面で徐々に5番手まで位置取りを上げていく。3コーナーに入る時には、早くも横並びで先行するサクラエイコウオー、メルシーステージ、アイネスサウザーの3頭の背後まで迫っていた。

そして直線入り口、エアポケットのようにぽっかり空いた空間を通って南井がナリタブライアンを外に持ち出す。あとは手綱を持ち直してゴーサインを送る。土煙を上げながら先頭に立つナリタブライアンに、鞍上が気を抜かせないように左ムチをゆっくりと3発。セーフティーリードを保ったことを確信すると、あとは手綱をしごくだけ。ゴール200メートル手前からは独走態勢に入り、後続を置き去りにして1冠目のゴールを駆け抜けた。

2着との差は3馬身半もついていた。2着サクラスーパーオーと3着フジノマッケンオーは後方からレースを進めていたので、ハイペースの展開にはまったといえる。いうなれば漁夫の利だ。しかしナリタブライアンは違う。超ハイペースをものともせず勝負どころで早くも先頭集団の直後につけて突き抜けたのだ。能力が違うとしか言いようがない。

走破タイムは1分59秒0。従来の皐月賞レコードを1秒2も更新したばかりか、コースレコードを0秒5も塗り替えてしまったのだから驚く他ない。「**皐月賞は速い馬が勝つ**」。まさに競馬の格言どおりの勝ち方だった。

兄弟のクラシック制覇は、メジロデュレンとメジロマックイーンが菊花賞を勝って以来、史上13組目だった。重賞4連勝目での皐月賞制覇は、5連勝目のタニノムーティエに次ぐもので、キタノカチドキと並ぶ快挙。1984年のグレード制導入後では初めてのことだ。同一馬主、調教師の皐月賞連覇は1958年、59年の馬主・浅野国次郎、調教師・星川康士《やすし》がタイセイホープ、ウイルデイールで制して以来、35年ぶり史上2組目だった。

▲中山競馬場第54回皐月賞を1枠・1番・1番人気で1冠目を制したナリタブライアン（写真右）

引き揚げてきた際、ゴール前付近で馬上から左腕を挙げてファンの声援に応えていた南井克巳が笑顔でインタビューに応じる。

「馬のことについては何も心配はなかったけど、かえって僕自身のほうが心配でした。今日は（皐月賞の）一鞍しか騎乗しないから、それまでに体がほぐれないんじゃないかと思ってね。イン狙いでいこうと思っていたので、1枠は気にならなかった。前に3頭いたので3、4コーナーではじっくり我慢し、大事を取って外に持ち出した。（先頭に）並んだ時は勝てると思ったよ。次のダービーも、馬については何も言うことないけど、僕自身にかかるプレッシャーが大変でしょうね」

　早田光一郎は会心の笑みを浮かべていた。

「こんなに強い勝ち方を演じてくれるとは……。びっくりしました。本当に生産者冥利に尽きますね」

　前年の皐月賞で兄ビワハヤヒデが2着に惜敗した無念を弟が晴らしてくれたが、「これで、また一歩、目標（ダービー制覇）に近づきました」と、一冠に満足しているわけではなかった。

　馬主の山路秀則も笑顔で取材に応じている。

「（ナリタタイシンで勝った）去年より安心して見ていられましたよ。これだけ人気を背負って勝てたことはとても嬉しいです。このまま順調にいってくれれば、ダービーも勝てるんじゃないでしょうか」

南井克巳による皐月賞のレース回顧録

オーナーの言うとおりだと思いながら記者席に戻った僕は、ヒーロー原稿を書き始めた。

スーパーヒーローの誕生だ。純白のシャドーロールが揺れる。黒光りする馬体が、弾丸となって最後の中山の坂をうなりをあげて上っていく。

❶枠①番の白い帽子。南井を背におく姿は、紛れもなく圧倒的1番人気のナリタブライアンだ。兄ビワハヤヒデの果たせなかった皐月賞制覇が今、目前に迫っている。

直線入り口で外から先頭集団を捕らえ、ステッキ一発。さらに重心を下げた馬体が加速する。1馬身、2馬身……。必死にすがりつこうとする他馬を、子供扱いして突き放していく。3馬身半の圧勝でフィニッシュだ。右手を高々と挙げて、南井が派手に喜びを表現する。

1分59秒0。同厩舎のナリタタイシンが昨年樹立した皐月賞レコードを更新したばかりか、中山のコースレコード（1分59秒5）さえ塗り替えてしまった。

「これまでで一番安定したレースができました」。南井が興奮で顔を紅潮させている。実は、最内枠という極端な枠順にレース直前まで迷っていた。「内を行くか、それとも一旦下げるか」。

返し馬でじっくり内側の芝を観察した南井はゲートイン直前に決めた。

「芝はいい状態だ。やはりインしかない！」

絶好のスタート。スムーズにレースが進む。「勝てる時はすんなり道も開けるんだね」。続いて「馬よりも、きょうはオレの体が動くかどうかが心配だった」と笑えるのも、愛馬の力を信じ切っていたからこそ。

兄ビワの敗れたレースに、ことごとく雪辱を続ける王者ブライアン。「これまで乗った名馬より、現時点ではこの馬が一番。順調ならダービーもイケる」。南井ブライアンは、ダービーで再び兄の雪辱を果たそうとしている。

2023年秋、南井さんに改めて皐月賞を振り返ってもらった。
――皐月賞の当日は1レースのみの騎乗でしたよね。まずレース前に馬場を確認しました
「うん。馬場を見ましたね。朝、歩いてね。どこをどう走ってきたらいいか、一応確かめてみました」
――最内枠はやっぱりちょっと気になりましたか
「包まれるなどしたら、結構プレッシャーかかりますからね」
――結局は先行し、勝負どころでも包まれずに外に出せました

「そうですね。この馬はスタートも早いし、後手を引くこともないし」
――4コーナーでは早くも4番手。自信がないとこういうレースはできないですよね
「まあまあ、馬への信頼もなかったらね。この馬はここでこうなったら大丈夫だということはある程度わかっていますから。しまいまで我慢できる力が残っているなっていう。やっぱりジョッキーっていうのは、そういう感覚でいかなきゃいけないし。何がなんでも決めてかかるのではなくて、やっぱり馬に合わせて……」
――内枠で包まれるのは嫌だなとは思いながらも、馬に合わせてというのが第一だったわけですね
「そうそう、それが第一です。やっぱり馬に合わせないといけない。レースは相手もいることだし、レースの流れを把握しなきゃいけないし」
――皐月賞の前から「三冠」と言われていました。それについては
「いや、それはちょっと早すぎんじゃない。やっぱそれは早いと思っていましたね」
――ものには順序がある、と
「そう、順序。やっぱり三冠っていうのは一冠、二冠を取って初めて三冠です。『次は』とかそういうに言えばいいんだけど、一冠を取った時点で、もうマスコミは『三冠馬ですね』って。それはちょっとまだ早いんじゃないのって思っていました」

——そのように思って迎えた皐月賞では、大久保正陽調教師が体調を崩していて競馬場に来られませんでした

「そうでしたっけ？」

——それについてはまったく心配はなかったですか

「別にないですね。厩舎がちゃんとしっかりと仕上げてくれていたので」

——担当していた村田光雄さんは、彼ひとりに取材が集中してしまってレース前の中山競馬場では大変でした

「それが一番大変でしょう。やっぱり村田くんが一番プレッシャーがかかっていたんじゃないですか。記者さんたちがレースの当日までプレッシャーをかけちゃいかん（笑顔）」

——ナリタブライアンは、皐月賞の時から三冠馬になることを期待されていたので、南井さんにも、そうした馬に乗るプレッシャーというのはあったのでしょうか

「もうそれはプレッシャーを感じなきゃ仕事はできないですからね。大らかな気持ちではいい仕事はできない。やっぱりプレッシャーはかかる。一番プレッシャーとなるのはレースが近づいて1カ月近くになってから。のんびりできたのは1カ月以上前。2カ月、1カ月半ぐらいかな、そのまえぐらいまではのんびりできるんだけども、レースが近づいて1カ月近くなったら、取材がばーっと押し寄せてくるから。そうなったら、やっぱりもう、そっとしていてほしいな

っていう気持ちになりますね」

――でも、取材を拒否するっていう態度はまったくなかったですよね

「拒否はしないけども、あんまり聞かないでくれ、と。だから新聞社（の記者）とはあまり話をしなかったじゃない。したくなかったから。囲まれると話はしなきゃいけないけど……。だから個人個人ではしないで、まとめて話していましたよ。言っていることが食い違うといけないし」

――たしかに

「違うことを話したら申し訳ないので」

――皐月賞を勝った時の気持ちは

「やっぱり、一番はホッとしましたね」

――そうですか

「そのくらいの凄い馬だから、やっぱり勝ってホッとする。これが一番でしょ」

――「これは強いな」と思った共同通信杯から、さらに強くなったという印象ですか

「もう、やっぱり力が付いてきて、（ナリタブライアン自身が）自信持ってきたなって感じですよね。4歳（現在の表記は3歳）になって馬自身に一本筋が通ったという感じでしたね。うん」

日に日に期待が高まる最強の兄弟対決

皐月賞でナリタブライアンが、兄ビワハヤヒデの雪辱を果たす圧勝劇を演じた翌日、2頭の生産者の早田光一郎、ビワハヤヒデの馬主の中島勇、調教師の浜田光正、主戦騎手の岡部幸雄、ナリタブライアンの世話をする持ち乗り調教助手の村田光雄、病欠の大久保正陽の代理で出席した調教助手の寺田雅之が顔を揃えた。週刊ギャロップが主催した「読者が選んだ1993年度代表馬」の表彰式が開かれたからだった。

「まさかナリタブライアンがあんなに強いとは、つくった本人が驚いていますよ。2週連続GⅠレースで本命馬の生産者になるなんて、他の生産者に恨まれてしまいますね」

早田が満面に笑みをたたえて言えば、その週にビワハヤヒデを春の天皇賞に出走させる浜田はこう応じた。

「いやあ、弟とはいえ強い強い。一頭だけ次元の違う競馬をしていたね。マスコミの皆さんは〝兄の雪辱〟なんて言うけれど、私にしてみれば強力なライバルが出現した、という感じだよ。有馬記念では最強のライバルになるだろうね」

早くもその年の暮れのグランプリでの兄弟対決に思いを馳せていた。

この時、競馬マスコミやファンは、天皇賞で兄はどのような強さを見てくれるのか。そこに関心が集まっていた。

そして迎えた春の天皇賞。

4月21日の栗東トレセン坂路で一番時計の4ハロン51秒6をマークして態勢を整えたビワハヤヒデについて、僕は〈弟ナリタブライアンは先週、アッサリとGI皐月賞を制した。そして、兄は芦毛伝説の継承馬として、威風堂々と盾取りに挑もうとしている〉とリポートした。

菊花賞の時とは違う。ナリタブライアンは「年度代表馬ビワハヤヒデの弟」ではあるのだが、すでに三冠馬に最も近い存在として注目を集めていた。それだけにひと足お先にGI2勝を決めた弟が、GIを1勝のみの兄を煽《あお》る構図へと変わってきていた。

だが、ビワハヤヒデもやっぱり強かった。しかも、その原動力になったのが弟ナリタブライアンの存在だった。

「弟が、あんなに強い勝ち方するんだから、兄の面目にかけても負けられない」

ビワハヤヒデが果たせなかった皐月賞を圧勝したナリタブライアンを意識しながら、浜田光正はレースに臨んでいたのだ。

単勝支持率は57・1％（単勝オッズ1・3倍）。49・8％で1・6倍だった皐月賞時の弟を上回るファンの支持を得て、ビワハヤヒデは阪神競馬場で行われた春の盾を完勝した。

この時、僕はサンケイスポーツにこう綴った。

「さあ、次は宝塚記念」

と、普通なら続くのだが、今回ばかりは違う。「もはや敵なし！」の雰囲気に、ファンはすでに有馬記念で実現するであろうナリタブライアンとの兄弟対決を夢見ている。

「これが実現したら、どっちも応援しなくちゃいけないから困りますね」

生産者の早田光一郎氏は嬉しい悲鳴を上げる。だが、兄弟を管理する両陣営にとっては強力なライバルにしか映らない。

「とにかく一戦一戦を無事に終えることだけを願っている」とブライアンの大久保正調教師は明確な意思表示をしないが、浜田調教師は今年最大のライバルとして弟を意識している。

「向こうが1冠を取れば、こっちも1冠。ダービーも勝つだろうから、負けずに宝塚記念を取る。有馬記念で年度代表馬の座をかけることになるだろう」

競馬は血のロマン。94年はGⅠ兄弟が席巻するだろう。史上まれに見る兄弟による骨肉の争いは、もうすでに始まっている。

早田光一郎は、生産馬の２週連続兄弟ＧⅠ制覇という栄光に浴していた。

「これだけうまくいくなんて怖いぐらいです。確率で言えば天文学的なものじゃないかな」

先に書いたように、１９８４年にグレード制が導入以降、兄弟（兄妹）によるＧⅠ制覇は兄ニッポーテイオー／妹タレンティドガール、兄タマモクロス／妹ミヤマポピー、兄サクラチヨノオー／弟サクラホクトオー、兄メジロデュレン／弟メジロマックイーンに続く5組目だった。

2週連続GⅠ制覇となると、1987年にタレンティドガールがエリザベス女王杯を勝った翌週にニッポーテイオーがマイルチャンピオンシップを制して以来の快挙だった。ちなみにナリタブライアン、ビワハヤヒデのあと、1996年の弟ダンスインザダーク（菊花賞）と姉ダンスパートナー（エリザベス女王杯）、2007年の妹ダイワスカーレット（エリザベス女王杯）と兄ダイワメジャー（マイルチャンピオンシップ）の2組が達成している。

ビワハヤヒデとナリタブライアンはともに牡馬。この組み合わせでの2週連続GⅠ制覇は初めて。それだけに、多くのファンが兄弟対決に思いを馳せるのは当然だった。

ファンが熱く望む対決として類似する例を挙げるとすれば三冠馬対決だろうか。

三冠馬は、同世代では三冠馬とその他の力量差が圧倒的に違っている時に誕生するという。その世代のレベルが低いというわけではなく、三冠馬が圧倒的な能力を持ちすぎているから、そう言われるわけだ。

日本で最初に実現した三冠馬同士の対決は、1984年のジャパンカップだった。1歳違いのミスターシービーとシンボリルドルフの両三冠馬が日本競馬史上初めて相まみえた。結果は後輩シンボリルドルフが3着で、先輩ミスターシービーは10着。勝ったのはカツラギエースだった。その年の有馬記念はシンボリルドルフが勝ち、カツラギエースが2着で、ミスターシービーが3着だった。両雄並び立たず。

その後、三冠馬同士の対決といえば、皐月賞、日本ダービー、菊花賞の三冠牡馬VS桜花賞、オークス、秋華賞の三冠牝馬の図式へと変わっていった。

2012年のジャパンカップでは三冠馬・オルフェーヴルVS三冠牝馬・ジェンティルドンナが実現し、後者がハナ差で制した。2020年のジャパンカップでは、先輩の三冠牝馬のアーモンドアイが、その年の三冠牡馬・コントレイルと三冠牝馬・デアリングタクトを下してJRA史上最多となるGI9勝目を挙げて、自身の引退に花を添えた。コントレイルは2着、デアリングタクトは3着だった。

1994年当時の雰囲気でいえば、ルドルフ対シービーによる史上初の三冠馬対決に匹敵するような期待感が、春の盾が終わった時点で早くも醸し出されつつあった。それは、ビワハヤヒデとナリタブライアンの兄弟の力が傑出していたという証しでもある。


「現役最強を決める兄弟対決が見たい」


当時、競馬ファンの誰もがそう思っていた。

兄弟対決の実現は、早田もよく聞かれるようになっていた。実現すれば、どちらが勝つのか？　そう尋ねられもした。

「タイプが違うし、単純に比較は難しい。4歳（現在の表記は3歳）のこの時期に限定すれば、ブライアンのほうが実績は上ということでしょう。このあと、2頭がどう育っていくか……。わくわくしてきますね」

「もうゴールしています」南井克巳のV宣言！

競馬の祭典、日本ダービーが近づいてきた。

体調は完全回復とは言い切れないものの盲腸炎が癒えて大久保正陽が現場に戻ってきたこともあり、厩舎に皐月賞当時の緊張感は感じられない。

「皐月賞のあともマイナス面はないからね。中間も落ち着いているのが何よりだね。精神的に座っているところがあるんだね。あとは無事にいってほしい。ゴールに入るまでね。そうすれば、結果はあとからついてくると思うよ」

報道陣に囲まれて大久保が答える。まさに泰然自若。

「僕はそんなにおっとりした気性ではないんだけど、あえておっとりしていようと思ってね。若い人がピリピリするから、みんなでカバーしないと。だから、私があんまり動き回ると駄目なんだよ」

南井克巳は皐月賞のあと、何度かナリタブライアンの手綱を取ってきた。通常は持ち乗り調教助手の村田光雄がつきっきりで調教をつけているが、「自分で感触を確かめたい」と志願したという。

5月19日の栗東トレセンでは、報道陣の注目を集めて南井を背にナリタブライアンの1週前追い切りがウッドチップコースで行われた。

いつものように1ハロン（200メートル）ごとにペースを上げ、ゴール前で鞍上が手綱を押してゴール。ラスト1ハロンは12秒0だった。コースから引き揚げてきた南井はタイムを確認すると少し神妙な顔つきになった。

「先週軽くやって、今日が2本目ですからね。本来のブライアンのおしまいの手応えとは違って、ちょっとモサモサしていた。走ることは走るからね。時計も出ているし。ただ、乗った感じがね。よく見えた？　じゃあいいや。あと1週間あるしね」

ナリタブライアンだからこそ辛口になるのだろう。

南井いわく「じわじわと緊張感が高まってきている」。

これが1番人気のプレッシャーというものなのだろう。ましてや、最高峰のレース、競馬の祭典であるダービーなのだから、なおさらだ。

「ダービーは誰でも勝ちたいと思うのは当然だけど、それが最高の勲章というようなことは、あまり考えないようにしている。（予想で）こんな（重い）印の付く馬に乗れるだけでも嬉しいし、ここまで騎手として乗ってこられただけでも幸せなこと」

そう語っていた。

ナリタブライアンは5月22日の日曜追いで、反応鋭く素軽いフットワークを栗東トレセンのウッドチップコースで披露した。

「非常にいいね」と大久保正陽が目を細めれば、村田光雄も「気合が良くなっています」そう言って愛馬に笑顔を見せていた。

5月23日には、東京・渋谷のＮＨＫホールで「ダービーフェスティバル」が開催された。ダービーフェスティバルといえば、１９８８年に柴田政人が「ダービーを勝ったら騎手をやめる」という名言を吐いたことで知られる。実際は「ダービーを勝ったら騎手をやめるくらいの気持ちで乗る」と話したものが「勝ったらやめる」と喧伝されたと本人は言っているが、このように「ダービーフェスティバル」は競馬の祭典の盛り上げにひと役買っていた。

「**もうゴールしています**」

南井克巳のＶ宣言に１９９４年の「ダービーフェスティバル」に参加したファンは沸いた。ダービーの有力馬に騎乗する５人のジョッキーに、関西テレビの杉本清アナウンサーが仮想実況を行いながら尋ねた時のヒトコマだった。

「あと50メートル。サクラエイコウオー、ノーザンポラリスは？」

サクラエイコウオーの小島太が「もうかわしています」と言えば、ノーザンポラリスの的場《まとば》均《ひとし》は「先頭に立っている」。そこに南井が「もうゴールしています」と言ったのだ。50メートルなら、その差は20馬身以上。もちろんリップサービス。冗談だが、そう言えるのも自信の裏付けがあってこそ。南井は続けて言った。

「昔はよくオッズを見たけど、今は気にならない。ブライアンに不安？　ありません」

1994年の日本ダービーは、ナリタブライアンのためのレースになろうとしていた。

5月25日、ナリタブライアンは日本ダービーに向けての本追い切りを栗東トレセンのウッドチップコースで行った。鞍上は南井克巳。抜群の追い切りに、僕は次のような記事を書いてサンケイスポーツに送った。

漆黒の馬体が、糸を引くようにWコースを疾走していく。トレードマークの純白のシャドーロールはない。だが、首を巧みに使った重心の低いフォームは、紛れもなく皐月馬ナリタブライアンだ。

馬なり。だが、直線を向くと、グイとハミを受けて自分からスピードを上げていく。

「鞍上が調教助手と騎手とでは、動きがまるで違うんだ。騎手が乗ると直線で走る気を起こす。鞍上が誰かを知っている賢い馬なんだよ」

大久保正陽調教師は、ブライアンの強さの秘密の一端を披露する。

息が合う、というのか。デビュー前から手綱を取る南井克巳は手慣れたもの。ブライアンの行く気にまかせて黒鹿毛の背中につかまっているだけ。手綱はピクリとも動かない。それでいて上がり3ハロンから徐々に加速してラスト1ハロン12秒2。獣医お墨付きの〝パーフェクトフォーム〟を披露して、史上17頭目の2冠馬達成への試走を終えた。

先週の重め感は微塵も残っていない。研ぎ澄まされた馬体はまさに〝究極の仕上げ〟。

「重みが取れた感じだね」

南井はここ3週、節目節目で自分から手綱を取って愛馬の状態を確認していた。

1週前追いでは「本来の手ごたえとは違っていた」と漏らしていただけに、この日、その課題もクリアしたブライアンに2冠への自信を深めた様子だ。

「うん、皐月賞と同じ状態で出られるね」

他馬を圧倒した前走と同じとは、勝利宣言をしたようなものだ。

「まだまだ。レースまで時間がある」

と気を引き締める大久保正調教師だが、

「ダービーに出走したなかで、この馬が一番やりやすかった。手がかからないから、今度こそ、と気負わずリラックスしているんだ」

愛馬に絶対の信頼を寄せて6度目のダービーに臨もうとしている。

南井もダービーへの思いは熱い。9戦0勝。すべてが着外。昨年に至ってはスタート直後に落馬……。これまでの不運すべてを、最強馬ブライアンで拭い去ろうとしている。

二冠を取った今、初めて「三冠」という言葉が言える

悲願に向け、準備は整った。

5月26日、ナリタブライアンは馬場入り後の午前10時に栗東トレセンを出て、日本ダービーの舞台である東京競馬場に向かった。中央高速の工事渋滞に巻き込まれ、出張馬房に到着にしたのは午後5時34分。6時間で到着した午前5時に出発したグループに比べて1時間半も余計にかかってしまった。だが、ナリタブライアンは堂々としたものだった。

この日、ふたりのアメリカ人が胸を躍らせて日本に降り立った。出迎えた早田光一郎と握手を交わしたのは、ダニエル・ガルブレイズとJ・W・フィリップ。来日の目的は、ブライアンズタイムとの再会と、日本ダービーに出走するその子供、ナリタブライアンの応援だった。

ガルブレイズはダービーダンファームのオーナーで、ブライアンズタイムの生産者。フィリップはガルブレイズの義理の兄弟で、ダービーダンファミリーの一員で、ブライアンズタイムの元オーナーだ。日本のスポーツ紙に大きく掲載されているナリタブライアンの記事と写真に、

ふたりは大きな満足感と驚きを覚えていた。ガルブレイズは言った。

「初年度産駒にかかわらずこれだけの活躍をするとは、私にも信じられなかった。大変名誉なことだし、日本に来られたのもブライアンズタイムが種牡馬として活躍したおかげ。大変光栄だよ」

極東の地でブライアンズタイムと5年ぶりの再会を果たした時に、ふたりはこう確信した。

「この馬をミスター早田に任せて正解だった」

ガルブレイズは、日高の風雲児が造り上げた早田牧場新冠支場とCBスタッドにも賛辞を惜しまなかった。

「これらの施設は、世界に類を見ないほど素晴らしく整っている。ブライアンズタイムもワンダフルだ。毛づやも良く、種馬としてパーフェクトな状態だ。大変手入れが行き届いている」

ダービーダンファームは、アメリカ・ケンタッキー州でも屈指の名門サラブレッド牧場。1950年代に凱旋門賞を連覇したリボーをイタリアから種牡馬として導入したり、英ダービー馬ロベルトを生産したりしたことで世界的にその名が知れ渡っている。日本でも過去に生産馬のシャトーゲイが輸入されている。

ふたりは親日家としても知られ、アメリカのメジャーリーグ、ピッツバーグ・パイレーツの元オーナーでもあるガルブレイズは、1985年にプロ野球、中日ドラゴンズのフロリダキャンプを成功させた立役者。フィリップもアメリカで経営する大学が、北海道の道都《どうと》大学（2017年に星槎《せいさ》道都大学に改称）と姉妹校ということもあり、日本への理解は深かった。

早田光一郎とは15年来の付き合い。だからこそ、フロリダダービーなどを制したブライアンズタイムのトレード契約が持ち上がった時も、サンシャインフォーエヴァーの代役とはいえ快く日本に送り出した。

「ロベルト、ブライアンズタイムに続き、日本で生まれたナリタブライアンがダービーでどんな走りをするか、この目でしっかりと見たい」

ふたりは日本ダービーの観戦を楽しみにしていた。

5月27日、第61回日本ダービーの枠順が確定。ナリタブライアンは外枠17番に入った。その日の午前7時、東京競馬場で行われた公開調教に参加した1122人のファンの目は、ナリタブライアンに集中していた。

普段と違う雰囲気にややイレ込んだところを見せたが、柔らかいバネを利かせた馬体を躍らせて芝コースをキャンターで流した。

「イレ込みは気になるほどではありません。雨で渋った馬場にも、のめったり（体が前に倒れたり）滑ったりすることはありませんでした」

仕事を終えた村田光雄が笑みをたたえて話していたのが印象的だった。厩舎の長である大久保正陽が復帰したこともあって、出張馬房でも陣営の雰囲気は皐月賞とは雲泥の差。なんの不安もなく本番を迎えられると僕は確信していた。

翌5月28日付のサンケイスポーツに、南井克巳が手記「2冠へGO腕」のなかで17番という枠順について語っている。

〈以前に比べると、頭数が減ったので、外枠でもそれほど神経質になる必要はない。（中略）ナリタブライアンの⑰番枠だが、正直なところ好枠だと思っている。（中略）外枠だと前がつかえたり、包まれるという不利がなく、よけいな気をつかわなくともよい。距離は損をするかもしれないが、ブライアンの能力をもってすればハンディはないに等しいだろう。〉

なんという自信。なんという愛馬への信頼。これを読んで僕は二冠を確信した。

その日の朝、東京競馬場でのナリタブライアンの最終調整が午前6時に始まった。角馬場からダートコースへ。落ち着き払っている。キャンターにおろした途端だった。鞍上の村田光雄が抑え切れないほどの手応えでダートを蹴散らして躍動した。重心を下げ、首を巧みに上下に揺らす〝パーフェクトフォーム〟をこの日も披露。村田光雄は言った。

「皐月賞と変わらないピークに近い状態です」

ファンも怪物に逆らうつもりはないようで、120億7966万円の売り上げだった日本ダービーの前日発売のうち、ナリタブライアン絡みの単勝、複勝、馬連馬券の総売り上げは実に全体の72％にあたる87億円に達した。前日発売での単勝オッズは1・4倍。しかし南井に押し潰されるほどの重圧はない。

「強いのは誰よりもわかっている。スムーズに4コーナーまで回ってくれば……」

続く言葉は飲み込んだが、寸分の狂いもなく最高峰の一戦を迎えられた愛馬の勝利を信じているのは明らかだった。

5月29日、ナリタブライアンは1973年のハイセイコーの66・6％に次ぐ歴代2位の61・8％の単勝支持率で日本ダービーの発走を迎えた。

18万7041人の大観衆が見守るなか、ゲートイン。ゲートの中で何度も立ち上がるエクセレンスロビンが両前脚を再び上げたところで競馬の祭典の扉が開いた。

外のナリタブライアンは好スタートを切ると、どの馬にも邪魔されることなく内へと斜めに進み、1コーナー手前では馬群の間、5、6番手にいる。

メルシーステージが先手を取り、トロナラッキー、スギノブルボン、サクラエイコウオーがこれに続く。向こう正面に入ろうかという時、引っ掛かって抑えが利かなくなったのか、アイネスサウザーが外から一気に先頭へ躍り出た。

ナリタブライアンはこの時、すでに外に出されて、包まれる心配もなく7、8番手でレースを進めている。レースが終わったあとで思ったことだが、ここで勝負あった。

アイネスサウザーが作った前半1000メートルの通過タイムは1分ちょうど。ハイペースと言っていい。

ナリタブライアンは3コーナー手前から絶好の手応えで徐々に進出し、4コーナーを大外から馬なりで2番手まで上がる。直線に入ると、鞍上の南井克巳はさらに馬場のいい外へと進路を取って先頭に躍り出た。

直線半ばでステッキを一発。気合付けというよりは、集中力を保たせるためのようだった。あとは追うだけ。2着のエアダブリンに5馬身もの差をつけてゴールに飛び込んだ。

笑顔の南井の左手が高々とあがった。

南井コールが競馬場に響き渡る。

単勝の配当120円は、1984年の三冠馬シンボリルドルフの130円を抜くダービー史上最低配当だった。走破タイム2分25秒7は歴代5位。1990年の勝ち馬アイネスフウジンの2分25秒3、2着のメジロライアン、1993年の勝ち馬ウイニングチケット、同2着ビワハヤヒデに次ぐものだ。

皐月賞、日本ダービーの二冠達成は、1992年のミホノブルボン以来17頭目。重賞5連勝(朝日杯3歳ステークス→共同通信杯4歳ステークス→スプリングステークス→皐月賞→日本ダービー)での制覇は、1975年のカブラヤオー(東京4歳ステークス→弥生賞→皐月賞→

ＮＨＫ杯↓日本ダービー）に並ぶ最多記録だった。

関係者が笑顔で祝福の取材を受けている。

南井が言う。

「レース前は無事にスタートが切れればと思っていた。早いかなと思ったけど、１コーナーを回るまでに好位置につけられたし、道中の折り合いは十分。３コーナーから４コーナーにかけて後続が仕掛けてきたので、よし、ここが勝負どころだと思いました。直線に向いたら、内を通っても外を通っても距離は一緒ですから、馬場のいいところをね。少し早めに抜け出してしまったけど、馬の力を知っているから大丈夫だと思っていましたよ。念願のダービーを勝てて本当に嬉しい。プレッシャーはありましたよ。しんどかったです。いいレースができてよかった。皐月賞のまえから三冠だ、三冠だって言われてきたでしょ。でも、物事には順序ってものがあるんですから。ダービーを勝って、これでようやく三冠挑戦ですよね」

大久保正陽が言う。

「とにかく感無量。胸いっぱいです。去年まではプレッシャーがあったが、今年は本当にのんびりした気持ちで臨めました。馬がリラックスさせてくれたんです。ある程度軌道に乗ればいいほうに進むんだと、馬に教えてもらいました」

オーナーの山路秀則が言う。

▲圧巻の走りで東京競馬場の長い直線を駆け抜けて見事に二冠達成

「去年は（ナリタタイシン、ウイニングチケット、ビワハヤヒデの）３強だから気が楽でした。でも、今年は勝って当たり前だから、プレッシャーがかかりましたワ。秋まで無事に行ってほしいですね」

早田光一郎が言う。

「やはりダービーの感触は違う。ハラハラしましたよ。牧場に帰ったらパシフィカスに『あなたの子が頑張りましたよ』と伝えてあげたい」

「勝てるなら僅差で十分。とにかくハナ差でも10馬身差でもかまわない」

そう話していたガルブレイズとフィリップの前で、ロベルト、ブライアンズタイムに続く〝3代目〟のナリタブライアンは5馬身差の圧勝を披露した。

「グレイト！」

18万ファンの熱狂ぶり、ファンの祝福を受けながらウイニングランをするナリタブライアンの姿を見たふたりは、そう叫ばずにはいられなかった。

「秋にまた、セントレジャー（菊花賞）の応援に来るよ。ぜひともナリタブライアンにトリプルクラウンを取ってもらいたいね」

フィリップは笑顔で言った。

「ブライアンズタイムを手放して後悔しているかって？　とんでもない。これほど日本で活躍していのだから、彼は日本に合っていたんだよ。日本に渡って種牡馬としてダービー馬を送り出した名馬を、かつて自分が持っていたんだ、と将来思い出すのもいいことだ」

取材を終えて記者席に戻った僕は、いつものワープロを開いて記事を打ち始めた。

ファイターが吠えた。悲願のダービー・ジョッキーまであと500メートル。府中の直線につくられたビクトリーロードを、南井は渾身の力を込めてナリタブライアンを追いまくった。41歳になった今も自宅から栗東トレセンまでの15キロを競技用自転車で20分で突っ走っているのだ。若手に負けない体力はあると自負している。ステッキは直前半ばの1発だけ。また、あとは一心不乱に追うだけだ。

うなる豪腕。ブライアンもそれに応え、さらに伸びる。ついて来られるライバルなどいない。馬場のいい大外のグリーンベルトの先にゴールが待ち受けていた。5馬身差の圧勝。歴代12人目、現役では岡部幸雄、柴田政人に続く3人目の3冠ジョッキーの誕生だ。

「ミ・ナ・イ、ミ・ナ・イ」。18万観衆をのみこんだ府中の杜《もり》に南井コールがこだまする。バックストレッチで自分の名前の連呼を聞く感激に酔いしれる。オグリキャップのマイルCSでは男泣きした浪花節男が、必死に涙をこらえている。

「馬の強さを信じて乗りました。この1週間はプレッシャーとの戦いだった。去年の落馬も思い出した。でもゲートの中でふっ切れたんだ。なるようになれって。うん。強い馬はなるようになるんだ」。愛馬の力を信じて勝ち取った栄冠に、南井は昨年夏の北海道を思い出していた。

「君はダービーを取ったことはあるか」。夏の3歳新馬戦真っ盛りの時期、南井は大久保正陽調教師から声をかけられた。「いえ、ありません」。それまでダービーは9戦して着外のみ。「じゃあ、(ダービーを) 本当に勝てるかわからんが、乗ってみるか」。そこで紹介されたのがナリタブライアンだった。

この日午前8時、南井は東京競馬場の芝コースで、軽いジョギングを行っている。やや緊張気味の体をほぐすと同時に、自分の目と足で〝舞台〟を最終確認するためだった。

「やっぱりインコースは、芝がボコボコに荒れている。直線は、馬場の外めに持ち出して……」。そう決意した。今年初めに他界した宇田明彦調教師のためにも……の意欲がみなぎっていた。

「物事には順序があります。2冠を取った今、これで胸を張って3冠を狙う、と言えます」。人に育てられ、人を育ててきた一途なファイターが円熟期を迎え、ブライアンとのコンビで伝説を築き上げようとしている。

2023年。もちろん私は南井克巳さんに日本ダービーについても聞いた。

――ダービーのレースぶりは、もう完全に不利を受けなければ勝つよという乗り方だったように思えました

「この時も朝、（皐月賞の日と同じく）ちゃんと馬場を見にいってね」

――そうですね

「どうしたら（どこを進めば）いいかなってね。やっぱり内は悪かった。だから内を回らない、と。ずっと外を回ってきたからね」

――はい

「それで、もう中団ぐらいの前のほうにつけて、ちょっと外めのほう、真ん中辺ぐらいに（進路）を取って競馬を進めたんです」

――そうでした

「何も不利がなかったら勝てるからね。自分自身が不利を受けないように……そういう感じですね」

――不利さえなければ

「勝てる。勝てる」

――だからあれだけ大外を回して……

「大外は回してはいないよ。直線は外を走ってただけ」

――でも、不利を受けないように道中も外めを通っていましたよね

「いつでも（馬場の）いいところに出られるように、と。直線は外に出して馬場の外を回って。内側の馬場は悪かったから綺麗なところを走ってきたという競馬です」

――なるほど。最後の直線はナリタブライアン一頭だけが馬場の外を走った

「そう。余裕があるから」

――前年（1993年）のダービーでは、マルチマックスでゲートが開いた直後に落馬。ああいう悪夢を思い出すことは

「あるある。ゲートに入るまでの4コーナーのポケットで、大丈夫かな、落ちないかな……と。ここでゲートを出て落ちたらどうしようかな、とかいうふうなことを思っていました」

――ナリタブライアンが強いから、全然そんなことは思っていないと想像していました

「いや、あるある」

――1991年はイブキマイカグラで臨むはずが、東京競馬場でのダービーの直前に骨折で出走できず

「ずっと東京に滞在して、追い切りして」

――ダービー直前の不運

「そのまえのレース（東京でのNHK杯）が楽勝でね。おお、左回りのほうがいいのかな、と

ダービーも期待していたんですけどね」
――ナリタブライアンの時はイブキマイカグラのことは頭をよぎりましたか
「よぎらなかったですね。マルチマックスのことは思ったけど」
――ナリタブライアンは春のクラシック二冠を達成して、南井さんは名言を残しました。**「物事には順序があります。二冠を取った今、初めて三冠という言葉が言えるんです」**と。やっぱりそれはもう本音なんですね
「それはそうです。三冠馬って、なかなか巡り合えることがないしね。うん」
――ちゃんと順序を経ての三冠宣言だった
「そう。(順序を)経て」
――二冠を取ったから自分から明言した
「(次は)三冠しかないですから。やっぱり二冠で終わるのと、三冠を勝つのとは違いますからね。馬に与える、馬の偉大さ、馬の値打ちというか、馬の格というのはやっぱり違いますからね」

ナリタブライアンが三冠馬になったあと、作家の木村幸治がこんなエピソードを週刊ギャロップに書いていた。

〈南井が言う。

「距離の不安はまったくなかった。勝って当たり前の馬に乗せてもらっている。チャンスがあれば、そのチャンスはちゃんと手にしなくてはいけない。三冠目を獲ると獲らないとでは馬の価値が……」

　南井と私が話をしていた場所は、工藤嘉美《よしみ》厩舎の厩務員のたまり場があるところだった。南井よりは先輩の騎手だった吉永良人《よしと》（現調教助手・ミスターシービーで三冠ジョッキーになった吉永正人《まさと》現調教師の実弟）が、南井の話を取り上げて笑わせた。

「獲ると獲らないとでは、人間の価値も変わる」

　南井が言い返す。

「いや、人の価値は他人（ひと）が決めること」

　吉永がまた言う。

「いや、獲ると獲らないとでは馬の価値も、人間の価値も変わる」

　ふたりのやりとりが和んでいるので、私は黙って見守った。〉

　そのエピソードを南井さんに伝え、「南井さんの本質というか、真面目なところが出ているなと思いました。馬のためにという考えは今でも変わりはないですか」と尋ねた。

「馬のために。人の値打ちっていうのは、やっぱり他人が決めることとで。自分で『俺は偉いん

だ』って言うのはないしね」

――馬は話すことができないので、そういうことすら言えない。だから人が勝たせてあげて、価値を高めてあげなくてはならない、と

「そうそう。ずっとそういう思いです」

南井克巳はナリタブライアンで日本ダービーを制したことで、皐月賞（1990年ハクタイセイ、1994年ナリタブライアン）、日本ダービー（同年ナリタブライアン）、菊花賞（1989年バンブービギン）の三冠を制した騎手となった。だが、ジョッキーとして一流の中の一流になっても奢《おご》り高ぶる姿は決して見せなかった。人の価値を決めるのは他人。自分は馬の価値を高めるために騎乗している。その考えを貫き通してきたからだ。

兄弟対決実現に向けて燃える両陣営

ナリタブライアンとのコンビで皐月賞、日本ダービーの二冠を制した南井はその日、夜にNHK総合テレビに出演したため、東京都内のホテルに宿泊した。一夜明けた30日も、雑誌の取材が2件続くなど忙しい一日となった。

「今朝（30日朝）、スポーツ紙を全部買ってきたけど、凄かったね。どこも1面はダービーだ

もの。改めて、凄いことをしたんだ……と感じましたよ。ダービーを勝った直後はホッとした気持ちだった。今は喜びをかみしめている感じです。二冠を達成したんだから、次は菊花賞。なんとか……と思っています。まずは無事に秋シーズンを迎えさせたい」

この年の日本ダービーの関東地区でのテレビ視聴率（ビデオリサーチ調べ）は、フジテレビとNHK総合を合わせて20・8％だった。競馬専門チャンネルのグリーンチャンネルがなかったとはいえ、当時の競馬ブームの一端を窺わせる数字で興味深い。

そして、日本ダービーで敗れた敗者たちの言葉もまた、ナリタブライアンの強さをより強調することになった。

「ブライアンの強さは規則違反ですよ」（4着フジノマッケンオーに騎乗した武豊）

「ああいう馬（ナリタブライアン）は下手に小細工して乗らないほうがいい。外、外を回って馬の気分に任せて走らせた騎乗は正解だろう。5馬身も差をつけられたら、あそこがどうだったらとか言っても始まらない」（2着エアダブリンに騎乗した岡部幸雄）

「私が見たダービー馬では間違いなく最強だと思う。雰囲気に呑まれて我《われ》を忘れた競馬をした馬はみんな消えた。うちのはマイペースで競馬をしての2着。秋になってもこの差を逆転するのは難しいだろう」（エアダブリンを管理する調教師・伊藤雄二）

兄のビワハヤヒデを管理する浜田光正も、「一頭だけ次元が違っていたみたいだった。ナリタブライアンは10年先を行っている。ビワハヤヒデの同じ時点に比べたら、悔しいがすべての面で上だね」と、弟の日本ダービーでのレースぶりに驚きを隠さなかった。

だが、浜田は脱帽したわけではなく、弟の走りに闘志を燃やした。

「そりゃ、うちのは2着だったよ。でも、あの時はウイニングチケット、ナリタタイシンとともに3強の戦いでレベルは高かった。単純な時計の比較ではハヤヒデのほうが速いんだよね」

続けて、直前に迫った1994年春最後の宝塚記念についてこう言い切った。

「絶対に勝ちたいレースだよ」

ビワハヤヒデは宝塚記念のファン投票で14万8768票を集めて1位に選ばれていた。

「人気馬で順当に勝つというのは名誉なことだから……。それに弟があれだけ派手に勝ったんだし、兄貴も負けるわけにはいかん。むこうが（1994年の）GIをふたつ勝ったら、こっちもふたつ取らないと駄目。とにかくブライアンと対戦するまでは、兄のメンツにかけても負けられない」

浜田の言葉どおり、弟の日本ダービーと同じ単勝1・2倍の支持を受けて臨んだビワハヤヒデは、宝塚記念を日本レコードで圧勝。弟にGIタイトルの数で再び並んだ。

その日、僕が書いたヒーロー原稿は、ビワハヒデの圧勝を伝えるというよりは、それによってさらに注目を集めることとなった、有馬記念で実現するであろう兄弟対決に焦点を当てるものとなった。

　手綱がピクリともしない。それでいて5馬身差の圧勝だ。「弟よ、オレの強さを見たか」。ビワハヤヒデが仁川《にがわ》のターフで、札幌のナリタブライアンに兄の貫禄を見せつけた。強い。強すぎる。1頭だけ異次元の世界で競馬をしているようだ。従来のタイムを0秒8も短縮する驚異的な日本レコード（2分11秒2）に彩られ、史上3頭目の8億円ホースの誕生だ。

「今日の話はもういいだろう。それより、秋だよ」と岡部が並々ならぬ意志を込めた口調で言う。ナリタブライアン。兄の行く手を阻むのは、もはや血を分けた弟しかいない。

　昨年ビワが涙をのんだ皐月賞とダービーを、今年は弟が圧勝。その時点で兄弟の好守は逆転した。「ブライアンの兄」と呼ばれることでプライドを傷つけられた兄が意地を見せつけたのが宝塚記念だったのだ。

　単勝支持率65％は、ダービーで弟が受けた61・8％を上回るものだ。2着との「5馬身差」もブライアンのダービーと同じ。しかもこちらは、持ったままでレコード。内容では弟を明らかに圧倒したのだ。

「ブライアンとの比較はあまり言いたくないが、なんとかなると思っている」

　ビワを古馬最強馬に育てた浜田調教師が今回のレースぶりを見て、来《きた》るべき兄弟対決に意を強くした。

ブライアンの主戦・南井は「たしかにビワは強くなっているね」としか言わなかった。弟は3冠確実とみられている。ダービーを勝った時点で南井も「もちろん狙う」と南井も豪語した。同世代には敵がいない――と判断しての3冠宣言だ。

その兄はこの日、古馬最強馬を強烈にアピールした。195日後の12月25日の有馬記念で実現する夢対決は、もうファンの間でも話題になっている。ビワかブライアンか。ミスター競馬・野平祐二《のひらゆうじ》調教師は「長距離では弟に分がある」とみている。舞台は中山2500メートル。スタートしてからの位置取り、ジョッキーの思惑、どちらが先に動くのか……。そこには推理するスポーツ、競馬のロマンがつまっているのだ。

そのまえに、兄には天皇賞連覇とジャパンC制覇、弟には3冠達成という仕事が待っている。

「もちろん、ブライアンと対戦するまでは、負けられない」

浜田師から有馬記念までの不敗宣言が飛び出した。兄弟による史上初の年度代表馬争い。94年グランプリが待ち遠しい。

岡部は後に2着に5馬身差をつけたことを、こう述懐している。

「『(兄も)これだけ強くなったぞ』というのを(弟の陣営に)少し見せてやろう」

そう意識してのことだった、と。

兄弟のレースぶりや圧倒的な強さを見れば、夢の対決は現実になると誰もが信じていたのだが……。

京都新聞杯で伏兵にまさかの敗北

宝塚記念の記事にもあるとおり、ナリタブライアンは三冠制覇へ向け、札幌競馬場で充電期間に入った。蒸し暑い夏を乗り切れば三冠は確実。誰もがそれを疑わなかった。

ナリタブライアンは6月10日午前9時50分、持ち乗り調教助手の村田光雄とともに入った。

「調整かたがた避暑というのがいいだろう」

大久保正陽の言葉どおり、到着した日はさすがに多くの報道陣の出迎えを受けたが、翌日からはマスコミをほとんどシャットアウト。大久保正陽の鉄のカーテンに守られてリラックスした日々を過ごしていた。

長旅の疲れも癒えた14日に札幌入厩後初めてダートコースに入った。村田を背に角馬場で約20分間かけて入念に体をほぐしてからダートコースへ移ってキャンターで1周。その後も激しいクラシック戦線を戦い抜いてきた頃には考えられない軽いメニューをこなした。

「馬は落ち着いていますよ」

前年も滞在していたからなのか、環境の変化に動じない愛馬の姿を村田が頼もしげに眺める。とはいえ、史上最強の評価も出ている二冠馬を世話している村田は避暑気分ではいられない。調教師が常に滞在していればいいが、札幌出張中のスタッフは若手3人のみ。いつもより神経を使うのは当然だった。それでも村田は謙虚に馬優先を貫いていた。

「とにかく馬がリラックスすることが一番。自分も平常心をもって秋まで過ごしたいですね。調教面では自分の技術は未熟なので、逆にブライアンに教わってばかりです。秋に向けても一日一日の積み重ねが大切。それで結果が出れば満足です」

暮れに迎えるはずのビワハヤヒデとの兄弟対決にも「気にしないといえば嘘になる。やっぱり対戦してみたいですね。もちろん、勝負の世界ですから、勝ちたい」と意気込む。

続けてこうも話していた。

「ただブライアンが他の馬よりも強くなってくれればそれでいい」

ナリタブライアンは8月17日に函館競馬場へ移った。9月1日には大久保正陽が状態チェックのため、函館入りした。

「栗東はまだ暑いので9月半ばに戻します。一度叩いて菊花賞へ。（10月16日の）京都新聞杯？　番組上、そうなるんじゃないの」

漠然とではあるが、調教師の口からようやく秋の予定が出てきた。

4日には函館競馬開催中に春休みのパドックで、ファンサービスの一環としてナリタブライアンの〝お披露目式〟が行われた。日本ダービー出走時に着けた17番のゼッケンを背負い、村田光雄、大久保龍志の両調教助手に引かれて登場。約1500人のファンの前を落ち着いた脚取りでパドックを6周した。この日の入場者数は前年比144・8％の1万6080人。ナリタブライアン効果を見せつけた。

ファンや報道陣は誰もがナリタブライアン健在と思ったが、そうではなかったという話がある。この年は避暑地であるはずの北海道も気温が30度を超す猛暑が続き、春の激戦で体力を落としていたナリタブライアンの体にダメージを与えていたというのだ。しかしそれは、大久保正陽の鉄のカーテンによって、関係者以外ほとんど知られることがなかった、と。当時取材していた私も知らない。

2000年夏に発行した週刊ギャロップ臨時増刊『週刊100名馬　ナリタブライアン』に馬事通信記者の山田康文が、休養中のナリタブライアンの様子を伝える興味深いエピソードを寄せている。

札幌開催中の函館競馬場でナリタブライアンを取材していた時のこと。午後の1時、村田光雄によって馬房から出されたナリタブライアンの首を下げてトボトボと歩く姿が印象に残ったというのだ。

〈正直言って2冠馬の風格というかオーラのようなものは、この馬から感じなかった〉と山田は綴る。

〈撮影用にたてがみにガムテープを貼って、撮影開始。耳を立たせるために目の前で音を出して、馬の気を前方へと向かせる。馬がおとなしかったこともあって、撮影そのものは10分足らずで終わったが、帰りしな「普通のコイツにそんな（目の前で音を出す）ことをしたら、大変だよ」という村田調教助手の言葉が今でも鮮明に耳に残っている。

実は、それで謎が解けた。3歳夏のデビューから約1年をほとんど休まずに使われたナリタブライアンは疲れていたのだ。一般には夏負けにかかって仕上がりが遅れたことになっているが、京都新聞杯ではスターマンに後塵《こうじん》を拝することとなった最大の理由は春シーズンの疲れが抜けきらなかったために調整が思うようにできなかったことではないか。あるいは、疲れていたから夏負けが尾を引いたという考え方もできるかもしれない。〉

無敵を誇ったナリタブライアンも、勤続疲労と猛暑のダブルパンチにはさすがに敵わなかったのだろうか。

その頃、兄のビワハヤヒデは北海道以上の猛暑に襲われた栗東トレセンで、9月18日に行われる秋初戦のオールカマーへ向けて調整を続けていた。それより1カ月ほど前に北海道・新冠の町民センターで開かれたビワハヤヒデとナリタブライアンの合同優勝祝賀会で浜田光正は「オールカマーをスタートに天皇賞、有馬記念と行くつもり。ジャパンカップは来年に狙います」と明言していた。

「今年の夏は特に暑かったですけど、夏負けはまったくない。オールカマーは万全の態勢で臨めそうです」

こちらは無事に夏を越せたことをアピールしていた。

その言葉に偽りはなく、ビワハヤヒデは秋初戦を単勝オッズ1・2倍の圧倒的人気に応えて快勝した。2着のウイニングチケットにつけた差は1馬身3／4。完勝だった。だが、目の前で見るビワハヤヒデに僕は一抹の不安を覚えていた。

前走の宝塚記念より4キロ減、デビュー以来最も軽い馬体重470キロの馬体は無駄肉がなく研ぎ澄まされていて究極の仕上がりに映った。裏を返せば、ギリギリまで仕上げられておつりがない。天皇賞に向けて上がり目があるのだろうかと、頭の片隅で心配していた。

「お互い負けずに（有馬記念まで）行きたいところだね。幸いうちのは、レース後も元気だし、第一関門は突破したところだよ」

そう言う浜田は、ビワハヤヒデをレース4日後の22日から乗り込みを再開させた。

ナリタブライアンは、函館競馬場から9月16日に栗東トレセンへ帰厩。大久保正陽も順調であると報道陣に伝えていた。

「ここまでは私の思いどおりにきている。当分は村田が乗って、京都新聞杯の1週前から南井君にも調教をつけてもらうようにする」

「自分で言うのもなんだが、うまく過ごせたと思う。北海道にいたので夏バテもなかった。だからレースは使っていないが、乗り込みは十分にしている。今のところ不満はない」

「函館に入った頃の体重が鞍をつけて480キロあった。ダービーが468キロだったから、少し大きくなっているみたいだ。ほんと、すべてにおいて順調だよ」

秋初戦、京都新聞杯の1週間前も「予定どおりに夏場を過ごせたからね。春先と比べて特に変わったところはないが、いいところはそのまま保ってきたし、今はいつでも時計を出せる状態になっている」という。

本当に順調だったのか、能力の高さゆえか、それとも「二冠馬」の威光がそう思わせたのか。追い切りの本数こそたしかに少なかったが、ナリタブライアンの姿を見て大久保正陽の言葉を信じていた。10月13日に行われた京都新聞杯の追い切り記事で僕はこう書いた。


パワーあふれるキック。重心を沈ませ、可能な限り地面に馬体を近づけるフォーム。圧倒的強さで春の2冠を難なく制した、あのナリタブライアンの惚れ惚れする動きが戻ってきた。

〝オーラ〟を放つ迫力十分の馬体で他馬を圧倒するばかりではない。意欲的な追い切りを披露し、ライバルたちの「3冠阻止」の野望を戦う前に打ち砕いてしまったようだ。

ナリタブライアンが夏負けにかかっていたのなら、自分の取材力、馬を見る目のなさに絶望的となる。1週前追い切りのゴール前でナリタブライアンがつんのめったことにも、手綱を取った南井の「なんともないですよ。ムチを抜いた時からハミを取って走る気を見せたし、申し分ないでしょう」という返事を鵜呑みにし、〈ブランクを埋める気合付けのステッキなど、周囲の不安を打ち消す追い切り〉と綴っている。相手の言ったことをそのまま文字にしているだけ。これではテープレコーダーと変わらない。

調教師は、取材対象者の話を鵜呑みにするような筆者とは違う。エアダブリンを京都新聞杯に出走させる伊藤雄二は、この夏に札幌競馬場でナリタブライアンを見た時、「さすがに激戦の春のクラシックをくぐり抜けた疲れがドッと出てガタガタだった。これで秋に間に合うのだろうか」と思ったという。その後、京都新聞杯の追い切りを名伯楽は「ここまで立ち直っているとは思わなかった。さすがだね」とジャッジ。これこそがプロというものだ。

たしかに村田が「札幌では思った以上に暑かったので、夏負けのピンチがあったのは事実です。でもギリギリのところで乗り越えてくれた」と、夏を振り返るナリタブライアンは、栗東トレセンに帰厩後、順調に立ち直っていた。

「追い切りごとに変わってきている。レースでもう少し気合が乗れば申し分ない。見苦しい競馬はしないでしょう」

レース前日の調教後に語った村田光雄の言葉こそ真実を伝えるものだった。速い時計の追い切りは2本。普通の馬なら明らかに不足している。それでもナリタブライアンなら、勝てるかどうかはわからないという含みを持たせて「見苦しい競馬はしないでしょう」と言ったのだろうと今は思う。

僕はその言葉のあとに〈陣営は勝利を信じている〉と付け加えて文章を締め、「力が違う」と信じてナリタブライアンに本命印の◎を打った。

だが、京都新聞杯で、ナリタブライアンは負けた。けれども村田光雄の言うとおり、見苦しい競馬はしなかった。クビ差の2着。勝ったのはインから抜け出したスターマンだった。京都3歳ステークス（現京都2歳ステークス）から続いていた連勝は6でストップ。単勝支持率77・8％、同オッズ1・0倍の元返しの期待に応えることができず、阪神競馬場を埋め尽くした6万観衆の声援が、どよめきに変わった。

ナリタブライアンは、まずまずのスタートを切ると馬群の中の後方からゆったりとレースを進めた。向こう正面では中団の外を追走する。2番人気のエアダブリンが動くと、一緒に上がっていき、4コーナーでは大外を回って先頭集団に取りついた。

春のナリタブライアンならここから力強く脚を伸ばすのだが、後続を離すことができない。地力で先頭に立ったが最後の詰めを欠き、内から脚を伸ばしてきた神戸新聞杯の覇者・スターマンに出し抜かれた。勝ちタイムは2分12秒1。ナリタブライアンが完調なら楽にマークしていたに違いない。

「体は太くなかった。でも、いつもは楽に抜け出すのに、今日は春の切れ味がなかった。久々だったし、速い追い切りもやってなかったらね。レースの流れがスローで少し引っ掛かっていたけど、その点は問題なかった。勝った馬には、開いたインに入られたね」

南井克巳がサバサバした口調でレースを振り返る。負けて悔しがるわけでもない。

「別に悲観はしていない。バテバテになったわけじゃないしね」

その言葉が本音であるのは、レースを終えて引き揚げてきた鞍上の南井、ナリタブライアンを曳《ひ》く村田光雄のふたりとも笑顔を見せていたからだ。その表情は「無事に2着で秋初戦を終えて良かった」と言っているようだった。

「これが競馬なんだ。仕方ないよ。使われた馬と久々の馬という差も出たな。そりゃ、負けたことは残念だ。でも、本番で負けるよりはましでしょう?　一回使って（状態は）上向くと思うし、前向きに考えます。無事にトライアルを走った。そう解釈します。今日が本番でなくてよかった。今後、手を加えて、いつものブライアンにすればいい」

大久保正陽は、いつものようにクールな姿勢を崩さず報道陣にそう語った。その目はすでに菊花賞に向いていた。

そうはいっても、春にあれほどの圧倒的強さを見せていたナリタブライアンが負けたのは衝撃的で、勝利以上にニュースである。

僕は翌日の1面用に書いた記事を以下のように締めた。

――春シーズンは〝お手上げ状態〟だった他陣営に、希望を与えたのも、また事実だ。ダービーで2着エアダブリンにつけた5馬身の中に、この日は6頭も入ってきた。夏を境に大きく成長したライバル馬たちもいる。にわかに混戦模様。秋本番の菊花賞が、興味深くなった。

2023年秋、私は南井さんに京都新聞杯で負けた時のことを尋ねた。

――南井さんのなかには、あの時の敗因というのがはっきりあるのでしょうか

「ある。あの時ね、ウッドチップコースで調教していたんですけど、ぬかるむほど馬場が悪かったから、あんまり調教をビシッとできなかったんですよ、ずっと。雨が多かったから。それで負けたけど、『負けて強しだな』と思ったね」

栗東トレセンのある滋賀・草津ではなく近隣である大津のデータによると、1994年9月16日に一日合計109ミリの大雨が降っている。その後も17、18、19、23、24、27、28、29、30日、10月4、10、11、12、13日に1ミリ以上の降雨があった。

これこそが敗因の真相だったのだろうか。だが、ぬかるむほどの馬場は栗東トレセンで調教

していてるすべての競走馬にとって同じ条件。苦労したのはナリタブライアンだけではない。考えられるのは、やはりナリタブライアンはエアダブリン、ウイニングチケットの調教師・伊藤雄二が言うように、春のクラシックを走った疲れが夏に出たのだろう。そこに北海道では珍しい猛暑に遭って、疲れが抜けきれなかった。北海道と同じような気候になってから栗東トレセンに帰厩したはいいが、今度は降雨によって馬場がぬかるんだ。

陣営はこう考えたのではないだろうか。

「そんな状態で速い時計で走らせて故障したら元も子もないので無理はさせられない。状態は間違いなくひと追いごとに上昇しているので、速い時計が2本でもナリタブライアンなら格好をつけてくれるだろう――」

筆者の勝手な想像ではあるが……。

ビワハヤヒデの引退により消滅した兄弟対決

前哨戦とはいえ、ナリタブライアンが負けたことは、競馬サークルにとっては大きな事件だった。京都新聞杯翌日のスポーツ紙は軒並み、スターマンの勝利よりナリタブライアンの敗戦を大きく伝えた。

当然、ライバル陣営に希望の光を与えたが、そこに水を差すかのように、ナリタブライアンの三冠達成の可能性の高さを冷静に判断するライバル調教師もいた。それは森秀行《ひでゆき》だった。当時、わずか12馬房で関西リーディングトレーナー争いを演じていた新進気鋭の調教師は、こう言った。

「うちの馬がいなくなったことで、三冠を取りやすくなったでしょう」

「うちの馬」とはノーザンポラリス。3000メートルの嵐山ステークスでビワハヤヒデの持つJRAレコードを破って一躍、ナリタブライアンの三冠阻止に名乗りを上げた管理馬が菊花賞に出走するとしないのとでは、南井にかかるプレッシャーの大きさは雲泥の差だというわけだ。京都新聞杯の敗因を森はこうみていた。

「久々の影響もあったのでしょうが、それよりも展開ですよ。前半1000メートル(の通過タイム)が61秒2というスローペースのなかで、あんな後ろから行って、仕掛けが早かったら負けても仕方ないですよ」

ただし、森はこう苦言を呈する。

「でも、あのレースは勝たなくちゃいけないですよね」

ビワハヤヒデを管理する浜田光正も同意した。

「たしかに、この(ビワハヤヒデとナリタブライアン)兄弟は負けたら駄目という馬になっているね。実際、俺はハヤヒデをどんなレースでもしっかり勝つつもりで、普通なら力を入れない休み明けのステップレースでもハードな調教を積んで臨んでいるよ。馬にはかわいそうなんだけどね。前走のブライアンの場合は、速い追い切りの本数が足りなかったのは事実だよね」

日本ダービー3着後、重賞（GⅢ）のラジオたんぱ賞とオープン特別の福島民報杯を連勝中のヤシマソブリンを菊花賞に送り込む調教師の松山康久は、前年に3敗、しかも2度も連対を外しているナリタブライアンを「負けることに抵抗のない馬」と表現した。

「久々の競馬でも実戦に近い稽古をしていれば、あんなことにはならなかっただろう。たしかにいい競馬ではなかったが、横綱相撲を取って負けたんだから仕方がない。体ができていたら決して負けなかったはず」

思えば、松山が管理した三冠馬ミスターシービーも秋初戦の京都新聞杯を取りこぼしていた。それをダブらせるように松山は続けた。

「この敗戦で、いい方向に変わってくるだろう。なんたってスケールがひとつ違う。相変わらず大きな存在だよ」

ナリタブライアンの本番での変わり身に疑問を呈す調教師もいた。伊藤雄二だ。

「京都新聞杯のナリタブライアンは、ギリギリ間に合わせたのか、間に合ったのかわからんけど、こっちが見る限り70％のデキで出走していた。あの一戦を叩いて状態がグッと上がるか、それとも悪くなるかを予測するのが一番難しい状態での出走だったはずやで」

京都新聞杯後のナリタブライアンの状況を大久保正陽が「休み明けを一度度使って気合乗りが違って、うるさいくらい」と話していることに不安点を求めたのは、ラグビーカイザーで菊花賞に臨む調教師の栗田博憲だった。

「気合が乗りすぎたというのであれば、毎日の調教で無駄な力を使いかねない状況にあるのかもしれないですね。そうなると、久々で出走した京都新聞杯の疲れが取れないうちに本番に臨む可能性も出てくるのでは」

といっても栗田は、ナリタブライアンが万全の状態で三冠取りに臨んでくるとみていた。

「私がヤマニンゼファーにとって最高といえる調整方法、ローテーションで昨年の天皇賞（秋）を勝ったように、大久保調教師だってブライアンにとってベストのことを選んでいるはずですからね」

ナリタブライアンが勝ち続けていた時よりも、ライバル陣営にさまざまな思惑を抱かせて菊花賞のゲートインに臨ませることになったわけだが、その1週前に兄のビワハヤヒデが天皇賞（秋）に出走し、負けた。

単勝オッズ1・5倍という断然の1番人気を裏切って5着。しかも、引き揚げる途中で岡部幸雄がビワハヤヒデから下りた。

「先生、ジョッキーがハヤヒデから下馬しているよ」

その声に浜田光正が青ざめた表情で馬運車に積まれるビワハヤヒデに駆け足で向かった。「故障か⁉」。検量室前は一瞬、騒然となった。

「病名は左前屈腱炎。レース中に発症したんでしょう。詳しい診断は、栗東トレセンに帰厩後の超音波エコー診断の結果を待たないと出せませんが、年内の出走は難しいのではないか」

ＪＲＡ獣医委員が伝える。サラブレッドにとって不治の病といわれる屈腱炎。これにより、有馬記念で迎えるはずだったナリタブライアンとの兄弟対決が見果てぬ夢に終わった。予兆がなかったわけではない。秋の天皇賞をまえに春に比べてトーンダウンした浜田のコメント。オールカマー後、以前よりも入念に両前脚に施していた調教後のアイシング……。

「ハヤヒデは鋼鉄でできてはいない、とは言っていたけど、やっぱり馬は馬か。これで〝ハヤヒデ神話〟は終わったワ」

浜田が寂しげにつぶやいたのが印象的だった。

それから3日後の11月2日、浜田厩舎でビワハヤヒデのオーナー・中島勇《いさむ》が取り囲む報道陣の姿勢を正して話し始めた。

「今、ハヤヒデ（自身）に引退の報告をしてきました。これまで皆さんのご支援、ありがとうございます。浜田先生らと相談した結果、引退することを決めました。どんな馬にも限界はあります。これ以上やって再びターフに戻ってきてもファンを裏切ることになってはいけないので思い切って引退を決断しました。今後はハヤヒデの子供がターフに戻ってきて、第2、第3のハヤヒデ誕生に努力してまいります。いろいろ長い間ありがとうございました」

その直前に行われた、中島勇、浜田光正、厩務員の荷方末盛、調教助手の久保史郎による四者会談が出した結論だった。これによって、ナリタブライアンとの兄弟対決は完全に消滅。夢に終わった。浜田が言う。

「今朝の検査で覚悟を決めました」

その日の朝、ビワハヤヒデは左前屈腱炎の精密検査を受けた。症状は想像以上に重く、少なくとも来春には復帰できると予測していた浜田はショックを受けた。獣医師から伝えられたのは「最低でも1年間は調教できない」という冷酷な事実だった。

「1年以上の療養からカムバックしても完全な状態でレースに出られる確率は20％くらいでしょう。ましてやハヤヒデが出られるレースはGⅠのような厳しいレースに限られてしまう。このまま現役を続けていても、普通の馬の3倍も4倍も苦しむだけだよ」

うっすらと涙を浮かべて話し続ける。

「長いような短いような間で、ハヤヒデは一生懸命走ってくれた。こんな馬はなかなかいない。厳しいトレーニングにも耐えてくれたハヤヒデに感謝しています。怪物と言われていたハヤヒデですら、最後はやはり競走馬の中の一頭になってしまった。この教訓を生かして、もっと強い馬をつくっていきたいです」

奇しくも同じ日、最後までビワハヤヒデのライバルとしてターフを沸かせた同期の日本ダービー馬・ウイニングチケットがビワハヤヒデより4時間ほど早く競走馬引退を表明していた。ウイニングチケットも天皇賞で痛めた右前脚の精密検査を受けて屈腱炎の診断を下されていた。

残された〝3強〟の一頭である同期の皐月賞馬・ナリタタイシンも左前屈腱炎で闘病生活を送っていたが、こちらは陣営が現役続行を表明していた。ビワハヤヒデ、ウイニングチケットの引退に大久保正陽は「自分もこれまで何度か同じような競走馬をリタイアさせたことがあるので、ふたりの調教師の心境は痛いほどわかる。とにかく残念で仕方がない。私のほうはタイシンの来年の復帰に向けて頑張っています」とどこか寂しそうだった。

2023年に私は南井さんに仮定の質問をした。もしナリタブライアンがビワハヤヒデと対戦したら、どちらが勝っていたのか。

「タラレバだから、わかんないね。それは、わからない」

——やっぱタラレバだから言えないのですか

「言えませんね、それは。言えない。言えないです。わかんない、わかんない」

——そうですか

「うん。でも、それだけやっぱお兄さんも強いなっていう……。お兄さんは、ブライアンとはまた違ったタイプだったでしょ。ブライアンはどっから行っても決め脚がすっと伸びる馬だけど、ビワは直線にいったら、どちらかと言うと重たいような、ね」

——ビワハヤヒデは先行タイプでした

「(どちらが勝っていたか) なんとも言えないですね。それはもう、わからないですね」

岡部幸雄が予想する夢の兄弟対決の結末

2024年になってビワハヤヒデの主戦を務めた岡部幸雄さんに話を聞く機会があった。タイミングが合わず電話での取材となったが、挨拶代わりに6月に還暦を迎えることを伝えると「おめでとうございます。ようやく辿り着いた?」。爺さんの仲間がひとり増えたと嬉しそうにしている岡部さんの顔が浮かんできた。

岡部さんは騎手時代、サンケイスポーツで「岡部幸雄のホースマン週報」を連載し、1993年に週刊ギャロップが創刊すると、そこでも「馬優先主義」を連載。56歳の2005年2月20日を最後に騎乗を自粛し、同年3月に騎手を引退後はギャロップで「GⅠ観戦記」、現在は「名手の競馬学」を連載している。そうしたことから、サンケイスポーツおよび週刊ギャロップの現場記者兼編集者だった私は、岡部さんの番記者を務める先輩記者のおかげですんなりと懐《ふところ》に入ることができた。なかでも幸運だったのが、サンケイスポーツから週刊ギャロップに異動した際、岡部さんがホストを務める対談「岡部幸雄のTake it Easy」の担当を引き継いだこと。岡部さんが興味を持って話せる対談相手を探すのは大変な時もあったが、月に一度の収録によって信頼関係を築けた。

取材では、1997年のタイキブリザードによるアメリカ遠征と翌1998年のタイキシャトルによるフランス遠征は忘れられない。

1997年秋、タイキブリザードが出走するブリーダーズカップの前哨戦であるオークツリーブリーダーズカップマイルハンデの舞台、アメリカ・カリフォルニア州にあるサンタアニタ競馬場に僕はいた。新聞社の記者で出張しているのは僕ひとり。つまり、岡部さんの取材を独占できる立場にあった。

岡部さんは、僕と話しながら装鞍場に隣接する施設に入っていく。追加の取材をしたい僕も岡部さんを見倣《みなら》って入り口で競馬場のスタッフに挨拶して入っていった。椅子に座っている岡部さんに声をかけると、驚きを通り越して呆れ、苦笑いを浮かべながらこう言った。

「おいおいおい、ここは駄目だよ。よく入れたなあ」

そこはジョッキールームだった。マスコミの入室はNGだったが、競馬場のスタッフが岡部さんのマネジャーと勘違いしたのか、すんなり入れてくれたのだった。本番のブリーダーズカップでは往復とも同じ飛行機に乗っていたこともあり、勇気を出してファーストクラスに挨拶にいった僕を快く迎えてくれた。機内でいろんな話を聞けたのは私の宝物のひとつだ。

タイキブリザードによるアメリカ遠征の翌年、タイキシャトルとのコンビで、岡部さんがフランスのGIレース・ジャックルマロワ賞を勝ち、海外GI制覇という悲願を達成した姿を現地で見て、取材できたことも忘れられない思い出だ。

本筋とはほとんど関係のない思い出話はこれぐらいにしておこう。

30分ほどしたら外出するそうだ。無駄話で貴重な時間を使えない。取材が押して迷惑をかけたくもない。本題に入らなくては。

――岡部さんがビワハヤヒデの主戦を務めていると、弟のナリタブライアンが台頭してきました。その存在を意識し始めたのはいつごろでしょうか

「清水英次が乗っていたんだよね」

呼び捨てにするのが不思議に思ったので取材後に調べると、岡部さんと清水さんは同じ1967年に騎手としてデビューしていた。ただし、岡部さん、福永洋一さん、柴田政人《まさと》さん、伊藤正徳《まさのり》さんらがいて〝花の15期生〟と呼ばれた同期生に清水さんはいない。彼は短期騎手課程を修了後に騎手試験に合格してデビュー。岡部さんらは長期騎手課程を修了してデビューした

ので、騎手になるまでの過程が異なるからだ。

――清水英次さんは、2歳秋のきんもくせい特別（福島）で一度だけ騎乗しています

「『おーっ！』と思って見ていたよ。いい勝ち方をしていたよね。見たのはVTRかグリーンチャンネルで。あの日はたぶん、こっち、関東エリア（東京競馬場）で乗っていたと思う。清水英次といったら、（騎手として）だいぶ晩年になっていたので時々しか乗っていなかったじゃない。『いい馬に乗ってるじゃん』って思ったよ」

同期といえる間柄が久しぶりに強い馬に騎乗していたことで、ナリタブライアンが岡部さんの脳裏に刻まれたというわけだ。

――岡部さんがシンコウラブリイでマイルCSを制した日に、同じ京都で行われた京都3歳ステークスがナリタブライアンとの初対戦でした

「そっかそっか、その時だ」

――岡部さんはタイキデュークに騎乗して4着でした。記憶にありますか

「ちょっとだけ覚えているけど、なんかもう全然歯が立たないという感じだったね」

ナリタブライアンはこの時、初めてシャドーロールを装着しました

「ああ、なるほどね。凄い馬だなと思ったのは覚えている。この馬たち（自分が騎乗したタイキデュークなどの出走馬）じゃ、全然歯が立たないと思ったね」

――次に対戦したのは朝日杯3歳ステークスでした。岡部さんはタイキウルフに騎乗しました

「やっぱり強いな、こら本物だわ、という意識になっていたね。タイキウルフは、あの馬（ナリタブライアン）とまともに勝負できる馬じゃないな、と思った。１４００～１２００（メートル）ぐらいで持ち味が出る馬だったからね」

――共同通信杯はヤシマソブリンに騎乗。同じ日の京都記念にビワハヤヒデに騎乗するので本来なら騎乗できないのですが、共同通信杯が降雪によって順延したことで出走投票がやり直されて急遽、騎乗が回ってきました

「『（ヤシマソブリンでは）相手にならない』って感じたよ。その時は、存在感が違っていて『この馬は強いんだ』って誰もが一目置いていた。『強い馬だ、いい馬だ』というのは認識していたからね」

――前日にはビワハヤヒデで京都記念を快勝しました。この段階で近い将来の対決が頭をよぎりましたか

「『いつかどこかで当たるだろうな』と、ちらっとくらい。『どこかでぶつけてやろう』とかは上の人、調教師や馬主が考えることだからね」

――それに当時のナリタブライアンはクラシック前ですからね

「その時は、将来、先の話だろうな、というくらい。話題づくりにはいい。でも、実現してか

らの話。そう冷静に見ていたよね」

――クラシックでの最初の対戦は日本ダービー。岡部さんがエアダブリンに騎乗して5馬身差の2着でした

「もう『やっぱりね』という感じで、こっちは精いっぱい頑張っての2着だからね。5馬身も離されちゃったからね。考えてみれば、2着でしょうがない2着だった。一段クラスが違う馬という存在だったよね」

――ナリタブライアンの秋初戦となった京都新聞杯でもエアダブリンに騎乗して3着。2着に敗れたナリタブライアンとは3／4馬身差でした

「ナリタブライアンが負けたのは、やっぱり久々というか夏の調整があったから……。別にこれで弱いなとは全然見ていなかった。やっぱり夏の調整不足だったのかなというだけで、おそらく次には立て直してガンと来るだろう、と。負けて強しという感じだよね」

――菊花賞もエアダブリンで臨み、7馬身+3／4馬身差の3着でした

「もうどうしようもないんだよ（苦笑）。三冠を取るというのは凄いな、と。そう簡単には三冠というのは取れないからね。やっぱり能力があり、運もありで（取れるのが三冠）。『ああ、やっぱり来たね』というのが正直な感想。三冠を勝つというのは容易なことじゃないからね。うん」

――ナリタブライアンのまえの三冠馬は、岡部さんしか手綱を取っていないシンボリルドルフです。２頭の共通点や相違点を挙げるとしたら

「ナリタブライアンは、何馬身も離して勝つというのはあるけど、見た目はそんなに派手じゃないイメージ。目立たないタイプというか……。でも、レースをすると強いんだよね。そこはルドルフとは違うタイプ。ルドルフは天才というか、最初から（頂点に立つために）つくられた馬だからね。それこそ計算しつくされた馬だから。その辺の違いがあるよね。ブライアンも割と自由にというかコントロールが利くタイプの馬だった。レースを上手にする、お互い同じようなタイプの馬だった。どっちかというと、そこは似ている。それこそ（ルドルフと）一緒にやって（対戦して）みたかった、という思いが強かった馬だよね」

――三冠レースに限定するならルドルフとブライアンのどちらが強いと思いますか

「（主戦を務めた）俺が思うのは、『そりゃあルドルフのほうが強い』に決まっているじゃないの（笑）。ナリタブライアンには乗ったことがないんだし」

――愚問でした。兄弟でGⅠを制したことについては、どのような思いがありますか

「やっぱり、サラブレッドの血の凄さっていうか……。例えば、生産者にしてみればすごく励みになる話だよね。そうそうないからね。ルドルフのきょうだい（兄弟姉妹）だってGⅠを勝っていないし」

――ビワハヤヒデとナリタブライアン兄弟の共通項や相違点を挙げるとしたら

「同じ兄弟でも父親も違うし、体形も違うし、毛の色もまったく違うから。兄弟と言われても、あまり似ているところがないんじゃないかなという思いはしていたよね」

――ナリタブライアンの印象は

「ホント強いし、丈夫だし、えらい馬だなっていう印象だったね」

この「えらい」とは、出身が群馬県であることを考えれば、「凄い」という意味で使っているのだろう。

「非常にかっこいい馬だなというふうに見えたよね。乗ったこともないし、栗東にいた馬だから年中見ているわけじゃないから詳しいことはわからないのでイメージだけだけど」

――ビワハヤヒデは1994年、4歳時に出走した天皇賞（秋）で屈腱炎を発症して引退

「今思うと、もうちょっとやり方次第では競走生命が延びたんじゃないかな。ちょっともったいなかったな、という思いはすごくある。今どきの考えからするとね。当時としてはそれが普通だったたと思うけど、最後は脚を傷めちゃったでしょ？　今だったら、ああいうふうにはしないで、無事に全部走り終わって引退ということになったんじゃないかな。ちょっと残念な部分はあるよね」

――ビワハヤヒデで臨めなかった有馬記念はアイルトンシンボリに騎乗して、勝ったナリタブ

▲多くの名馬に乗った岡部幸雄だがシンボリルドルフとビワハヤヒデの印象は強い

ライアンから1秒差の4着でした

「だけどもう全然、相手が違う着差だよね」

さあ、ここから最も聞きたいことに突入する。競馬で言えば、GⅠレースの勝負どころに差し掛かった

――もしビワハヤヒデが無事に1994年の有馬記念に進んでブライアンと対戦していたら、兄弟対決はどちらが勝っていたと思いますか

「間違いなくいい競馬はしていたと思うよ。ビワが普通の状態で出ていて普通にレースを進めたら、おそらく互角の勝負ができたんじゃないかな」

――道中はビワハヤヒデがナリタブライアンの前で競馬をしているイメージが湧きます

「おそらくブライアンより前にいると思うよね」

――どこで馬体を並べると思いますか

「最後の1ハロン」

その言葉を聞いて、私は一瞬のうちに1994年12月25日の中山競馬場に飛んでいた。内にいる芦毛のビワハヤヒデと、その外にいる漆黒のナリタブライアンが純白のシャドーロールを揺らしながら馬体を並べてゴールに向かっている。実際には起こらなかった、もうひとつの世界の出来事が目の前で繰り広げられていた。

――結果は？

「最後は頭の上げ下げでゴールというね……面白いでしょ？」

見ている者が、いや、30年後にイメージしても最も胸を躍らせる展開だ。

――兄弟対決が実現したらよかったなという思いはありますか

「そりゃそうだよ。話題性もあるし、人間同士もそうだろうけど、やっぱり強い馬同士を戦わせてみたいというのは人の考えだよね。みんなそう思うんじゃないの、誰もが」

競馬界の期待を一身に背負うナリタブライアン

ナリタブライアン陣営は兄弟対決について、これまでほとんど報道陣の問いかけに答えることはなかった。それもそうだろう。兄弟対決の舞台と言われていた有馬記念のまえになんとしても達成すべきことがあったのだから。「ナリタブライアンを三冠馬にする」。陣営にとって、その思いしかなかった。他の厩舎のビワハヤヒデが引退しようが、同情こそするが関係はない。三冠という大きな目標のために最善を尽くす他ない。

だが、マスコミはなんとかビワハヤヒデと関連をつけたがる。「兄の無念を弟が晴らす」「陣営にビワ・ショックなし」「天皇賞が荒れた時は菊花賞も波乱」などなど。だからというわけではないが、大久保正陽はＪＲＡを通して、厩舎内での取材禁止を伝えた。馬場入りをしない全休日（10月31日）のナリタブライアンの動向はうかがい知れなかった。皐月賞の時のように、大久保正陽が病に伏せていたからではない。三冠がかかる菊花賞にスタッフたちを集中させたい――調教師の思いはそれだけだったはずだ。

２０２３年１月に大久保正陽が87歳で亡くなったことを伝えるサンケイスポーツの記事に〈秋初戦の京都新聞杯で２着に敗れると、菊花賞に向けて報道陣をシャットアウト。雑音を封じて史上５頭目の３冠馬を誕生させた〉とあるが、やや言葉不足の感は否めない。

たしかに取材陣は厩舎に入ることを禁じられた。そういう意味ではシャットアウトだったが、大久保正陽自身が菊花賞ウイークの毎日、記者の囲み取材に応じていたのだ。この週のことはよく覚えている。調教が始まって１時間後にマスコミに開放される調教スタンドの調教師フロアに行くと、各社が揃ったと見るや大久保正陽さんは自身の席から立ち上がり、他の調教師に迷惑のかからない場所まで移動して取材に応じた。調教師自らが矢面に立って厩舎スタッフを仕事に集中させるようにしていたのは明らかだった。

ナリタブライアンが、全休日明けにもかかわらず栗東トレセンの坂路で４ハロン（８００メートル）54秒６の時計を出した11月１日も大久保正陽は報道陣の取材に応じた。

馬房の中で一日中いた翌日に強い調教を行うと肉離れや筋肉疲労などの反動が起きかねない

ので、全休日明けは軽めの調整が主流のなか、菊花賞の週の火曜日に1本目に57秒7で坂路を上ると、2本目に先の時計をマークした。

「へへへ」

照れ笑いを浮かべながら、大久保正陽が報道陣に伝えた。

「元気が良かったから普通にやれ、という指示だったが、時計が出過ぎたね。セーブ気味ながら馬任せでこの時計が出るんだから、馬の気分が良くて元気な証拠だろう」

栗東トレセンの坂路を使ってのスパルタ調教で鍛え上げ、ミホノブルボンを皐月賞、日本ダービーの二冠馬に育てた戸山為夫《とやまためお》厩舎と同様にハードトレーニングで知られる大久保正陽厩舎の馬が、この程度でへこたれるわけがないと言わんばかりだった。

三冠へ向けた追い切りは11月3日の木曜日に行われた。僕はこうリポートした。

まさに、うなりを上げる迫力だった。黒光りするブライアンの四肢がウッドチップをまき上げる。

3日、栗東トレセンにWコース。菊花賞に向けての最終追い切り。主戦・南井克巳騎手を背に、抜群の動きを披露。単走で6ハロン82秒1、上がり37秒9の好時計だ。

「これだけ動けば、文句なし。本当に良くなっている」

南井騎手の言葉が弾む。調教スタンドで見守っていた大久保正陽調教師もうなずく。

「3冠のチャンスは、この馬にしかないんだから…。無事にレースをすれば、おのずと答えは出るはず」

10年ぶり、史上5頭目の夢がある。いや、それ以上に、大きな期待と責任とを背負っている。

前日（2日）は兄ビワハヤヒデ、そして昨年のダービー馬ウイニングチケットの現役引退が決まった。追い打ちをかけるようにこの日、快速ネーハイシーザーの種牡馬入りが決定した。今月27日のジャパンカップで外国馬を迎え撃つ「大将格」がいない。

頼むぞ、ブライアン。新たな夢は「3冠馬誕生」だ。秋初戦の前走、京都新聞杯こそ伏兵スターマンの強襲に屈したものの、叩かれ2戦目の今回、大幅な上昇気配を見せている。

「今、スターになり得るのは、ブライアンだけ。だからこそ、菊花賞は〝ぶっちぎり〟の圧勝を演じてほしい」

中村均調教師に代表されるように、競馬サークル内でも〝次代のヒーロー〟は渇望されている。

「3冠のチャンスは、めったにない。ここまで順調に来た以上、なんとか勝ちたい」

6日、新装なった京都を舞台に、純白のシャドーロールが真一文字に「3冠」へと突っ走る。

この記事についたサンケイスポーツ1面の見出しはこうだ。

「君こそスターだブライアン　3冠頼むぞ」

ファン、そして競馬界の願いは、まさにそれだった。

「馬場入りする姿を見ると、気持ち良さそうに動いているね。皐月賞やダービーの時よりも、なんぼか上積みがあるんじゃないか」

追い切り翌日の4日も、ピリピリムードの陣営のなかで、にこやかに〝広報担当〟を一手に引き受けている大久保正陽は報道陣の取材に応じた。

「過去、菊花賞に進める馬はあまりいなかったね」

1983年の皐月賞、日本ダービーで2着だったメジロモンスニーは、神戸新聞杯3着後に骨折が判明し、菊花賞の出走を断念。1991年の日本ダービー3着馬イイデセゾンは、ダービー後に宝塚記念（7着）、神戸新聞杯（8着）、京都新聞杯（10着）と転戦して臨んだ菊花賞は15着と大敗した。前年の皐月賞馬で日本ダービー3着のナリタタイシンは、秋初戦に選択した京都新聞杯をその1週前追い切りで運動誘発性肺出血を発症して出走できず、菊花賞にぶっつけ本番で臨んだが、終始後方のまま17着に終わった。

そうした苦い経験をの数々を活かしてつくりあげたナリタブライアンは、〝大久保正陽の集大成〟と言える馬だろう。

その日、ナリタブライアンは菊花賞を3枠4番から発走することが決まった。栗東のトレセン事務所で行われた枠順抽選は息子で調教助手の雅稔に引かせ、大久保正陽はその後ろで見守っていた。

「南井君が『内がいい』と言っていた？　じゃあ良かったね。あとは無事にレースを迎えられることを祈るだけ」

南井克巳は、サンケイスポーツで連載の「3冠へGO腕」で「最高の枠順だ」と伝えた。金曜日発売のナリタブライアンの単勝オッズは2倍ちょうどだった。

5日の土曜日、ナリタブライアンの前日追い切りを見終えた大久保正陽がうなずく。

「馬の気分がずいぶん良さそうだね。トライアル（京都新聞杯）のあと、そして今週の追い切りで明らかに馬が変わった。動きは素軽く、姿勢は低く……。本来のいいフォームで走っている。菊花賞に向けての調教メニューを馬がすべてこなしてくれました。今は〝人事を尽くして天命を待つ〟の心境ですよ」

京都新聞杯後は栗東トレセンの坂路とウッドチップコースで、実に7本もの速い時計で追われた。何ひとつ不安がないからこそ、強い稽古ができる。

「枠もいいし、これなら自ら答えは出てくるでしょう」

大久保正陽は満足げにつぶやいた。

〝史上最強の三冠馬ナリタブライアン〟誕生

菊花賞当日の11月6日は、京都競馬場には朝から雨が降り続いていた。最初は小雨だったが昼前から本降りとなり、第6レース・かえで賞では「良」の発表だった芝コースの馬場状態は、午後1時30分発走の第7レース・逢坂山《おうさかやま》特別では「稍重」に変わっていた。その後、小雨に戻っても「稍重」の馬場状態で三冠最終戦のゲートは開いた。

いつものように好スタートを切ったナリタブライアンだが、前を行く2頭に挟まれそうな格好になったのか鞍上の南井克巳が手綱をやや引いて少し後方へと下げる。4コーナーを回って1周目の直線に入った時には7番手を進む。先手を奪ったのはスティールキャスト。1980年秋の天皇賞（芝3200メートル）で大逃げを打ち、2着に7馬身もの差をつけて逃げ切った母プリテイキャストを再現するかのように後続との差をどんどん広げていく。

場内が騒然とするなか、南井克巳は慌てることなくナリタブライアンをそのまま7番手で進ませる。その前にいるのは2番人気のヤシマソブリン。この馬についていけば自ずと勝利への道は開くといった感じで追走する。

3コーナーを過ぎてもスティールキャストが大きく差を広げているためファンがどよめくなか、2度目の坂を越えた4コーナーで、ひと塊となった馬群の外をナリタブライアンがまくっていった。

　直線で先頭に立ったヤシマソブリンに「ここまで先導ありがとう」と言うように並ぶ間もなくかわすと、あとは目の前に広がる三冠へのビクトリーロードを突き進むだけ。後続をみるみるうちに突き放し、2着ヤシマソブリンに7馬身差をつけたところがゴールだった。

　ゴールを過ぎて南井が左手を挙げて三冠達成の歓喜を伝える。セントライト、シンザン、ミスターシービー、シンボリルドルフに続く、10年ぶり史上5頭目の三冠馬が誕生した。勝ちタイムは稍重にもかかわらず、前年に兄ビワハヤヒデが樹立した菊花賞レコードを0秒1上回る3分4秒6で駆け抜けた。

　テレビでは関西テレビの杉本清《きよし》アナウンサーが、歴史に残る名実況でナリタブライアンの三冠達成を伝えた。

「外からナリタブライアン。ナリタブライアン。弟は大丈夫だ！　弟は大丈夫だ！　弟は大丈夫だ！　10年ぶり、10年ぶりの三冠馬！　ナリタブライアン！　そして2着はヤシマソブリンで堅そうだ！　ナリタブライアンだ！　ナリタブライアン！　三冠馬〜！　弟は大丈夫だ！　史上5頭目の三冠馬！　史上5頭目の三冠馬！　10年ぶり！　レコード〜！　レコード〜！　3分4秒6！　兄貴のレコードを10分の1秒縮めました！」

　兄のビワハヤヒデが天皇賞（秋）で5着に敗れ、その後、引退を表明したことを受けての実況だった。

兄弟菊花賞馬の誕生は、セントライト&トサミドリ、キタノオー&キタノオーザ、メジロデュレン&メジロマックイーンに続く4組目。通算収得賞金は6億7639万4000円となり、ナイスネイチャの5億7779万7600円を抜いて現役賞金王に躍り出た。さらに年間獲得賞金は5億7977万7600円となって1992年ミホノブルボンの4億6658万3000円を超え、世界記録の1989年サンデーサイレンスの457万8454ドル（当時のレートで約5億円）をも上回った。

南井克巳がターフの上でインタビューを受けているのを、僕は南井の背後でそれをノートにメモしていた。

「この（三冠の）チャンスなんて、なかなか巡り合ってこないですから、やはりチャンスはものにしなきゃいけないと思って。やはりプレッシャーありましたけども、本当になれてよかったです。どうもありがとうございます」

「しまいは油断しちゃいけないと思って、この間のこと（京都新聞杯2着）もありますから、今日はしまいびっしり追いました」

「（スティールキャストの大逃げにも）自分の馬の力を知ってますから、やはり自分の馬の行くままに行ったほうがいい結果が出ますので、そういう気持ちで乗りました」

▲「弟は大丈夫だ！」の名実況とともに三冠を達成したナリタブライアン

「（道中で前にヤシマソブリンがいたことに）やはり前に馬がいるとおとなしく走りますので、ヤシマソブリンはちょうどいい感じで行く馬ですから、その後に行けば間違いないと思いました」

「これからも無事にいってくれれば、本当にいい競馬できると思いますので頑張っていきたいと思います。三冠馬になりまして、本当に嬉しいと思います。どうもありがとうございました」

大久保正陽が取材陣に答える。

「感無量です。こういう名馬に出合えたのは私の勲章です。パドックでだんだん気合が乗ってきて、馬場入りした時には、ダービーとなんら変わっていないと感じました。馬の回復の程度を見てからになりますが、このあとは暮れの大一番という可能性もあるでしょう」

山路秀則は恵比須顔《えびすがお》だ。

「ダービーを勝った時より嬉しいですワ。なんせ相手が強くなっていましたからね。ええ、馬主冥利に尽きます。（購入を決めた時は）小柄な馬でしたが、肌の薄さが気に入って即決したんです。やっぱり、すぐに決めた馬のほうが走りますね」

早田光一郎が笑顔で言う。

「（最後の直線で）差が開いていっても、ゴールを確かめるまでドキドキしていました。先週のビワハヤヒデのことで、競馬の怖さを知った直後でしたから……。大久保先生からは『大丈夫だろう』って言われましたけど、人間はトラブルがあると物事を悪いほう、悪いほうに考えるものですから。ハヤヒデの分まで走ってくれました。嬉しいというか、ホッとしたというか、何か複雑な気持ちです」

ビワハヤヒデの浜田光正は、菊花賞を中継するテレビのゲストとして京都競馬場にいた。

「素直に嬉しいという気持ちでいっぱいになったね。思わず目頭が熱くなったよ。去年、ハヤヒデが勝った時とオーバーラップした。今後も無事で走ってほしいと願うだけだね」

取材を終えて、すっかり暗くなった京都競馬場の記者席で僕は、翌朝の新聞に載せる記事を書き始めた。

泥に染まったシャドーロールが揺れる。漆黒の馬体が14頭のライバルたちを蹴散らす。

3冠へ突っ走るブライアンに、敵はいない。最強4歳馬決定戦。最後の直線403・2メートルは、栄光への〝チャンピオン・ロード〟だ。役者が違う。たちまち3馬身、4馬身……と差は広がった。

「この馬は強い。勝って当然なんだ」

その強さを、満天下に誇示する。南井克巳は、激励のステッキ4発。ひたすらゴールへと駆り立てた。

新装・京都競馬場は午後からの雨で、稍重馬場となっていた。しかし、その芝コンディションも、恐るべき能力を、さらに引き立てる役目でしかなかった。3分4秒6。1年前、兄ビワハヤヒデが樹立した菊花賞レコードを更新した。

初体験の3000メートルは、決して、楽な流れではなかった。伏兵・スティールキャストに「大逃げ」を打たれた。勝負どころ。2周目の3角すぎで、その差は20馬身以上――。12万観衆は騒然となった。

南井は、落ち着き払っていた。

「十分、射程内だ。それに、相手は違う」

唯一の誤算は、〝相手〟と目していた馬たちが、相手でなかったことだった。外めを徐々に進出し、直線に向いた時、舞台は「3冠」への花道となっていた。

「……びっくりしたよ。ウチの馬より強いんじゃないか」

昨年、5馬身差で菊の大輪を咲かせたビワハヤヒデの浜田光正調教師が、目を丸くする。

まさに、史上最強だ。シンザンは強かった。シービーも、ルドルフも強かった。しかし、3冠レースすべてに、これほどライバル馬を寄せ付けなかった存在は、他にいない。皐月賞で3馬身1／2だった2着との差が、ダービーは5馬身に開いた。そして、この日は7馬身――。

10年ぶり5頭目の偉業を達成した「シャドーロールの怪物」は、現役賞金王にも躍り出た。

兄が脚部不安のためにターフを去る。同時期にファンを沸かせたウイニングチケットも……。今、4歳の新スターが、競馬界を背負って立つ。

「ビワとの兄弟対決が夢に終わったのは残念だけど、これから、もっと強くなって、日本を代表する馬になってほしい」

あきれるほどの強さを再確認した南井は、さらに貪欲だ。

さあ、次のターゲットは暮れのグランプリ・有馬記念制覇——。菊花賞が終わってから……と慎重だった山路秀則オーナーが、熱を帯びてきた。

「私としては、引退が決まった兄の雪辱戦をしたい気持ちです」

そして来年。充実の5歳を迎えるブライアンは、皇帝ルドルフの〝7冠〟へ、新たな道を踏み出す。

2023年10月、南井さんに改めて当時を振り返ってもらった。

——菊花賞でも馬場の下見はされたんですか

「いや、京都は見ていないですね。よく乗っていますからね」

——レースは7番手を進みました

「長い距離ですからあとはもう展開だな、と。2着のヤシマソブリンが（ナリタブライアンの）

前につけたんですよ。それを見てればいいって。それを見て競馬をすればいいので、やっぱり楽だったたですね」
――本当に展開的に楽になったと
「展開的にもう余裕だったたですね、（前につけたヤシマソブリンは）能力も高いし」
――スティールキャストが大逃げを打ちました
「角田くんが大逃げ」
――それは気になりましたか
「気になってないですね。それよりはヤシマソブリンが前にいてくれたから『あ、これはもう本当に楽だな』って」
――菊花賞は雨で稍重でした
「内を走っていたでしょ、僕は」
――はい。それだけ稍重馬場は気にならなかったというわけですね。三冠を取れると確信したのは、どのあたりですか？
「もう4コーナーを向いたあたりですね。三冠というか『勝てる』と。さっきも言ったけど、ここで負けてしまったら、もう馬の格が変わって申し訳ないから」
――菊花賞の週は、大久保正陽調教師からがＪＲＡを通じて「厩舎には来ないでください」と

いう通達がありました。そういう話というのは、南井さんは聞いてはいましたか
「いや、知らなかったですね」
――厩舎はそういうことをジョッキーに言わないようにしていたわけですね
「やっぱり今もね、厩舎に（報道陣が）行ったら馬が興奮するしね。そういうこともありますよ」
――皐月賞の時も日本ダービーの時も勝ってホッとしたという話でしたが、三冠達成の時はどうでしたか
「よかった、と。やっぱりホッとした。一番番先に出たのは『よかったな』という気持ちでしたね」
――自分が三冠ジョッキーになったという以上に、やはり馬のことを考えていましたか
「そうですね。やっぱり馬のことだよね。馬が勝ってよかったなっていうのがありますね。三冠馬がいるから三冠ジョッキーになっただけなんで」

菊花賞の翌日だったと記憶している。僕は先輩記者と京都・嵐山を散策した。ナリタブライアンの三冠が懸かる菊花賞という大一番を終え、取材もようやくひと息つけると思ったからだ。京都駅に戻る際、太秦《うずまさ》で途中下車し、ふらりと立ち寄ったのが広隆寺《こうりゅうじ》だった。

広隆寺といえば、国宝指定第一号の「弥勒菩薩半跏思惟像《みろくぼさつはんかしいぞう》」が安置されていることで有名だ。もちろん、その微かにほほ笑む美しい姿には感動を覚えるが、この時、最も心を奪われたのは別の仏像だった。

すらっとしたその立ち姿もさることながら、そこに書かれた説明文に目を奪われた。まるでナリタブライアンを説明しているようだったからだ。

僕は手帳に仏像の名前と説明文を書き留めた。ところが、30年後に探してもどうしても手帳が見つからない。だから仏像の名前もわからない。それが実にもどかしい。２０２３年10月に南井克巳さんと栗東トレセンで会う前日、京都に泊まって広隆寺へ行って確認することにした。

広隆寺の仏像を安置する「新霊宝殿」は30年前の記憶と違っていた。当時は、古い建物のもっと狭い空間に手を伸ばせば楽に届きそうな位置に数多くの仏像が安置されていた。入り口にいる老年の係員に聞くと、隣に古い霊宝殿はあるが、30年前はすでにこの建物だったという。記憶と合致しないことに不安を覚えながら、順番にゆっくりと仏像を眺めていった。

奥の中央に弥勒菩薩半跏思惟像が鎮座している。やはり美しい。心が洗われるようだ。弥勒菩薩半跏思惟像の向かい側に3体の大きな仏像が安置されている。向かって右側は入り口に最も近かったので真っ先に確認し、30年前に心を奪われた仏像ではなかった（国宝の十一面千寿観音立像）。中央にいるのは座像なので、これも違う（重要文化財の千手観音座像）。その左に姿勢よくすらりとした姿で立っている仏像こそ、私が30年の時を経て望んでいたものだった。

「不《ふ》空《くう》羂《けん》索《さく》観《かん》音《のん》菩《ぼ》薩《さつ》立《りつ》像《ぞう》」

平安時代に作られた国宝で、高さは３１４センチ。不空羂索観音菩薩は〈右手に錫杖《しゃくじょう》を持って教えを説く為に歩き回り、蓮の花で大海で苦しむ人々を集め大きな羂索（投網）でもらさずすくい上げ人々を救ってくださいます。現世に二十種の御利益を守ることを説いておられます〉とある。

その横に、30年前に書き留めた説明文があった。

「全身はすらりと伸び、均斉のとれた端麗なお姿で、お顔は高雅、肉附きは引締まっていながら弾力性を感じ贅肉をいっさい作らぬ巧妙な作り方である」

その文章に30年前の僕はナリタブライアンの姿を見たのだった。

広隆寺で確認した翌日、南井克巳さんに伝えると、「そんなことが書いてあるの？　へー」と驚き、「ナリタブライアンに限らず名馬と同じですね」と頷いた。

――ナリタブライアンの顔はどうでしたか

「いい顔していましたね」

――やはりそうですか

「名馬はやっぱり顔。いい顔してる」

——ナリタブライアンの肉付きはいかがでしたか

「肉付きも、もうちょうどいい感じの、バランスの取れた馬ですよね。やっぱり素晴らしいですね」

南井さんは興味を示し、不空羂索観音菩薩立像を安置している広隆寺の場所を聞いてきた。

その後、訪れたのだろうか。

第5章 栄光からの挫折

ジャパンカップを回避した至極まっとうな判断

1994年11月中旬。兄のビワハヤヒデが翌年の1月に実施予定の引退式に向けて準備している時、ナリタブライアンは同じ栗東トレセンで暮れのグランプリレースに向けた調整がゆっくりと進められていた。角馬場で体をほぐしてから坂路を1本が、その頃のメニューだった。

「本当に元気いっぱいだね」

大久保正陽が愛馬を見て目を細める。

当初の予定どおり、ジャパンカップへの登録がなかったことについて話が及ぶ。

「これは結果論だけど、今の状態ならジャパンカップにも出走できたね。春のスプリングステークスから皐月賞、そしてダービーのローテーションと、菊花賞、ジャパンカップ、有馬記念のローテーションはそう変わらないからね」

そして、こう打ち明けた。

「私のところにも、『どうしてジャパンカップに出走しないのか』というファンからの手紙が届いていますよ。けれども、ブライアンの将来を考えると、ジャパンカップは回避したほうがいい、というのが私の考えです」

ジャパンカップ創設後、ナリタブライアンのまえに誕生した三冠馬はミスターシービー、シンボリルドルフの2頭。このうち、クラシックの年（3歳）にジャパンカップに敢然と挑戦したのはシンボリルドルフだけだった。「その年のダービー馬が、来日した海外の強豪相手に日本の代表として迎え撃たないのは失礼にあたる」とシンボリルドルフの生産者兼馬主の和田共《とも》弘《ひろ》は世界のホースマンとしての義務を果たした。結果は3着だったが、シンボリルドルフは続く有馬記念でジャパンカップの覇者であるカツラギエースを負かして雪辱を果たした。

とはいえ当時、ジャパンカップに参戦したシンボリルドルフ以外の3歳馬の「その後」は決して芳《かんば》しくない。ホワイトストーンやウイニングチケットは、ジャパンカップで燃え尽きたように、それ以降の競馬では精彩を欠いた。

ナリタブライアンのあとにディープインパクト、オルフェーヴル、コントレイルの3頭の三冠馬が誕生したが、3歳でジャパンカップに出走したのはコントレイルのみ。現役最強馬と言われた三冠牝馬・アーモンドアイに敗れて2着だった。ディープインパクトは有馬記念に進み2着、オルフェーヴルは有馬記念を制した。三冠馬にとって、クラシックと同じ年に出走するジャパンカップは鬼門と言えそうだ。

大久保は言った。

「今は無茶をして使わないほうが馬にとっていいはず。ジャパンカップを使って上昇するか下降するかは、間違いなく下降するほうが大きいはず。私だって今年のイイデライナーや（19

91年に）イイデセゾンを4歳（現表記3歳）で宝塚記念に参戦させたり（前者12着、後者7着）、ナリタタイシンを高松宮杯に使ってみたりした（1番人気で2着）。その結果は出ているでしょう。これまでの試行錯誤を生かさなくてはいけないんだよ」

出走すれば勝たなくてはいけないという義務を背負わされる三冠馬。大久保正陽は今後のナリタブライアンのことを考えてジャパンカップを見送った、と。有馬記念の結果を見れば、大久保の判断は正しかったと言える。

レース前から敵陣に白旗を上げさせた究極の仕上がり

1994年の日本競馬界で、最も我が世の春を満喫していたのは早田光一郎といっていいだろう。なにしろ、早田牧場新冠支場の場主として生産したビワハヤヒデとナリタブライアンの兄弟が、菊花賞を終えた時点でGⅠを5勝も量産していたのだから。しかも、その勢いはビワハヤヒデが屈腱炎で引退してからも止まらなかった。

ナリタブライアン陣営が見向きもしなかった11月27日のジャパンカップも生産馬が制した。「ニシノ」「セイウン」の冠号で知られる馬・西山正行が所有するパラダイスクリークをハナ差で破ったマーベラスクラウンは、その母親のモリタを早田がアメリカ・キーンランドの繁殖牝馬セールで購入した際、お腹に宿っていた子供だった。父はミスワキ。ジャパンカップに参戦するため来日した、同じ母から生まれた兄のGⅠ馬グランドフロティラなどを退けてGⅠ初制覇を果たした。

破顔一笑《はがんいっしょう》の早田が言う。

「お母さんのモリタはニュージーランドのオークスを勝っているんです。血統より、その競走成績に惚れ込んで買った馬です」

購入金額は6万ドル。高額ではない。

「実は今日、イギリスの繁殖牝馬セールに行くつもりでした。でも、（マーベラスクラウンを管理する調教師の）大沢（真《まこと》）先生から『いい勝負ができるから見ていけ』って言われて、出国を一日延ばしたんですよ」

早田牧場新冠支場の生産馬はこの時点で、1994年のGⅠ12レースのうち半分の6レースを制していた。

その年のイギリス・ディセンバーセールのカタログの裏表紙には、日本の競馬ファンにとっては見慣れた馬の写真が大きく掲載された。黒鹿毛の均整の取れた馬体に、鼻と額にあるふたつの小島のような白い流星。そう、ナリタブライアンだ。三冠馬の写真には、このようなキャプションが付いていた。

〈日本ダービーを勝ったナリタブライアン。その母親パシフィカスは、このディセンバーセールに出されて日本人の早田光一郎氏に買われた。セールに出された当時、パシフィカスのお腹に入っていたビワハヤヒデも日本のチャンピオンである〉

ディセンバーセールの主催者は、自分たちの介入によって日本に渡ったノーザンダンサー系の繁殖牝馬が、日本競馬史に輝くGI兄弟を産んだことを誇りに思っているのだ。

「これだけのことをしてくれたんですから、私が行かないといけないでしょう」

そう言ってディセンバーセールに臨んだ早田は、その年も3頭の繁殖牝馬を購入した。

その一方で、名誉のディセンバーセール行きを一日遅らせて応援したジャパンカップを生産したマーベラスクラウンが制覇した。

「ほんと、感慨深いですよ。夢のようです。ほんとに大変なことをしたと思っています。自分の運の強さを感じますね。シンボリ牧場さんがシンボリルドルフとシリウスシンボリで2年連続ダービーを取った時には『なんて凄いことをする牧場なんだ』って驚いた自分が今年、他の牧場が『凄い』って思うことをしたんだなあ……。そう思うと、生産者としてこれほど光栄なことはないですね」

パシフィカスは500万円弱で、モリタは約6000万円で購入したことばかりが喧伝されることに、早田はこうも話していた。

「僕だって30万ドルや50万ドルを投じて買った牝馬がいますよ。でも、その生産馬は一向に走ってくれなかったりするんですからね。たしかに（パシフィカスとモリタの）２頭を買ったことは、僕の目に狂いがなかった証拠と言えるかもしれません。でも、それ以外に本当にいっぱい馬を買っているんです。成功したのは、その氷山の一角。そんなに確率のいいもんじゃないんですよ」

それも本音だったのだろう。

ビワハヤヒデが引退してても、早田牧場からすぐにナリタブライアンの強力なライバルが出現。直接対決となるであろう有馬記念を早田牧場の生産馬が盛り上げることになった。

ナリタブライアンは12月8日、菊花賞以降、初めて南井克巳が手綱を取って有馬記念の２週前追い切りを行った。３０００メートルのＧⅠでのレコード駆けの反動も見られず、変わりなく力強いフットワークを披露した。主戦が笑顔で伝える。

「完全な馬なり。来週にはビシッとやるよ。本当に順調に来ているから、いつでも競馬に使えるくらいだね」

マーベラスクラウンの手綱を取っていた南井克巳は、ジャパンカップを制した際の共同記者会見で「体がふたつ欲しい」と話していたが、外国人報道陣からの「来年は外国馬が勝てるか」という質問に、こう言い返してもいた。

「いや、来年もナリタブライアンという強い馬がいます」

それだけに、有馬記念でナリタブライアンに騎乗することに一切、迷いはなかった。

その選択に誤りがなかったことは、マーベラスクラウンが左前の脚部不安によって有馬記念を回避したことで浮き彫りにされた。これによって私も執筆陣のひとりだった、週刊ギャロップの緊急連載「カウントダウン同郷対決　ブライアンVSマーベラス」は急遽、打ち切られたが、あくまでも有馬記念の主役は三冠馬のナリタブライアン。それだけに、この馬が無事なのはなによりだった。

この年の有馬記念は、まさにナリタブライアン一色だった。陣営もそれがわかっているから か、2週前追い切りの翌日、有馬記念直前の1週間は厩舎での取材を遠慮してくれ、という「大久保正陽調教師からの願い」と題したお知らせが、JRAの広報からマスコミ各社に届いた。

有馬記念の2週前登録を済ませてから、スポーツ紙はほぼ毎日、ナリタブライアンの動向を伝えていた。登録した12月11日には大久保正陽が「思ったほど（菊花賞の）疲れもなく、ここまで予定どおりに来ている。今週と来週の追い切りで、菊花賞にも見劣りしない状態にもっていける」というコメントを残している。

その日、ナリタブライアンは栗東の坂路を600メートル54秒7で楽々と駆け上っていた。世話係の持ち乗り調教助手・村田光雄はこう話した（2週前はまだ取材ができていたわけだ）。

「落ち着きも出てきたし、状態は言うことなし。本番まで時間があるので、力の出し切れる状態にもっていけるでしょう」

全休日明けの13日には大久保がこう語っていた。

「プレッシャーは感じていない。あとは馬が伸び伸びと走れる環境づくりに専念するだけ。先週、スターマン（鳴尾記念）とエアダブリン（ステイヤーズステークス）が古馬に勝っているのは、いい材料だね」

15日には1週前追い切りが行われた。南井克巳がまたがり、栗東トレセンのウッドチップコースを単走で6ハロン（1200メートル）80秒5、上がり3ハロン37秒9—12秒4の時計をマーク。引き揚げてきた南井が驚きの表情を見せた。

「これ速いよ。間違いじゃないの？　えっ、やっぱりそう。乗っていて、そんなに速く感じなかったのに」

能力の高い馬ほど体感以上に速い時計が出るというが、当時のウッドチップコースでは、単走でこれだけ速い時計は滅多に出るものではなかった。南井はこう続けた。

「菊花賞の時は目いっぱいに仕上げたつもりだったから、あれ以上になったら怖い。でも、そうなりそうだね」

大久保も納得の様子だ。

「もう、来週はあまりやる必要はない。菊花賞と同じ状態かプラスアルファがなければ……と思っていましたが、その確認ができました」

ライバル陣営も順調なナリタブライアンを一目置かざるを得ないようだった。

「デキに関しては言うことがない。いい状態で出せると思う。でも、あの馬は強すぎますわナ」

秋の天皇賞馬ネーハイシーザーを送り出す名伯楽・布施正《ただし》の言葉がそれを象徴していた。打倒三冠馬の一番手とみられているヒシアマゾンを擁する調教師・中野隆良《たかお》も控えめだった。

「いくら（ヒシアマゾンが）強いといっても、相手は三冠馬だし、やってみないことにはわからないよ。どこまで牡馬に食い下がれるか。まあ、年末の一大イベントを盛り上げる意味で使う、とそのぐらいにしといてくれよ」

全休日の19日朝。ここからは厩舎の取材は遠慮せざるを得ない。村田光雄がナリタブライアンの脚元のチェックをしている姿が外から見えるが、中へは入れない。その日、南井克巳が20日夜に東京・日比谷公会堂で開かれるJRA主催の「有馬記念フェスティバル」に出場しないことが明らかになった。翌日、南井がその理由を説明した。

「追い切り前日の夜に帰ってくるのでは、万全の状態で乗れない可能性があるから」

すべてはナリタブライアン優先。自分が万全の状態で最終追い切りに臨めなかったせいでナリタブライアンの調整に狂いが生じることだけは避けたいという思いだった。

12月21日に南井克巳を背に栗東トレセンのウッドチップコースで行われたナリタブライアンの本追い切りを僕はこう綴った。

　ライバル陣営の「淡い期待」を、木っ端みじんに打ち砕いた。〝4冠〟へ向けて、ナリタブライアンがド派手なスパーリングを見せつけた。

　Wコースに、スケールアップしたブライアンの姿があった。漆黒の馬体が弾丸と化す。ラストだけ追う予定が、直線を向くとブライアン自身が行く気を見せ、南井を引っ張っていく。上がり600メートル37秒2、ラスト200メートルは、なんと11秒6！　追われてからの鋭い反応、光り輝く馬体……。何から何まで完璧だ。

「予想外に速かった」

　南井騎手が感嘆する。

「うん、菊花賞時よりも上積みがある」

　大久保正陽師がうなずいた。

「今度は古馬が相手。前走よりプラスアルファがないと……」

　そう話していた3冠トレーナーがこの日、胸を張って絶好調を宣言したのだ。菊花賞でも後続を7馬身以上もちぎったシャドーロールの怪物が、さらにパワーアップして94年を締めくくろうとしている。

あまりの迫力にライバルたちも意気消沈だ。ネーハイシーザーの布施正師《しょうし》がタメ息をつく。

「ウチのと時計は変わりないのに、ものすごく速く感じる。フットワークが違うんだよ。しかも、むこうが前回57キロでレコード勝ち。一番強い馬が2キロ減では、どうしようもないワ」

古馬の代表・天皇賞馬を擁する名伯楽ですら、これだ。他陣営が戦前から白旗を揚げるのも仕方ない。

早々とライバルたちを降参させた3冠馬が狙うのは現役最強馬の称号だ。その栄誉に浴した時、朝日杯3歳Sを加え、あのシンボリルドルフですら成し遂げられなかった「4歳でGI合計5勝」の偉業を打ち立てる。

南井には前人未到の年間GI5勝がかかる。兄ビワハヤヒデが敗れたレースをすべて制してきたブライアン。有馬の勝利は約束されているようなものだ。

さまざまな偉業達成へ。94年を席巻したコンビが今、満を持してクリスマス・グランプリに臨む。


僕がこの記事を書いた12月22日付のサンケイスポーツ1面には、ライバル調教師のコメントも載っている。

先の記事にも登場した布施正は、他にこのように語っていた。

「ウチの馬と、ほぼ同じ追い切り時刻だったから見ていたんだ……。見なければよかった」

マチカネタンホイザを送り込む伊藤雄二はこうつぶやいた。

「追い切りは見ていなかったけど、ブライアンは抜けとるよ。敵はアクシデントだけやろ」

ムッシュシェクルを出走させる小林稔は、このように言った。

「ウチの馬もいい状態やけど、ブライアンの動きを見せつけられては、かすんでしまったなぁ。あれは横綱や」

ダンシングサーパスで臨む内藤繁春《しげはる》はこうだ。

「一枚、抜けているね。存在としては、平成3年のメジロマックイーン以上だと思う」

内藤は1991年の有馬記念にダイユウサクを出走させ、断然人気のメジロマックイーンを破っていた。メジロマックイーン程度なら負ける可能性があるが、それ以上なら勝ち目はない、というわけか。

南井克巳がベストレースに挙げた有馬記念

追い切り翌日の12月22日、ナリタブライアンは午後1時35分に中山競馬場に到着した。首都高速が渋滞していたため、普段より約1時間遅れの8時間15分の長旅だったが、馬運車を降りるナリタブライアンに疲れは見えなかった。南井克巳が作った三冠達成記念のブルゾンを着た村田光雄は実にリラックスしている。

仕事が終わったあとは、報道陣と気楽に会話を交わしていた。初めて覆面（耳覆い）を着用して移動させたことについては「馬ではなく人の気分の問題」と語る。黄色い覆面は、今年最後の大一番に万全を期して臨むという陣営の気持ちの表れだろう。

「馬は輸送中におとなしかったですよ。カイバ食いは落ちていましたが、輸送の時はいつものこと。心配いりません。追い切りの動きは菊花賞より上かな、と思っている。本番まで馬を落ち着かせて、体調を維持させることに専念します」

翌23日に枠順が確定した。午前10時から美浦トレセンで行われた公開枠順抽選で、ナリタブライアンは11番枠となった。中山競馬場で知らせを受けた村田は「内で包まれたくなかったのでよかった」と言って余裕の表情を見せた。午前7時半にダートコースで行った調整には「体調に関しては申し分ありません。気合もだいぶ乗ってきました。動き自体は菊花賞以上でしょう」と語る。声は相変わらず小さいが、その表情に一点の曇りもなかった。

「明日は大きめ（強め）に乗ろうと思っています」

村田光雄の宣言どおり、24日のナリタブライアンは、大久保正陽流の強めの最終調整を無事に終えた。

「嬉しいですね」

圧倒的1番人気で迎えようとしていることを、村田はプレッシャーではなく喜びとして受け止めていた。そう思えるのも愛馬が万全の状態で暮れの大一番を迎えられるからこそ。

南井克巳にもプレッシャーはないようだった。この日の朝、中山競馬場の関西出張馬房に勝負服を取りにきた時の表情と話がそれを雄弁に物語っていた。

「一生に一度の三冠は絶対に負けられないという意識があったけど、今回は気分的に楽だね。馬の力を100%出し切れば大丈夫だと思っているよ」

調整ルームに泊まった前夜も午後9時から放送の『釣りバカ日誌』を見ようと思っていたのに、映画が始まるまえに寝入ってしまったという。酒など飲む必要もない。

「ここんとこ、よく眠れるんだ。今日の（ナリタブライアンの）前日追いの時も寝ていたんだから。いい追い切りだった？　そりゃ良かった」

これが断トツ人気の三冠馬で有馬記念に臨むジョッキーなのか——思わず、そう疑うほどリラックスしていた。

そして迎えた1994年12月25日の本番。クリスマス当日に行われた中山競馬場には16万6200人の大観衆が詰めかけた。驚くのは競馬を開催してない東京競馬場に、中山を超える17万7100人が訪れたこと。新聞に載った、大観衆が馬の走っていないコースを向いてターフビジョンで有馬記念を見ている写真が異様に思えた。

中山競馬場での徹夜組は650人。通常は午前9時に開門するが、その時間に8935人が列を作ったため午前7時半に繰り上げられた。ちなみに、徹夜組の一番乗りはレース3日前の22日午後3時頃というから驚く。

有馬記念での馬券の売り上げは史上2位の746億1266万6900円に上った。史上最高だった前年の売り上げを約43億円下回ったのは、「ナリタブライアン1強」が影響したと考えられる。波乱が期待できないレースは売り上げを落とす傾向があるからだ。それだけ、ファンの目はナリタブライアンに集中していた。

午後3時20分、スタートが切られた。ナリタブライアンはいつものように好スタートを切る。先手を取ったのはスタートダッシュを決めたツインターボ。1周目の4コーナーでは早くも後続を大きく引き離して独り旅を決め込んだ。2番手はネーハイシーザー。その外をチョウカイキャロルが進む。ナリタブライアンは馬群の中の5番手を進んでいる。

1コーナーを過ぎるとツインターボのリードはさらに広がる。ナリタブライアンは馬群の外めを徐々に進出する。ツインターボの脚いろが2周目の3コーナー過ぎで鈍ってきた。ナリタブライアンは向こう正面で早くも2番手。その内にネーハイシーザーがいる。

勝負どころから、ナリタブライアンは鞍上の南井が抑えきれない手応えで自分からツインターボを捕らえにかかった。4コーナーで先頭に立つと、いつものように後続を突き放していく。

脚を伸ばしてきた同世代の最強牝馬ヒシアマゾンを余裕たっぷりに振り切り、3馬身差をつけて現役最強の称号を獲得した。横綱相撲だった。

南井克巳がスタンドに向かって左腕を高々と挙げた。「ミナイ・コール」が響き渡る。

三冠馬の有馬記念制覇は1965年のシンザン、1984&85年のシンボリルドルフに続き3頭目（4度目）。1番人気の優勝は85年のシンボリルドルフ以来、9年ぶり10頭目。ファン投票1位の優勝は1990年のオグリキャップ以来9頭目。クラシックシーズンの暮れまでにGⅠ5勝を挙げたのは初めてだった（シンボリルドルフは4勝）。

ビワハヤヒデ&ナリタブライアンの兄弟合わせてGⅠ8勝は、セントライト&アルバイト&トサミドリの3兄弟によるGⅠ級7勝の記録を超えた。

JRA史上初の年間GⅠ5勝ジョッキーとなった南井克巳が言う。

「スタートはスムーズに出ようと思っていた。今日は少し掛かり気味に行ったので、4コーナーで先頭に立った時は、早いかなと思ったが、この馬の力を信じて最後の1ハロン（200メートル）で追えばいいと思った。しまいの伸びも良く、改めて凄い馬だと実感した」

JRA年間最多重賞勝利（9勝）となった大久保正陽が頷く。

「三冠馬の名にふさわしいレースをしてくれた。思ったより前の（位置での）競馬になったが、安心して見ていられたよ。今後はひと息入れて、馬の状態を見ながら来春の天皇賞に向かいた

▲有馬記念では古馬たちを見事に蹴散らし、見事に4歳・四冠を達成したナリタブライアン

い」

オーナーの山路秀則はいつものように恵比須顔だ。

「今度は古馬が相手だし、少し心配していましたが、4コーナーを回ったところで勝ったと思いました。2着がヒシアマゾンですか。今年の4歳（現表記で3歳）は本当にレベルが高いんですね」

この年の生産馬によるGI勝利数が史上最多7つとなった早田光一郎も破顔一笑だった。

「これで負けたら画竜点睛《がりょうてんせい》を欠くところ。いい締めくくりになりました。ブライアンはつくろうと思ってもつくれない、天からの授かりもの。人知を超えた馬です。一ファンとして海外に行ってほしいですね」

取材を終え、記者室に戻った僕は一心不乱にワープロを打ち続けて記事を送信した。

凄まじいまでの破壊力だ。純白のシャドーロールを揺らし、漆黒の馬体がVロードを一直線に突き進んでいく。歴戦の古馬を次々となぎ倒す。3冠馬ブライアンが、一気にサラブレッドの頂点に登りつめた。

古馬との初対戦。天皇賞馬など、これまでとは相手が違う……はずだった。ところが、どうだ。「史上最強の3冠馬」の評価をひとつも汚さずに、ブライアンが現役最強馬の称号へ向けてまっしぐらに進んでいく。

公言どおりツインターボが大逃亡劇を図った。向こう正面で、その差は20馬身以上……。どよめくファン。だが、3冠馬は完全無視を決め込んでいた。〝テレビ馬〟の大逃げは、菊花賞で経験済みだ。慌てる必要はない。南井は確信していた。

「この馬の力を出し切れば、勝てる」

一杯になったツインターボを、あっさりかわして先頭で4コーナーを回る。「そんなこと、乗っている自分すら考えてもみなかった。4コーナー手前から前の馬に並ぶつもりだったのに」。そう。南井の筋書きに逆らって、3冠馬は自ら横綱相撲を演じた。310メートルの直線は、まさに〝Vロード〟。舞台は「4冠」への花道となった。

「引っ掛かり気味で行って、アレだから。……強い」

天皇賞馬すら子供扱いした4冠馬の恐るべき能力に、5冠ジョッキーが改めて舌を巻く。

大久保正調教師が胸を張る。

「3冠馬の名に恥じないレースをしてくれた。馬の状態が菊花賞より、いいと思っていたからね」

菊花賞で南井は「これ以上強くなったら、恐ろしい馬になる」と話していた。うれしい誤算とでも言うのか。シャドーロールの怪物はたしかに「恐ろしい馬」になろうとしている。

もはや、日本では敵なし。だが、陣営は来年の海外遠征を否定する。まずは国内で天皇賞、宝塚記念、ジャパンCを制して「8冠馬」に……。7冠馬シンボリルドルフを超えようとしているのだ。

ブライアンなら「史上最強」の称号を受け継ぐにふさわしい。海外に出て世界の強豪を倒すのは、そのあとだって遅くない。

――――

2023年のインタビューでは当然、この年の有馬記念について南井さんに聞いた。

――ジャパンカップは使わず、3歳の最後は有馬記念へ。そこでヒシアマゾンを破って名実ともに日本一になりました。この時も早め先頭でした

「まあ、牝馬に負けるわけにはいかないなと思って」

――そうだったんですね

「あの時のヒシアマゾンは強かったから」

――そうですね

「向こうは勝ちっぱなしできていたでしょ」

――1月のクイーンカップからエリザベス女王杯まで6連勝で臨んできました

「それには負けるわけにはいかないな、と」

この時のインタビューで驚いたのが、ナリタブライアンのベストレースを尋ねた時に真っ先

に挙げたのが、この有馬記念だったことだ。
「やっぱり有馬記念でしょう」
――有馬記念ですか
「うん。やっぱりヒシアマゾンという牝馬の強い馬と対戦して勝ってくれたんだから、これがベストレースだと思います」
――レースぶりも、初めて対戦する強豪の年長馬がいたのに完全な横綱相撲でした
「そうですね」
――そういうのも含めてのベストレースだと
「そうですね」
――ちょっと意外に思いました。ダービーとかだと思っていたので
「まあ、ベストレースだと……。やっぱりみんなベストレースやね。ダービーもやっぱりベストレースやね」

誘導尋問的にダービーも挙がり、最後は制した全GIがベストレースみたいになってしまったが、真っ先に有馬記念を挙げたのは私にとってニュースといえるものだった。
YouTubeの公式チャンネルで改めてレースを見ると、とにかくナリタブライアンの走りに

▲南井克巳がナリタブライアンのベストレースに挙げたのが有馬記念だった

は凄みを感じる。さすがに頂点を決める一戦だけに、三冠レースほど後続を突き放すことはできなかったが、それでも2着に3馬身差をつけており、まさに完勝といえるもの。この有馬記念を制して、ナリタブライアンは名実ともに現役最強馬の称号を手にした。

ナリタブライアンの海外遠征プランへの賛否

翌1995年1月9日、ナリタブライアン陣営に朗報がもたらされた。年度代表馬に選出されたのだ。

最優秀4歳（現表記3歳）牡馬に満票の172票で選ばれたナリタブライアンは、年度代表馬にも輝いた。しかし、年度代表馬は満票ではなく171票。前年の年度代表馬の発表時に思った「1994年は、ナリタブライアンが三冠馬となり、満票で年度代表馬に選出されるまでを見届ける年になるだろう」という予想は、「満票で」のみ外れた。

残る1票はノースフライトに投じられていた。1994年のノースフライトはすべて重賞レースに出走して6戦5勝2着1回の成績を残していた。ただひとつの敗戦は、サクラバクシンオーに敗れたスワンステークス。獲得したGⅠタイトルは、安田記念とマイルチャンピオンシップのふたつだった。ノースフライトを年度代表馬として投票したのは、僕が所属するサンケイスポーツの先輩記者だった。

「年度代表馬はGIの数で決めるものではなく、レベルの高いレースを制した馬に投票するというスタンスを取っている。ノースフライトは、安田記念で、海外から参戦したサイエダティ、スキーパラダイスといった強豪を相手に完勝した。なかでもイギリス1000ギニー、フランスのジャックルマロワ賞などGIを4勝していたサイエダティはマイルのカテゴリーでは世界のトップに位置する存在。安田記念の状態が万全だったかどうかはわからないが、サイエダティを負かしたことを高く評価して年度代表馬に投票した」

それもまた価値観。異論を挟むつもりはまったくなかった。満票こそ逃したが、その1票は、ナリタブライアンと一度も対戦したことのなかったノースフライトに投じられたもの。ナリタブライアンの評価は下がることはなく、この1票によって、むしろ三冠馬であることの価値が高まったのではないかとすら僕は思ったものだ。

「大変、光栄です。昨年の一年間で四冠を取れたのも周囲の皆さんのおかげと思っています。多大な声援をくれたファンにも感謝します」

とは厩舎を開業して初の名誉となった大久保正陽の言葉だ。「ブライアンは天からの授かりもの」という調教師はさらに続ける。

「今年は使うレースを厳選して、すべてのレースに全力投球で臨みます」

南井克巳は言った。

「今年も、この馬が一番強いと信じてブライアンとともに歩みます」

誰もが、ナリタブライアンの前に広がる輝かしい未来を信じて疑っていなかった。

ナリタブライアンは有馬記念後、１９９４年12月29日に栗東トレセンで馬場入りを開始していた。その後はゆっくりと調整を続け、陣営は年が明けた１９９５年の初戦として阪神大賞典を選んだ。その1週前追い切りが行われた3月1日、大久保正陽は海外遠征プランを表明した。といっても、その年ではない。

「今年の競馬で満足いく結果が出てからの話だが、来年は海外に挑戦させてみたい。具体的にはオーナー（山路秀則）と話し合ってからだけどね」

大久保の海外遠征プランを聞いた山路はこう語った。

「行くとなればアメリカでしょう。挑戦するレースは3月のサンルイレイステークスと4月のサンファンカピストラーノハンデになるでしょう」

ともにアメリカ・ロサンゼルスにあるサンタアニタ競馬場で行われる芝のＧⅠレース。今でこそ上半期にドバイ国際競走やサウジアラビア国際競走といった国際招待レースがあるが、ドバイワールドカップが創設されたのは１９９６年のことだし、２０２３年にイクイノックスが制した芝２４１０メートルのドバイシーマクラシックが始まったのは１９９８年なので、ナリタブライアン陣営にその選択肢は与えられていなかった。

ちなみに、ヒシアマゾンは有馬記念2着後にアメリカの牝馬限定GⅠのサンタアナハンデキャップに出走するため海を渡ったが、レース直前に脚部不安となり断念した。

サンルイレイステークスは1986年に7冠馬シンボリルドルフが参戦し、レース中の故障で6着に敗れたレース。ナリタブライアン陣営はこの時、シンボリルドルフを意識していたのではなかったか。

僕がそう思うのも、前年の日本ダービー後のある出来事があるからだ。

シンボリルドルフにはダービー制覇後、海外遠征プランがあった（しかし状態が整わず断念）。騎手時代に長期にわたってフランスで騎乗した調教師の野平祐二、日本ホースメンクラブの一員として当時から野平祐二を支えてきた生産者のシンボリ牧場代表・和田共弘、積極的に海外競馬で騎乗してきた岡部幸雄ら、シンボリルドルフの陣営は常に海外へ目を向けていただけにそうした海外挑戦の計画が出てきた。しかし、ナリタブライアン陣営には海外志向が感じられなかった。

これに歯がゆさを感じた東京スポーツ記者の紺野真が、ＪＲＡの機関誌『優駿』で「来年の今ごろは羆《ひぐま》とでも戦っているのだろうか？」と皮肉った。それを読んで大久保正陽が激怒したという話が伝わってきた。

紺野が書いた当時、大久保正陽にしてみれば、ナリタブライアンには三冠達成という、成し遂げなければならない大きな目標があり、それをまえに海外遠征などという大風呂敷を広げていられないというのが本音だったろう。有馬記念を制した日に、すぐさま「馬の状態を見ながら来春の天皇賞に向かいたい」と語ったのも、シンボリルドルフも三冠＋有馬記念を制した翌年は天皇賞（春）に出走したように、それこそが王道と考えていたからではないか。

それでも、「海外の大レースに挑戦してほしい」という声は絶えなかった。ある意味、そうした声に応える形で騒音をシャットアウトするために表明したのが１９９６年春の海外遠征プランであったといえそうだ。また、山路が候補に挙げたレースを見れば、シンボリルドルフ超えも意識してのことであると考えるのが自然だろう。

ナリタブライアンの海外遠征プランが挙がった時の南井克巳のコメントを（本書を執筆中の）２０２３年に読むと興味深い。

「個人的な意見を言えば、国内で勝っていないレースもたくさんあるし、そちらを勝つのが先決だと思います。スキーキャプテン（１９９５年にアメリカに遠征し、日本調教馬として初めてケンタッキーダービーに出走し14着）やヒシアマゾンのように外国産馬で出走制限を受けていればともかく、日本にレースがありますから。それにブライアンが、天皇賞とかに出てこなかったらファンの方も寂しいんじゃないですか」

ここからは僕の空想になるが、もし、ナリタブライアンが時を経た2022年に三冠を制していたら、陣営は翌2023年のローテーションをどう組んでいたのだろう。

上半期は大阪杯、天皇賞（春）、宝塚記念の国内GⅠ路線を歩ませたのか。それともドバイシーマクラシックに出走させていたのか。

ナリタブライアンの次に出た三冠馬のディープインパクトは三冠達成の翌年、春に（阪神大賞典を経て）天皇賞と宝塚記念に出走し、秋は凱旋門賞に出走するためフランスへ遠征した。続く三冠馬のオルフェーヴルも同じ道を歩んだ。

ナリタブライアンも凱旋門賞を選ぶ可能性はある。だが、2023年にはジャパンカップと有馬記念の1着賞金がどちらも5億円まで跳ね上がった。ジャパンカップではJRAが指定した海外の大レースを同一年に勝った日本調教馬が優勝すれば、さらに200万ドルの褒賞金がもらえる。イクイノックスは、ドバイシーマクラシックを制したことで褒賞金の権利を得たことからジャパンカップ制覇を最大目標とし、ドバイ遠征後は国内に留まって宝塚記念、天皇賞（秋）、ジャパンカップを連勝した。

JRAの吉田正義理事長が大レースの賞金を上げた理由を「自分のところ（JRA所属）のスターホースは、海外のレースに行くより国内で走ってほしいから」と語っていたように、イクイノックスを見れば、その施策は見事にはまったといっていい。それはまた、国内にいるファンの願いとも合致する。21世紀も20年が過ぎ、時代は南井克巳の個人的意見に近づいているように思える。

2023年にナリタブライアンがいたとしたら、個人的な意見を言えば、秋に凱旋門賞に出走したディープインパクトとオルフェーヴルと同じ道を歩むか、イクイノックスと同じローテーションを歩んでほしい。前者と後者のいずれかを選ばざるを得ないのであれば、日本の馬がいまだ凱旋門賞を制していないだけに前者を希望する。

国内で天皇賞（春）と宝塚記念を制したあと、すぐさまフランスへ飛び立ち、日々の調教でヨーロッパの馬場に慣れてから前哨戦を使い、凱旋門賞で日本の悲願を達成してほしい。だが、それはあくまで仮定の話。実際のナリタブライアンの海外遠征は雲散霧消した。

もし95年の天皇賞（春）に出走していたら

1995年初戦のGⅡ阪神大賞典のレースぶりは、この年も国内のレースを総なめにするのではと思わせるほどの楽勝だった。

最後の直線、必死に追いすがろうとする後続を瞬く間に突き放した。南井から一発のステッキも入らない。まるで鼻歌交じりで豪脚を披露。上がり3ハロン（ラスト600メートル）のタイムは33秒9。2着のハギノリアルキングに騎乗した武豊も「**相手は別格。くっついたと思ったら、スーッと離された。あの上がりでは……。もう少しペースが速くなっていればね**」と舌を巻いていた。最下位だったルーブルアクトに騎乗した清山宏明《きよやまひろあき》はヒーローインタビューに臨む主戦に「**南井さん、競馬の日に攻め馬（調教）をしにきちゃ駄目ですよ**」と冗談を言ったほどだった。

取材陣への南井の答えも大胆なものだった。

「**なんでいつもこんなに離すかって？　しようがないよ。スーッと流していったら、そのまま離れちゃうだけだよ**」

阪神大賞典を実況した関西テレビのアナウンサー、杉本清はテレビ桟敷《さじき》で見ている競馬ファンにこう伝えた。

「さあ大歓声を受けて差が開いた！　開いた。開いた。差が開く、開く。どんどん、どんどん差が開く。差が開く。さあ、ブライアン、春の天皇賞に向かって独走！　春の天皇賞に向かって独走！　そしてハギノリアルキングがわずかに2番手に上がった。さあ、ブライアンだ！　ブライアンだ！　文句なし！　ブライアンに陰りなし！　ブライアンに陰りなし！」

国内に敵なしを強烈にアピールした一戦だが、２０２３年の南井克巳は、このレースのことをほとんど覚えていなかった。

――1995年春の阪神大賞典で南井さんが乗って勝ったあと、ナリタブライアンは休養するのですが、その理由は股関節の炎症でいいんですか

「僕は乗ってないんじゃないかな」

――4歳の時の阪神大賞典の話です

「あー」

――最初の阪神大賞典は圧勝でした。2着に7馬身差をつけて、私は「めちゃくちゃ強いな」と思ってすごく印象に残っていますが

「いやあ……」

――2着のハギノリアルキングに7馬身差をつけたんですけど

「そこいらへんは、僕はあんまりそんな覚えてないですね」

なぜ南井さんの記憶から1995年の阪神大賞典だけが欠落したのだろうか。

あくまでも憶測でしかないが、その年の阪神大賞典は南井克巳にとって、次につながるものがなかったからではないか。

その後、ナリタブライアンは1カ月もたたないうちに股関節炎による戦線離脱が発表された。南井克巳は、その秋の競馬で大怪我に見舞われた。それにより、南井がナリタブライアンの手綱を取るのは翌年の春まで待たなければならなかった。

▲“暴力的な強さ”で阪神大賞典を勝った時、誰もがルドルフ超えを思い浮かべた

南井の脳内では、1994年の有馬記念をもってひと区切りがついていたのだろう。阪神大賞典は第二章の幕開けになるはずだったが、その後に果たすはずだった「出走するGIレースの総なめ」「1996年に予定していた海外遠征」などすべてが夢と消えてしまった。それによって阪神大賞典は、南井にとってどこにもつながらないレースとなり、記憶から葬り去られてしまった……私はそう推測している。

ナリタブライアンが無事にこの年の天皇賞（春）に出走したら、どんな競馬を見せてくれたのだろう。杉本清によるレースの架空実況を妄想した。

雨が上がって、京都競馬場、お客さんの気合も高まってまいりました。さあ、半分くらいのゲートインが終わりました。

いよいよ、いよいよです。注目は断然人気のナリタブライアン。昨年の三冠馬が淀の盾でどのような競馬を見せてくれるのか。111回の天皇賞。ダイイチジョイフルが入って18頭のゲートインが終わりました。いよいよスタートです。さあ、行こう。ご覧のように3200メートルから18頭が一斉に飛び出しました。

内の馬はさて、そして外の馬はスーッと内のほうへ入ってまいります。京都競馬場、芝コースは重。インターライナー、抽選を潜り抜けて出走してきたクリスタルケイ、そしてメイショウレグナム。これは意外な馬が先行争いを繰り広げております。ずーっと外を通りまして、ようやくクリスタルケイ。大方の予想どおり、クリスタルケイがゆっくりと飛び出しました。2馬身から3馬身と差を広げる。

インターライナーが続く。場内大歓声。メイショウレグナムが3番手。ナリタブライアンはその後ろ、4番手を進んでいます。ああ、アルゼンチンタンゴが引っ掛かったか。外からタマモハイウェイ。それから落ち着いているアグネスパレード。その外にライスシャワーがいた。不気味な黒い帽子です。

エアダブリンがいた。そしてダイイチジョイフル。人気どころが前の前のほうへ差を詰めていきます。1周目の第4コーナーです。ヤシマソブリンの青い星が画面の左端で踊っています。さあ、緑一色になった京都競馬場1周目のホームストレッチ。おそらく大歓声が上がるんではないかと思います。

逃げるクリスタルケイを除いて、あと17頭は固まっています。ライスシャワーも上がってきている。エアダブリンが引っ掛かったのかな、ちょっと首を上げています。ナリタブライアンは好位で折り合っています。そしてアグネスパレード、その内からダイイチジョイフルがついていきます。サンライトウェイの姿も見えます。18頭がほとんど一団でこれから第1コーナー、ゆっくり右にカーブを取ります。クリスタルケイが依然、先頭。おっとエアダブリンが2番手に上がろうという勢い。インターライナーが外を通り上がっていきました。間もなく、間もなく半分の1600メートル。半分の1600メートルを果たして何秒でいくんでしょうか。1分41秒から42秒台。まずまず。この馬場コンディションではまずまずのペースではないかと思います。

場内大歓声。おお、行った行った、ライスシャワーが行った。内にエアダブリン、その直後にインターライナー。ナリタブライアンは動かない。人気の4頭がちょうど先行集団を形成しました。ライスシャワー、ライスシャワー行く。マックイーンもミホノブルボンもおそらく応援しているんではないかと思います。

ライスシャワーが京都の坂の上りで先頭に立つ勢い。エアダブリンとインターライナーが続き、その直後にナリタブライアンがいます。手応えは抜群だ。ダイイチジョイフル、タマモハイウェイ、ハギノリアルキングが行きました。有力どころが先頭集団に上がってまいります。後ろにはアルゼンチンタンゴ、それからアグネスパレード、ヤシマソブリンがいた。ステージチャンプもいる。

第3コーナーです。完全にこのあたりでライスシャワーが先頭に立っている。インターライナーが2番手に上がった。さあ、間もなく第4コーナー。ここでナリタブライアンが外から上がっていく。今日も南井の手は動かない。持ったままだ。いや〜、やっぱり強い！　ライスシャワーを楽な手応えでかわして先頭に立ちました！　まるで菊花賞のリプレイを見ているかのようです。後続をどんどん引き離していく。強い！　これは強い！　現役最強馬、いや史上最強馬の称号へまっしぐら！

もはや国内に敵なし！　ナリタブライアンが圧倒的強さを見せつけました。

2着争いは大接戦。粘るライスシャワーにステージチャンプが襲いかかり、2頭が鼻面を合わせたところがゴールでした。

でも、その遙か前方にナリタブライアンがいました。いやあ強い！　あきれるほどの強さ！　来年といわず、すぐにでも海外に行って世界で一番強いことを証明してほしいくらいです。

無敵の三冠馬に襲い掛かった予期せぬ怪我

「ナリタブライアン右股関節炎」のニュースが飛び込んだのは4月7日のことだった。

3月29日にアクシデントのため馬場入りを中止したという報道があった。それから9日後の4月7日にＪＲＡから股関節炎の発表が出た。サンケイスポーツの記事は、〈7日の調教中に右股関節炎を発症、全治2カ月の診断された〉とある。

天皇賞〈春〉と宝塚記念の回避が決まり、秋の復帰を目指すことになった。サンケイスポーツは〈股関節炎は腰に疲労がたまって発症するが、時間が経てば完治するだけに、秋の戦列復帰は十分に可能だ〉としている。

阪神大賞典後のナリタブライアンの動向をまとめてみた。

3月16日　角馬場で乗り運動を再開

23日　ウッドチップコース入りを再開。「これから調教ピッチを上げていく」と大久保正陽。一部報道では、午後に診療所へ行ったとある

24日　コース調教をやめて、コース外の角馬場での乗り運動と厩舎周囲の運動のみに切り替える

29日　角馬場入りも中止。天皇賞〈春〉まで約1カ月でのアクシデント

4月5日　13日ぶりにコース入り再開。「天皇賞に出られるよう努力する」と大久保正陽は春の盾出走に向けて調整すると明言。馬場入りを休んだ理由については「全身に疲れが出たため」と説明

6日　前日より調教量を増やす。「ここ何日かは、今日のような調教をしていきたい。いつ追い切るかは獣医と相談して決めたい。なんとか〈春の天皇賞に〉出走させたい

と思っている」と大久保正陽
7日　JRAから右股関節炎と発表
5月10日　早田牧場新冠支場へ
11日　早田牧場新冠支場に到着
6月27日　9月17日のオールカマーでの復帰が有力になったと報道
7月6日　函館競馬場へ移動。大久保正陽は「みんなが注目しているからね。じっくりと調教を積んで、納得できる状態で秋を迎えたい。牧場では、一日3回引き運動をして元気いっぱい。専門医と相談してOKが出れば、すぐに馬場入りを再開できるでしょう」

たしか7月下旬だったと記憶している。札幌出張中に大久保正陽厩舎の若手調教助手と食事をした。調整が遅れているナリタブライアンの本当の現状が杳《よう》としてわからなかったので様子を聞いたが、同僚にすら伝えられていないという。「股関節じゃなくて脚かも」というが、彼の推測に過ぎず真相は藪の中だった。

8月1日付のサンケイスポーツは「ブライアン　秋へ異常事態　調教ピッチ上がらず」という見出しで、このままでは復帰戦として有力視されているオールカマーはもちろん、その後一連のGⅠレースへの出走も危うくなると伝えた。

8月6日　依然、乗り運動のみのナリタブライアンに大久保正陽が年内のローテーションは白紙と明言。「自分が見て、これならいけると思った時に調教のGOサインを出す。今はまだ乗り運動だけにとどめ、十分に充電して完全な状態で出走させたい。股関節は良くなり、状態はいいほうに向いています。これだけの馬。人間のエゴでローテーションを決めたくない」

24日　函館入厩後、初めて角馬場で調整。だが大久保は「27日のお披露目のための稽古」

27日　パドックでファンにお披露目。ゲストに呼ばれた南井克巳は「見た目には、いつでもレースに出られそう」。大久保正陽は「これを一応、ひとつの区切りとしたい。昨年もここで大勢のファンに見ていただいて、その後につながったわけですからね。今後の予定も日々、状態を見ながら検討していく」

9月3日　休養後、初めてダートコース入り。約1周半周回

16日　函館競馬場から栗東トレセンへ移動

17日　大久保正陽厩舎に到着

19日　帰厩後初の調教。角馬場で約20分間、じっくり体をほぐしたあと、Wコースで軽い

20日　キャンター。大久保正陽は復帰について「長い目で見てほしい」

28日　上がりだけ1ハロン17秒の時計をマーク。依然としてローテーションは未定

10月2日　阪神大賞典後、南井克巳が初めて騎乗してウッドチップコースを2周。「まだおとなしすぎる。自分でハミを取ってガーッといくようにならないとね。そうなったらピッチを上げていけばいい」と南井。大久保正陽は「気分転換を図るため南井君に乗ってもらった。これからも週に一度乗ってもらう。目標を決めず、あくまで状態を見ながら」

12日　これまで着用してきた覆面（耳覆い）を外してWコースで15-15（200メートル15秒ペース）で走る。「メンコ（覆面）を外したのは特に意味はないが、気合面など、ずいぶんと変わってきた」

南井克巳を背にウッドチップコースで初時計。「なんぼか強めの調教をした。直線を向くとグーッと行きたがるのはいい傾向。賢い馬なので、自分の出番が近いと思っているのだろう。順調だが、レースうんぬん言えるまでにない」と南井。秋の天皇賞について、大久保正陽は「ナリタチカラは必ず登録するが、ナリタは2頭とも登録するかもしれない」

南井克巳の戦線離脱と天皇賞、ジャパンカップの惨敗

ナリタブライアンは天皇賞（秋）に出走するのかしないのか。大久保正陽が明言しないうちに天皇賞の2週前登録が翌日に迫っていた。その10月14日、南井克巳にも不運が襲った。京都競馬の第4レースだった。騎乗するタイロレンスがゲートの中で暴れ出し、南井が馬から落ちた。その際に右の鐙《あぶみ》が外れず、足を強くひねってしまった。激しい痛みが襲った。検査の結果は右くるぶし開放骨折と右腓《ひ》骨《こつ》骨折。全治4カ月の重傷だった。ただちに京都市内の蘇生会病院に運ばれた。

「くるぶしの部分だけの骨折で、上半身はまったく異常ない。一日も早く治して復帰したい」

南井はJRAを通して、そのようなコメントを出したが、内心は複雑だった。

2023年秋に、当時の怪我について振り返ってもらった。

「あー、いや、あの時は痛かったね、すごく。もう靴も脱げないぐらいで。ゲートの中で馬が暴れて完璧にいった（骨折した）と。結構キツかったからね」

——骨折した瞬間の思いは

「やっぱ『怪我したな』と。僕はあんまり怪我したことがないんだけど。あー、これはいった

なと。痛かったですね」
——その痛みは気持ち的な痛さではなく
「本当の本当の、ほんまの痛さ。痛かった」
——骨折の時って、まず何を思い浮かべましたか
「しばらく乗れないな、くらいなもんやね」
——ブライアンに乗れないな、というのは
「たぶん考えていたんじゃないかな。やっぱり『もう乗れないな』と」
——きっちり治すまでは復帰しないという気持ちだったんでしょうね
「治さなきゃ、やっぱり乗れないしね。医者の診断書で騎乗許可が下りなければ乗れない。痛くて、どうもならなかったですね」

3日後には約6時間にも及ぶ大手術を行った。複雑骨折していた右足首をプレートで固定した。病院側は「大きな骨折は4カ所で、数カ所の亀裂骨折があった。難しい手術だったが、上手くいっている。今後は数週間のギプス固定後、リハビリの予定で、普通の歩行ができるまでは約2カ月間」と語った。
そこから南井の復帰に向けた懸命のリハビリが始まった。

南井が「もう乗れないな」と思ったナリタブライアンは、主戦が大怪我を負った翌日、大久保正陽の手で天皇賞（秋）に登録された。鞍上は不在となった。しかも、調整不足は否めず、サンケイスポーツが〈調整は遅れており、この日、栗東Wコースで直線だけ1ハロン12秒7をマークした程度。管理する大久保正調教師は「使う方向で調整していく」と話しているが、本格的な追い切りは消化しておらず、日程的に出走は無理な状況だ。〉という記事を載せたほどだった。

ところが、大久保正陽の腹は出走で決まっていた。事実、秋の天皇賞の1週前追い切りが行われた10月19日に出走を表明した。

「走る気になってきて、ハミ受けも首の使い方も良くなってきた。これなら、いい方向にもっていけると思っています」

この日、ナリタブライアンは休養明けで初めて長めに追い切られた。明らかに速い時計の追い切り本数は不足している。それでも大久保は「下地を随分と積んできている」と言って不安を打ち消した。

大久保はこの日、武豊にジャパンカップと有馬記念での騎乗を依頼し快諾をもらった。当然、天皇賞も乗ってほしかったのだが、武豊にはアイリッシュダンスという先約がいた。

ここから、大久保正陽の鞍上探しが始まる。**それは〝迷走〟と言ってよかった。**

1週前追い切りの翌日、大久保はナリタブライアンの騎乗を、天皇賞を除外される可能性のある賞金下位の馬の騎手に依頼する意向があることを示唆した。

「考えている騎手はいるが、出走が確定しなければ結論は出せない。第一候補、第二候補の名前を書いて出走登録する可能性もある」

メディアの中で候補に挙がっている騎手は、フルゲート18頭のところ23頭目のマイシンザンに騎乗予定の松永幹夫《みきお》だった。

23日、「未だ白紙の状態」としながらも、大久保が松永幹夫に騎乗を依頼していることを明らかにした。松永が騎乗予定のマイシンザンはこの日の時点で補欠の2番目。大久保は、短期騎手免許で来日中のアラン・ムンロから騎乗希望のFAXが届いたことも明らかにした。

「返事はしていない。英語で書いてあるためよくわからないが、ありがたい話」

ムンロに手綱を託すつもりはひとつもないようだ。

調教量が足りないという指摘には「埋め合わせは十分している。これまで一度も馬体を緩ませなかったし、常歩《なみあし》運動などで土台をつくってきた。調教師によって仕上げ方は違うもの。新しいジャンボ機（ボーイング777）のように、助走距離が短くてもフライトできる状態にある。過去の勲章に汚点をつけないような行動をする」と反論し、自信を窺わせていた。

その翌日、マイシンザンは補欠の1番手に上がった。

天皇賞に向けた25日の本追い切り当日、ナイスネイチャの回避により、マイシンザンが松永幹夫とのコンビで天皇賞に出走することが決まった。ナリタブライアンの鞍上がまたもや宙に浮いた。大久保正陽はすぐさま第二候補に電話を掛けた。ライスシャワーに騎乗してこの年の天皇賞（春）を制していた的場均だった。

「今日（25日）の朝、調教中に家から電話があって依頼が来たことを知り、折り返し大久保調教師にOKの返事をした。ナイスネイチャの故障も知らず、トーヨーリファールに乗るつもりだったので本当に驚いた。（大久保）先生からは、十分に乗り込んでいるから心配ないと言われている」

的場均はそう取材陣に答えた。ナリタブライアンについては「癖がなくて自在に競馬ができ、とにかく強い。実績、能力は抜群だし、騎手である以上、一度は乗ってみたい馬だね。プレッシャーはあるが、久々とか気にしても仕方ない。うまく流れに乗せて、正攻法で勝負したい」と心境を明かした。

その日、ナリタブライアンの追い切りを見届けた大久保正陽は自らを鼓舞した。

「天皇賞に向けて良くなっている。上昇気流に乗っているね。自信？　そうでなければ。全国のファン、関係者の期待に応えなければ」

だが結果は惨敗。見せ場なく12着に大敗した。

レース後、僕は自戒を込めてナリタブライアンの記事を書き始めた。

　現実は甘くなかった。純白のシャドーロールがついに一度も先頭に立てずに馬群にのみ込まれていく。ナリタブライアンがデビュー以来、初めて2ケタの馬たちの背中を見ながらゴールする屈辱を味わった。

　3コーナーから徐々に進出。4コーナーではいつものように外から並びかける勢いだ。現役最強馬の復帰戦。その復活をこの目で見ようと東京競馬場に駆けつけた18万ファンの歓声がボリュームアップする。

　だが、そこからが春までとは違った。伸びない。的場が激しく右ムチを繰り出しても、怪物は目覚めようとせずに12着に終わった。

　そして、それは「滑走路が短くてもフライトできる」と大久保正陽調教師が豪語していたブライアンも調教不足には勝てなかった、ということをさらけ出した瞬間でもあった。

「坂を上がったところで止まってしまった。それまでは手応えが良かったから、能力で突き抜けると思ったが……。ダメでした」

　骨折負傷中の主戦・南井の代打で騎乗した的場にとっては、言えるのはこれが精いっぱいだろう。

　天皇賞出走に踏み切った大久保正調教師が惨敗という現実を突きつけられ、調教不足を暗に認めた。

「やっぱり久しぶりが響いたのかな。滑走路が短すぎた？　そうかもしれない。いろいろと工夫してやっていきますよ」

だが、それに続いたのは
「とにかく無事に頑張って走ったと思います」

ここに出たことで次の目標であるジャパンCに向けてのいい〝脚慣らし〟ができたニュアンスを感じさせるものだった。

「登録後に初めて出走するんだと知った」

息子の大久保雅調教助手が明かしたように、陣営すらブライアンの盾出走はない、と思っていたのだ。

「出るからにはブライアンの勲章を汚すことはない」

こう言い続けていた大久保正師自身が4冠馬の栄光を汚してしまった。

この日、ブライアンに託された金額は合計179億2482万4600円。全体の42％にのぼった。ファンへの信頼回復とブライアンの汚名返上を図るには天才・武豊との新コンビで挑むジャパンCで鮮やかに復活するしかない。ブライアンは、それができる馬だ。

「調教の動きの良さから、仕上がったと判断できる。能力は断然上だ」

そう思って僕はナリタブライアンに本命印の◎をつけた。ファンも1番人気にした。この1週間、サンケイスポーツに〈沈む馬体。上下に揺れるシャドーロール。怪物が今、ようやく目覚めた。（中略）5冠、そしてメジロマックイーンに続く史上2頭目の10億円ホースへ。今、目の前にあったモヤは晴れつつある（25日の追い切り記事）〉〈愛馬に備わっている能力の高さを陣営は信頼しているのだ（枠順が確定した27日の記事）〉など、ナリタブライアンに不安はないという記事を書き続けてきた。

記事には、毎日のようにブライアンの手綱を取っている村田光雄が「馬体、調教量など全体的に物足りない」と素直に仕上がり途上を認めていたことも書いているのだが、やはり全体的なトーンは「大丈夫」というものだった。だからこそ自戒を込めてナリタブライアンの惨敗記事を書いた。

――ファンへの信頼回復とブライアンの汚名返上を図るには天才・武豊との新コンビで挑むジャパンCで鮮やかに復活するしかない。ブライアンは、それができる馬だ。

こう僕が書いたジャパンカップでも、ナリタブライアンはファンの期待を裏切ることになる。オグリキャップを奇跡の復活ラストランに導いた武豊をしても、ナリタブライアンを復活させることはならなかった。

――現役最強馬と呼ばれたサラブレッドの意地がある。負けられない、いや負けてはいけない。

本調子ではないかもしれないが、「一回の実戦は100回の調教に等しい」という格言どおり、ブライアンは前走より確実に良くなっている。

〝天才と最強馬〟の共演。苦境を乗り越えた先には、必ず栄光が待ち受けている。さあ、行けブライアン！


ジャパンカップ当日のサンケイスポーツの1面に、僕はナリタブライアンだけでなく自分自身を鼓舞するように書いたが、現実は厳しかった。

1番人気を背負って6着……。取材を終えた僕は呆然としながらワープロに向かった。


伸びそうで、伸びない。現役最強馬の称号を与えられた馬として、連続の失敗は許されないはずだったが……。またしてもブライアンはファンの期待を裏切り、復活は先送りとなった。

6着。着順こそ惨敗天皇賞の半分だったが、勝ったランドに完敗。

「4コーナーまでは、さすがと思える走りで、一瞬、〝勝てるんじゃないか〟と思ったんですが……。思ったより伸びませんでしたね。いつ負けを意識した？　直線半ばです。ランドのほうが伸びたから」

さばさばとした表情でユタカが振り返る。

返し馬で、かなり走る気持ちを感じたユタカは「強いブライアン」をイメージして本番に臨んだ。が、4冠馬は、まだ本来の強さを取り戻していなかった。

果たして有馬記念での復活はあるのか。大久保正調教師が言う。

「2回ほど不利を受けながらあれだけの競馬ができたのは、さすが名手。無事にステップを踏んでくれたので、有馬記念では頑張ってほしいですね」

それに呼応するようにユタカも、

「次があります。良くなってくれることを期待するしかない。必ず復活してくれることを信じています」

今は、ふたりの言葉を信じるしかない。

大久保正陽の「調教より実戦」という信念の礎《いしずえ》

「無事にステップを踏んでくれた」

この大久保正陽の言葉に、彼の調教スタイルの本質を見たような気がした。

大久保正陽は、ナリタブライアンを調教ではなく実戦をもって復活させようとしていたのだと思う。大きくて甘い栗のイガを取り除く作業は天皇賞（秋）の本追い切りで終わったが、まだ鬼皮と渋皮が残っている。それらをレースを使いながら剥いていく作業をしているようだった。まさに「一回の実戦は１００回の調教に等しい」という格言を地で行っていたと考えていいだろう。そうでなければ、ＧＩを１番人気で続けて負けながら、あれだけ泰然としてはいられないはずだ。

もうひとつの要素は、大久保正陽が天邪鬼《あまのじゃく》な性格だったからだろう。他人に否定されたことを素直に受け入れられない。**否定されれば否定されるほど、逆の道を選んでいるように思えてならない**。もちろん、そこには「馬が壊れないと判断すれば」という前提がある。調教での動きなどから、鬼皮を纏《まと》っている状態で「使っても壊れない」と確信したからこそ、息子からも出走は無理と思われていた天皇賞（秋）にナリタブライアンを出走させたのだと思う。12着という大敗は大久保正陽本人にも意外だったのかもしれないが、無事に走り終えたことのほうが、天皇賞の出走を鬼皮を剥く作業と捉えていた大久保にとっては大事だったと想像できる。

大久保正陽が管理した馬にヤマノシラギクという牝馬がいる。１９７９年生まれで、通算成績は56戦７勝。主な勝利は京都大賞典（２度）、小倉大賞典の重賞３勝。ＧＩ級の大レースを勝っていない牝馬だが、ＪＲＡが１９８１年から開始した競走馬を題材とした広報ポスター「ヒーロー列伝」の１９８７年版に起用された。

理由は中央競馬の開催10場すべてで出走したからだった。京都で19戦、阪神で10戦、東京で５戦、中山で２戦、札幌で４戦、函館で２戦、新潟で５戦、小倉で４戦、中京で１戦、そして福島で1戦。一度もGⅠレースを制していないのに「ヒーロー列伝」に起用されたのはヤマノシラギクただ一頭である（他にステイゴールドがポスターになった時は、まだGⅠを勝っていなかった）。

「ヒーロー列伝」におけるヤマノシラギクのキャッチコピーは〈すべての競馬場で走り、そして最後は秋の淀で自分らしい花を見事に咲かせたね……。〉だ。

大久保にはヤマノシラギクでの成功体験などによって（そのまえからだったかもしれないが）、彼の馬づくりに「調教より実戦」というスタイルが育まれたのではないか。そうだとすれば、朝日杯3歳ステークスを勝つまでに6戦も出走させたことや、股関節炎が癒えてから調教不足にもかかわらず秋の天皇賞を使ったことも腑に落ちる。

武豊が勝利を確信した有馬記念の4コーナー

有馬記念ウイークのスポーツ紙は、他のメジャースポーツのほとんどがオフシーズンに入っているため、有馬記念に多くのページを費やす。1995年もまた然《しか》りで、有馬ウイークを告げる月曜日の1面も有馬記念だった。見出しは「ブライアン豊　このままじゃ終われない」

有馬記念での注目は、やはりナリタブライアンだった。天皇賞（秋）、ジャパンカップと実戦を二度使われたことで、ナリタブライアンは復活するのか。多くのファンの関心はそこの集中していた。

有馬記念の本追い切り前日の12月19日、武豊が異例の前日予告を行った。

「追い切りのどこを見ればいい？　全体です。直線だけで判断しないでください。できればキャンターにおろしてからのラップを全部とってもらいたい。初めから200メートル20秒ペースで行けば直線も当然、伸びます。それが17秒ペースなら……。まあ、明日もいい動きを見せるはずですよ」

追い切りは予言どおりだったのか。

武豊を背に栗東トレセンのウッドチップコースで行われたナリタブライアンの追い切りは、キャンターに入ってから18～19秒のペースで進み、6ハロン（1200メートル）からペースアップ。直線で一杯に追われるとラスト3ハロン37秒3、同200メートル12秒0だった。武豊の話からすると、どうやら合格点だったようだ。

「動きも時計もなかなか良かったですよ。先週もかなり動きが力強くなっていましたが、今日はさらに迫力が戻ってきましたね」

好走時の感触を知らないもどかしさのある武豊は、騎乗した前走以上を強調した。しかも、この日の追い切りで、ある味付けを加えた。ゴールを過ぎても手綱を緩めず追い続けたのだ。

「ゴール板を馬が覚えているようだから。ちょっとゴール前で失速することがあったので……」

初騎乗だったジャパンカップで武豊が抱いた疑問もそれだった。4コーナーでは「一瞬、勝てると思った」というほどの手応えなのに直線で伸び切れなかったため、有馬記念の最終追い切りではゴール前でも気を緩めず目いっぱい走らせ、ナリタブライアンに最後まで全力で走ることを思い出させようとしたわけだ。

「なんとかブライアンの強さを呼び寄せるような騎乗をしたい」

そうつぶやいた時に思い起こしていたのはオグリキャップのラストランだったのか。手前の替え方が下手になっていたオグリキャップを、グランプリのゴール直前に肩ムチを入れることで上手に手前を替えさせて涙のラストランを演出した天才が、今度はシャドーロールの怪物を目覚めさせようとしていた。

本番当日のサンケイスポーツの1面もナリタブライアンだった。前日早朝の最終調整後、村田光雄はこう語った。

「手応えを感じるほど状態は上向いています。体に張りも戻ったし、体重も増えています。今回も強気でレースに臨みます。あとは走る気さえ出れば……」

股関節炎の再発を恐れず下半身に負荷のかかる坂路に入れたのは、頭のいいナリタブライアンが故障再発を恐れて加減しているのではないかとみた陣営が、馬自身に「全力疾走しても大丈夫だ」と理解させようとするためだった。最終追い切りで武豊が手綱を緩めずに追い続けたのも、走る気持ちを呼び覚まそうとしたからに他ならなかった。

だが、まだ何かが足りなかった。ナリタブライアンはまたもや敗れた。4着。勝ったのは菊花賞を制して臨んできたマヤノトップガンだった。

有馬記念前日の夜、僕はマヤノトップガンに同行して中山競馬場へ来た坂口正大《まさひろ》厩舎の調教助手・大村真哉《しんや》と競馬場近くの寿司屋で飲んでいた。カウンター席で鮪の刺身や大蛤《はまぐり》焼きなどをつつきながらふたりきりで歓談。その日の大村はマヤノトップガンの調子がすこぶるいいため機嫌が良かった。ただ、そうであってもマヤノトップガンは伏兵扱い（最終的に単勝オッズ13倍の6番人気）だっただけに、僕はマヤノトップガンを軸に馬券を買うつもりはなかった。軸はナリタブライアンと決めていた。

だから有馬記念の結果に呆然となった。マヤノトップガンの単勝だけでも買っておけばよかったと後悔しながら、僕はナリタブライアンの記事を書き始めた。

グランプリ復活は果たせなかった。長く曲がりくねった暗いトンネルに迷い込んだブライアンは、4戦無敗の戦場、中山でも出口を見つけだせなかった。

絶好の手応えだった。

「ええ。ジャパンCの手応えでした。3コーナーから馬のほうがグイグイ行く気だったし〝こ

れなら〟と思った」

4コーナー。勝利を確信したユタカを背に、逃げるトップガンに襲いかかろうとするブライアン。ファンの歓声は5年前のオグリキャップの〝奇跡のラストラン〟をダブらせてピークに達した。

半馬身ほど抜け出したブリザードに差し返され、チトセオーにもかわされて4着。ジャパンC以上に内容で見せ場は作った。が、感動の復活はならなかった。ユタカが淡々と振り返る。

「ダービーの時の最後の伸びをイメージして乗ったのに……。残念ですが、ベストを尽くした結果なので変な悔いはありません」

右耳からハミに繋がる革紐には、4個の金色に輝く星型のペンダントが並んでいる。それはブライアンが制した4冠を意味する。ブライアンは1年間、栄光の勲章を増やすことなく波乱の95年を終えた。

それでも光明は見えた。荒々しいほどの強さを誇示した昨年の状態には戻ってはいないが、ジャパンC以上に〝らしさ〟を見せていたのはたしかだった。

「この馬自身は段々とは良くなっていますから」

と大久保正調教師が来年への上積みを強調すれば、2戦南井のピンチ・ヒッターを務めた

ユタカも
「来年また応援してください」
それぞれ来年への手応えをつかんで今年最後の舞台を後にした。
来春、目指すのはもちろん淀の盾だ。徐々にだが、強いブライアンは目覚めつつある。スタッフの懸命な努力は必ずや通じるはず。〝シャドーロールの怪物〟の復活は、そう遠くないはずだ。

リハビリ中の南井克巳が見せた人馬復活への執念

有馬記念後のいつだったかは忘れたが、僕は年末に房総半島を電車に揺られていた。向かう先は亀田クリニック。リハビリのため入院中の南井克巳に会うためだった。

騎手や調教助手、厩務員などがレースや調教で負傷した際、JRAがリハビリを行う施設として指定していたのが亀田クリニックだった。南井は12月1日、京都市内の蘇生会《そせいかい》病院から転院し、本格的リハビリを開始していた。

場所は千葉県鴨川市。近くにはシャチのショーで知られる鴨川シーワールドがある。午後3時過ぎだっただろうか、人気《ひとけ》の少ない、広々とした1階ロビーにある受付で見舞いに訪れた旨を伝えると、部屋まで上がってきてくれという。

サンケイスポーツの後輩記者とともに南井克巳が滞在する部屋に入ると、そこは病室とは思えなかった。病室といえば、白を基調として明るい壁やベッドと収納ボックスと椅子くらいが置かれた殺風景な部屋をイメージするが、南井が滞在する部屋はそうではなかった。壁はシックな色合いで、照明は暖かい色だったと記憶する。まるでホテルの一室に入ったかのようだった。南井克巳は午後のリハビリを終えたばかりだった。

「じゃあ風呂に入ろうか」

そう言われたので面食らった。風呂？

「太平洋が見えていい眺めなんだよ」

そんな展開になるとは露ほども思っていなかったので、着替えもタオルも持ってきていない。まごついていると南井は、「タオルはあるから大丈夫」と言って僕らを連れて部屋を出ていった。

風呂場は数人が入れるほどの広さだった。南井はさっさとスウェットを脱いで浴室へ入っていく。南井の言うとおり、浴室の大きな窓から太平洋が見渡せた。真冬らしく鈍色の空と海が寒そうに広がっていた。天気のいい日には美しい日の出が見られるのだろう。

「見てよ、こんなに細くなっちゃった」

南井は浴槽の縁《へり》に座って右足を見せてくれた。健常な左足と比べると、こんなに筋肉とは落ちるものなのかと嘆息するほど明らかに細い。それを見ただけで、南井を襲った怪我の大きさが察せられた。

その時、ようやく気づいた。南井は自分の現状を包み隠さず見せたかったから風呂に誘ったのだと。不意に襲った事故による大怪我、8時間に及ぶ大手術、それを経て始まったリハビリ。つらいと思ったことは何度もあったに違いない。だが、南井には悲壮感や悲嘆といった負の感情はまったく見られなかった。

風呂から上がって部屋でひと息ついていると、「まだ時間あるよね。メシ食べに行こうか」と言って連れていかれたのは、亀田クリニックのすぐ近くにある居酒屋だった。南井はすでに常連のようだった。リハビリを行っている右足以外はカウンターに座って生ビールのジョッキを合わせた。どんな話を聞いたのか、そのほとんどを忘れてしまったが、ひとつだけ鮮明に記憶している話がある。

12月30日に行われるKEIRINグランプリについてだった。一緒に行った後輩記者は、南井に依頼していたKEIRINグランプリの予想を聞くために来ていた。

南井は断言した。

「吉岡が勝つよ。ここで必ず復活する」

吉岡稔真《としまさ》が絶対に優勝すると言うのだ。吉岡はデビュー3年目の1992年に日本選手権、競輪祭、ＫＥＩＲＩＮグランプリを制した競輪界のスター。しかし、１９９５年は前年まで3連覇していた競輪祭を、コロンビアで行われた世界選手権での左鎖骨と肋骨の骨折のため欠場していた。吉岡はぶっつけ本番でＫＥＩＲＩＮグランプリに臨もうとしていた。

まさに南井と同じ境遇ではないか。

「骨折から復帰して今回が３節目でしょ。人馬の違いはあるけど、馬ならば初戦は久々の実戦で、２戦目はその反動などの不安要素がある。３戦目がちょうど具合が良くなって力が出せるじゃない。結果はともかく、有馬記念でナリタブライアンの復活をファンが願っていたように、みんな強い吉岡が戻ってくるのを望んでいるんじゃないかな」

ファンも願っているだろうが、吉岡の復活を一番望んでいるのは南井自身なのだろう。ビールを飲みながら僕はそう思っていた。南井は吉岡稔真に、翌年の天皇賞（春）でナリタブライアンにぶっつけ本番で騎乗することになる自身を投影させているのだ、と。

南井は、激しく馬を追う闘志あふれる騎乗スタイルなどから〝ファイター〟の異名を持っていた。亀田クリニックで南井がナリタブライアンについて熱く語ったという記憶はない。ただ、吉岡稔真について力強く語る姿に「ファイター健在」だと思って嬉しくなった。

12月30日、吉岡は南井の願いどおりＫＥＩＲＩＮグランプリを制した。最終1コーナーからまくり、先行した神山雄一郎をゴール寸前で捕らえた。吉岡が勝つのを見た時、僕はこう思っていた。

ナリタブライアンが南井克巳を背に1996年春の天皇賞を制した時に綴るヒーロー原稿のエピソードは決まった、と。

南井は1996年2月14日、亀田クリニックを退院した。レースでの騎乗復帰のため、自分自身でリハビリを行いレースでの騎乗復帰を目指すことになった。

第6章 一瞬の復活から引退へ

今なお語り継がれる伝説のマッチレース

ナリタブライアンの1996年初戦は、前年に続いて阪神大賞典になった。3000メートルの長距離戦を春初戦に選んだのは、大久保正陽いわくこうだ。

「強い勝ち方をした縁起のいいレース」

前年と違うのは、マヤノトップガンも出走することだった。前年は1強だったが、今回は2強。しかも、前年の菊花賞と有馬記念を制したマヤノトップガンは年度代表馬に選ばれていた。

年度代表馬2頭による直接対決は、1985年の天皇賞（春）以来、11年ぶりのことだった。前回は1983年の年度代表馬のミスターシービーと翌84年の年度代表馬であるシンボリルドルフが対戦。シンボリルドルフが勝ち、ミスターシービーは5着だった。

ナリタブライアンは1月27日に有馬記念以後の初時計をマークすると、2月8日からは武豊を背に毎週木曜日にウッドチップコールで追い切られていた。

「（最後の）坂で止まったのも、走る気をなくしたわけじゃない。4コーナーでは完全復活したと思ったくらい」

有馬記念をそう振り返る武豊は、年度代表馬対決について「マヤノトップガンに胸を借ります」と力強く語った。

一方の大久保正陽は、今回もマヤノトップガンに完敗するようなら政権交代となるが……という報道陣の問いかけに反論する。

「年度代表馬対決とか言われているけど、人間のほうが遮眼革《しゃがんかく》を着けているんじゃないかな。くどいようですが、ナリタブライアンを以前の強い姿に戻そうとしている段階。阪神大賞典で負けたからといって、政権交代というのはいくらなんでも早すぎるでしょう」

レースを使いつつ完全復調の手応えを得ていたのだろう。こうも語っていた。

「間違いなく馬は良くなっています。良くなっていますというフレーズが聞き飽きたのでしたら、春めいてきたとでも言っておきましょうか。南井くんが怪我で休んでいる間に武豊くんが、節目、節目の追い切りで指示どおり、完璧に稽古をこなしてくれている。昔、エリモジョージという大変な癖馬がいたが、スランプに陥った時、福永洋一騎手という天才に助けられたのを思い出します。南井くんもそろそろ帰ってきますし、豊くんにそうそうつらい思いをさせたくない。去年、あんなことになったのは自分にも責任がある。今年はパーフェクトに行きたい」

エリモジョージは、かつて大久保正陽が手掛けた1976年春の天皇賞馬。〝気まぐれジョージ〟の異名どおり、勝ち負けの差が激しい馬だった。そんな希代の癖馬が77年に低迷後、翌78年の京都記念（春）から福永洋一（一応、付け加えておけば福永祐一の父）に手綱が戻ると、そこから鳴尾記念、宝塚記念と3連勝を決めた。大久保は武豊&ナリタブライアンを、当時の福永&エリモジョージと重ね合わせたのだ。

阪神大賞典の本追い切りが行われた3月7日、ナリタブライアンの手綱を取った武豊はこう語った。

「なかなか良かったです。気合も乗って、現時点でベストの状態に仕上がりました。これだけの名馬に乗れるのはすごく光栄なこと。調教でもレースでも、いつも乗る時は楽しみで仕方ないんです。名馬に乗せてもらったからには、やっぱり結果を出したい。関係者やブライアンのためになんとかしたいんです。南井さんからも騎手総会で『頑張れよ』って声をかけられました。勝ってバトンタッチしたいです」

11年ぶりとなる年度代表馬対決が、将来語り継がれる名勝負となった。

内にマヤノトップガン、外にナリタブライアン――2頭の年度代表馬による競り合いは、まるで永遠に続くかのようだった。

ナリタブライアンの武豊、マヤノトップガンの田原成貴。ふたりとも相手は1頭。そんな思いが如実にレースに表れていた。

スタートしてすぐ、ナリタブライアンはマヤノトップガンの背後につけた。前半1000メートルの通過タイムは63秒0。極めてスローというペースで進むレースを支配していたのは、間違いなく2頭の年度代表馬だった。

3コーナーで、逃げるスティールキャストをかわして、直後にいる武豊&ナリタブライアンに「来るなら来い！」とばかりに、田原&マヤノトップガンが先頭に立った。ナリタブライアンもすかさず追撃に出た。4コーナーからは馬体をぴっしり併せての競り合い。後続を引き離し、2頭だけの世界に突入した。

最後の直線は、抜きつ抜かれつの激しい攻防が展開された。残り100メートルで、武豊がステッキを左から右に持ち替える。ゴール前30メートルではマヤノトップガンがリード。そこからナリタブライアンが最後の力を振り絞るかのようにして前に出ようとする。鼻面を併せたところがゴールだった。

「そっちの勝ちやで」

マヤノトップガンの調教を務める調教助手の大村真哉が、村田光雄に声をかけた。スタンドのすぐ近くでレースを見守っていた村田が、どっちが勝ったのか確認するように、大村のほうを向いたからだった。大村の答えに村田は安堵の表情を浮かべた。

大村の言葉どおり、アタマ差でナリタブライアンが勝っていた。3着馬を9馬身も離してのゴールだった。その日の阪神競馬場には、新装オープンとなった1991年11月30日の5万7392人を上回る、阪神での土曜日の開催レコードとなる5万9896人が訪れていた。誰もが期待していた年度代表馬同士による一騎打ちにファンが酔いしれた。満員の場内からは、ナリタブライアンを復活勝利に導いた武豊を称えるユタカコールの大合唱が起きていた。

「今日は絶対に負けられないと思っていました。最後はブライアン自身が勝とうとしたんです。名馬の中の名馬。蘇ってほしいと思っていました。ゴールの瞬間、鳥肌が立ちました。本当に誇りに思います」

常に冷静が売りの武豊も高揚していた。

大久保正陽が努めて冷静に言う。

「ひとつひとつを完全にこなしてここまで来たのを、豊くんが答えを出してくれました。天皇賞を前に最高の形でバトンタッチしてくれました」

ナリタブライアンは次走に予定している天皇賞（春）で、本来の主戦である南井克巳に手綱が戻る。その後の未来など知る由《よし》もない武豊は、惜別の思いを込めてこう言った。

「今度はブライアンを負かせる馬をつくっていきたいです」

阪神大賞典から5日後の3月14日、栗東トレセンに南井克巳の姿があった。トレセンに姿を見せるのは実に5カ月ぶりのこと。この日、騎乗調教を再開して3頭にまたがった。

「乗るまでは不安だったけど、乗ったら案外スムーズだったね。じっくり治してきて良かった。僕もまだまだ若いね」

43歳はそう言って笑顔を見せた。

▲今なお、多くの競馬ファンがベストレースに挙げる伝説のマッチレース

先に復活したナリタブライアンの阪神大賞典当日は、湯治《とうじ》を兼ねたリハビリで和歌山県田辺市の温泉宿にいたためレースはビデオで見たという。

「ゾクゾクとしましたよ。迫力が戻ってきたのをヒシと感じました。成績が悪かった時は、いい位置にいながら伸び切れず心配したんですが、あのレースができたら言うことはありません。今度は僕が頑張る番だね」

すべての期待を裏切った残酷な結末

4月3日には天皇賞（春）の2週前追い切りで南井はナリタブライアンにまたがった。前年の10月12日以来、実に175日ぶりの手綱だった。

「掛かる馬なので、ちょっと緊張しながら乗った。スムーズな流れから、3コーナーから掛かっていく時の感じはいつものもの。ダクの動きもしっかりとして、スピードに乗ってからのフットワークも良かった。いいね。勝っていた頃の感触と変わらないですよ」

その笑みが、ナリタブライアンが本来の姿に戻っていると南井が実感していることを示していた。

翌週の4月10日には、天皇賞（春）に向けた1週前追い切りが南井の手によって行われた。

南井は前週の桜花賞で、橋口弘次郎《こうじろう》厩舎のイブキパーシヴを2着に導き、長期休養明けの不安を払拭《ふっしょく》していた。

大久保正陽は愛馬の完全復活を宣言した。

「レース（阪神大賞典）のあと、中1日挟んだあとの馬の雰囲気が実に良かった。ガラッという感じで、いい方向に変わってくれた」

大久保が続ける。

「その阪神大賞典ですが、最後の最後まで苦しめられたトップガンの田原騎手からも祝福を受けた時、『ああ、この馬は普通の馬ではないんだな』と認識をまた新たにしました。いつまで過去を振り返るより、今……今が大切なんです。普通の古馬ならともかく（ナリタブライアンは）クラシックを取っている馬。暗いイメージを引きずってはいけない。切り替えなければね。南井騎手も桜花賞で迫力ある騎乗ぶりを見せてくれたし、他人事《ひとごと》ながらホッとしていますよ。人馬一体が何よりです」

ナリタブライアンは、栗東トレセンのウッドチップコースを馬なりでラスト200メートル11秒9をマークした（1200メートル83秒6）。南井が言う。

「先週より明らかに状態はアップしている。気合、馬体の張りなど、どれを取っても良かった。これは調教時計にもはっきりと表れている。乗っていた感覚よりも速い時計で楽々と（ラストで）12秒を切ったんだから凄い。デキが悪ければ、こんな走りはできない。今日だって7ハロン（1400メートル）から行こうと思ったら凄い時計が出ていたでしょう。（調教を）バリバリやらなくても、体はできている」

大久保もうなずく。

「毎日毎日、無事に調教をこなしてくれることが大切。ああいうレース（阪神大賞典）をしたあとでも動きが軽いのはいい。昨年と比較して？　おかげさんで」

そう言って、両方の手で誰の目にもわかるように「こんなに差がある」と言いたげなポーズを作った。愛馬が順調ゆえに、大久保自身もリラックスしているようだった。

「（ナリタブライアンは）年《とし》を取るにつれて性格がキツくなってきましたね。人をよく咬《か》むんですよ。おそらく村田（村田光雄）は、注意していても、かなりあちこち咬まれているんじゃないかな。頑固親父になってきたかって？　うん、誰か（自分のこと）に似てきたのかな」

南井は、自身の大怪我についてこう語った。

「あれだけ大きな事故に見舞われたのは初めてだったし、長期休養をしたのも初めて。ギプスを取った直後に、右足が細くなっているのを見た時は不安にもなったが、なんとかカムバックできた。今から思えば、自分を見つめ直すいい機会だったと前向きに考えていますよ」

ナリタブライアンと久しぶりに臨む実戦については、こう述べた。

「馬券を買ってくれるファンの方に納得してもらえるようなレースができるように努力します。ブライアンの栄光に傷をつける結果だけは出したくないですからね」

天皇賞週の月曜日、大久保正陽の長男で、父の下で調教助手を務める雅稔の結婚式が京都市内のホテルで行われた。そこで司会による天皇賞の架空実況が披露され、ナリタブライアンがマヤノトップガンを抑えて優勝。聞き入っていた南井克巳はこう言った。

「架空じゃなく、実現するように頑張りたい」

翌火曜日（4月16日）のサンケイスポーツに興味深い記事が載った。ナリタブライアンらしさが本当に戻っているかどうかをレース中の完歩によって検証するものだった。完歩とは、四足歩行動物の歩幅のこと。左右どちらかの前脚を基準に測り、同じ脚が再び地面に着地するまでの歩幅を「一完歩」という。JRAのホームページにある競馬用語辞典に〈レース時のそれは約7メートルから8メートルといわれている。1ハロン（200メートル）の歩数を数えると、個体差、またスピードによる差はあるがサラブレッド競走馬の場合は28から30完歩を要するといわれている。〉とある。

サンケイスポーツの記事によると、ナリタブライアンのレース時におけるラスト1ハロンの完歩数は、日本ダービーで26完歩だったそうだ。最後の直線で失速して4着に敗れた前年の有馬記念は29完歩で、復活勝利を果たした阪神大賞典は27完歩だった。

この事実からサンケイスポーツは〈本来の姿にかなり近づいていることはわかる〉と結論付けた。同じ記事で、一般論として股関節を痛めた馬が復帰するのがいかに大変であるかを競走馬総合研究所の企画調整室長、松本実が語ってもいた。

「靭帯に付着した筋が伸びたりしてしまうわけですから、肉体的ダメージは小さくない。また骨折同様、痛みがあり、治ってからもそれを覚えているので、馬が警戒して踏み込みや蹴り、つまりフォームが小さくなるのはやむを得ないこと。(影響が残っている当時の走っている時の)馬体が浮いて見えるのはそのため」

一完歩が大きくなっているのは、本来のフォームを取り戻しているからと言えるわけだ。

全休日明けの4月16日に坂路で調教したのも、ナリタブライアンが本来の姿を取り戻しているからこそ。過去、下半身に負荷がかかる坂路に全休日の翌日に入ったことは滅多になく、前年秋の戦列復帰後、有馬記念までは一度もなかった。この中間、すでに2度も坂路で調教を行っているということは、股関節炎の後遺症がない証拠と言えるのだ。大久保正陽が言う。

「気分良く走っているでしょう。(マヤノトップガンとの) 2強対決、いいですね。満場を沸かせ、競馬ファンが増えるレースをお見せできるのではないでしょうか」

その言葉を聞いた誰もが、トレーナーによる完全復活宣言と受け止めた。

それを明確にするかのように、翌17日に行われた天皇賞(春)に向けた本追い切りも坂路で実施された。大久保が意図を説明する。

「先週の追い切りでほぼ体はできたので、普段どおりW（ウッドチップ）コースでやってはオーバーワークになる懸念もあるから」

2本目に800メートル53秒9、ラスト200メートル12秒9を、軽く仕掛けられただけでマークした。この日の栗東トレセンの坂路は極端に時計がかかっており、坂路で追われた78頭のうちラスト200メートルを12秒台で駆け抜けたのはわずか6頭だった。ナリタブライアンはその中に入っているだけに、皐月賞でロイヤルタッチに騎乗して2着だった南井克巳も笑顔を見せていた。

「いい感じです。日増しに良くなっている。菊花賞を勝った時と同じ状態と言っていい。年度代表馬の対決で大いに盛り上がるが、三冠を取った馬だけに、なんとかブライアンが一番強いということを証明してみたい。天皇賞でブライアンとコンビを組めるという気持ちを持っていたからこそ、足のほうも早く良くなったと思うしね」

世話役の村田光雄にナリタブライアンが体当たりするのを見た大久保正陽の笑顔が愛馬の状態の良さを如実に物語っていた。

「こうこなくちゃ。故障後は、なかなかやんちゃな面を見せなかったからね」

追い切り翌日の18日に報道陣に囲まれた大久保は改めて完全復活を宣言した。

「（『菊花賞を勝った時と同じ状態』と話す南井）ジョッキーの言うとおりじゃないかな。順調すぎるのが怖いくらい。勝負の世界は勝たなきゃ駄目。もう人気はいらない」

本番前日の4月20日付のサンケイスポーツの一面に僕はこう書いた。

目覚めた王者に、失敗は許されない。現役最強の称号を再び堅固なものにするためにも負けられない。ナリタブライアン。最強のライバル、マヤノトップガンをGⅠの舞台で下した時、4冠馬の完全復活激は完成する。

阪神大賞典。トップガンとの激しいマッチレースを制し、1年ぶりの美酒を味わったブライアンに変化が訪れた。大久保正調教師が言う。

「あれから馬体の張り、気合乗り、走る気持ち、すべてがいい方に向かった」

それはまさしく王者復活の宣言。19日朝もブライアンは激しい闘志をウッドチップに叩きつけた。

「ええ、菊花賞当時と変わりないデキにあります」

ブライアンの復活と、ほぼ同時期にターフに戻ってきた南井も手応えをグッと肌で感じ取っている。南井自身は春のGⅠで連続2着。

「ホントは3連勝を狙っていたんだよ」

悔しさをあらわにするファイターは「だから今度こそ……」と燃えている。

「目標が生きていく上で大きな活力になることを実感した」と南井は言う。

「もう一度、ブライアンに乗りたい。いや、乗るんだ。そう言い聞かせてきたから、ボクは今、またターフに戻ってこられたんです」

生きる目標を与えてくれたブライアンとのコンビ復活。だからこそ南井は誓う。

「ブライアンが一番強いことを〝ふたり〟で勝って示したい」

宿敵トップガンを淀のGⅠで退けた時、メジロマックイーンを抜いて歴代賞金王の座に就く。7馬身差の圧勝劇を演じた菊花賞。その時につけていたゼッケン「4」を再び抱いて4冠馬は同じ淀のターフに立つ。

ファンもブライアンを後押ししている。金曜発売の単勝オッズは2・0倍で1番人気。ブライアンがファイター南井を背に、最強馬たる本当の強さをライバルたちの前で見せつける。

だが、現実は冷酷だった。

多くのファンが望んでいた結末は訪れなかった。ナリタブライアンは負けた。2着。最後の直線でサクラローレルに差し切られた。

レースはスギノブルボンとテイエムジャンボの2頭が後続を引き離して進んだ。いつものように好スタートを切ったナリタブライアンは前に行きたい馬を行かせて5、6番手を追走する。若干出遅れたマヤノトップガンはその後ろからインコースを通って上がっていく。1周目の4

コーナーを回る時には、マヤノトップガンがナリタブライアンよりも前に出ていた。

テイエムジャンボが先手を奪うと、スギノブルボンとともに後続をさらに引き離していく。1コーナーを回った時には、1周目の直線で6番手にいたマヤノトップガンが4番手まで上がっている。向こう正面に入ると、ナリタブライアンはマヤノトップガンをマークするように掛かり気味にその後ろを追走する。3コーナー手前になると後続集団が先行する2頭に接近。4コーナーを回った時には、先頭に立とうとするマヤノトップガンに外からナリタブライアンが近づいていた。直線入り口で先頭に立ったマヤノトップガンに、ナリタブライアンが外から馬体を併せにいった。

「名勝負再び」の期待に沸くスタンドだったが、競り合いはすぐに終わった。残り400メートルを切ったところで、白いシャドーロールを上下に揺らしながらナリタブライアンが先頭に躍り出た。

誰もが勝利を確信した時だった。直後にいたサクラローレルが、外から一完歩ごとに差を詰めてきた。クラシックでは未対戦だった〝同期の桜〟が、前脚を掻き込むような力強いフットワークでナリタブライアンを抜き去っていた。

「4コーナーを回ってトップガンに並んだ時は、このままいけると思ったのに……。ラスト1ハロン、追い出してから思ったほど伸びなかった。なんとかなると思ったんだけど……。競り

▲ブライアン復活！　……その刹那、サクラローレルの追い込みが炸裂した

負けた？　道中ずっと引っ掛かっていたのが影響したんじゃないか……」

南井克巳が途切れ途切れに話す。ショックが大きいのか、言葉が続かなかった。

「あれだけ引っ掛かってしまっては……。今日はちょっとチグハグなレースになってしまった。流れが合わなかった？　負けた時は何を言っても言い訳になるから」

前年の秋はどんなに無様に敗れようとも愛馬をかばい続けた大久保正陽が声を荒げて厳しい言葉を発したのは、完全に復活したナリタブライアンは負けるはずがないと確信していたからだろう。それは鞍上批判にも聞こえた。

表彰式を終えたサクラローレルの調教師・境勝太郎に握手を求めた大久保は、こう再出発を誓っていた。

「今日はローレルに脱帽です。でも、また新しい目標を決め、戦いを挑みます」

その時、大久保はすでに、我々が考えもつかない「新しい目標」を思い描いていたようだ。

「勝てるレースを落とした」南井につきまとう無念

2023年秋、ナリタブライアンとの最後の手綱となった1996年の天皇賞（春）も当然、南井克巳さんに振り返ってもらった。

「負けちゃったもんな。勝てると思ったけどね。馬の具合は良かった。あの時は本当に具合が良かったですね」

――そうでしたか

「まえのブライアンのつもりで早めに（仕掛けて）いったからね」

――往年のブライアンだったら、そのまま押し切っていた、と

「手応え的にいっても押し切れる感じで……。それでもちょっと（仕掛けが）早かったかなと思うけども。でも、自分では勝てるなと思って。トップガンは前のほうにいて。相手はトップガンかと思っていたしね。うん。それで、結局は後ろにいたサクラローレルに差し切られたわけだけど」

――でも、絶好調時の本来のブライアンだったら勝っていた……

「うん、ま～。最高に仕上がっていたと思うんですけどね。僕がちょっと早めに行きすぎたかな。勝てる自信はあったんだけどね。うん、ちょっと早めに行ったかな。それに、**まだ僕の足のほうがね、まだくるぶし（周辺の）足首がちょっと固かったからね。その辺もあったたな**」

――そうなんですか

「うん。治ったとはいってもまだプレートが入っていたしね。全然これ（可動）が利かないし、歩いていても躓《つまず》くぐらいだからね」

――そうだったんですか。リハビリが終わっていても……

「痛くはないんだけど、やっぱり固かったからね。ちょっとしたとこで躓くような足首やったね。言い訳言ったらあれだけども」

――三冠を制した頃の往年のナリタブライアンだったら勝っていただろうって思いますか

「人馬ともに絶好調だったらね。人馬ともに……。やっぱ言い訳ですね」

――サクラローレルともう一度対戦したかったという思いは

「まあ、僕の足元が万全だったらもう負けてないと思いますし……。うん。あれは勝たなきゃいけないレースだったけどなあ」

その時、南井さんの視線の先に見えていたのはナリタブライアンとオグリキャップの姿だったはずだ。

「オグリキャップも天皇賞の秋で負けたしね。勝たなきゃいけないと思って負けちゃったから。勝たなきゃいけないとこで負けたのは、オグリキャップの秋の天皇賞とナリタブライアンの春の天皇賞。**これはもう、自分（のせい）で負けたな。自分で**」

南井克巳にオグリキャップの手綱が巡ってきたのは、先に書いたようにタマモクロスの主戦として、オグリキャップとライバルとして名勝負を繰り広げたことが大きかった。

「だから、きっかけっていうのはわからないね。そのきっかけやチャンスをものにしていかなきゃいけないしね。やっぱり、プロっていうのはそんなもんでしょう」

南井は1989年秋に復帰したオグリキャップにまたがり、オールカマーと毎日王冠を人気に応えて連勝した。主戦になって3戦目が、南井の言う「勝たなきゃいけないレース」の天皇賞（秋）だった。

単勝オッズ1・9倍という断然人気で臨んだ一戦は、スローペースの7番手から徐々に進出していった。好位の4番手まで上がって直線を向いた。あとは追いまくるだけだったが、坂下で仕掛けた時にアクシデントが起きた。

ヤエノムテキに前をカットされ、慌てて外に持ち出さざるを得なかったのだ。痛恨の不利。残り200メートルで前を行くスーパークリークとメジロアルダンとの差は4馬身。南井は懸命にムチを振るってオグリキャップを叱咤激励したが、スーパークリークにクビ差届かず2着に敗れた。

南井はレース後、素直に頭を下げた。

「直線坂下で2～3馬身は損した。悔しい。いつもより引っ掛かり気味に行くような面がなく、4コーナーで仕掛けた時も反応が今ひとつだった。でも、それは結果的に関係ないだろう。エンジンがかかった時に、ヤエノムテキに前に入られる形になったのが痛かった。勝てるレースを落としてしまった。すみません」

「勝てるレースを落とした」

その悔しさは南井の心のひだにこびりつき、拭いたくても拭えないものとなった。だが、すぐに汚名返上のチャンスが巡ってきた。天皇賞のレース後、南井は「ジャパンカップでは巻き返せます」と誓っていたが、ジャパンカップのまえに屈辱の天皇賞から3週間後のマイルチャンピオンシップにオグリキャップが出走することになったのだ。

オグリキャップは、前哨戦のスワンステークスを制していたバンブーメモリーを差し置いて単勝1・3倍の圧倒的支持を背負って臨んだ。

だが、前年6月のニュージーランドトロフィー4歳ステークス以来となるマイル戦の流れに戸惑ったのか思わぬ苦戦を強いられた。

ゲートが開いた瞬間、若干腰を落としてしまったオグリキャップは後方からのスタートとなった。南井がオグリキャップを促すように手綱をしごいて最内を通って徐々に進出していく。武豊が手綱を取るバンブーメモリーは、獲物を狙う猛獣のようにオグリキャップの背後にいる。

3コーナーで6番手まで上がっていたオグリキャップだが、南井の腕が動いている。前へと促して追わなければ後退するのは必至だった。対照的に、直後にいる武豊の手は微動だにしない。直線入り口でバンブーメモリーが絶好の手応えで外からオグリキャップをかわし、先頭に立とうとする。オグリキャップも必死に追走する。

最後の直線。2頭が後続を引き離したが、バンブーメモリーがリードを広げる。万事休す。レースを見ている誰もがそう思ったが、そこからがオグリキャップの真骨頂。内からジワジワと差を詰めていった。2頭の馬体が並んだところがゴールだった。フィニッシュライン直前の勢いで勝《まさ》っていたオグリキャップがハナ差だけ前に出ていた。

内にいる馬が外から楽な手応えでかわされると、競馬ではほぼ逆転は不可能だと思っていい。オグリキャップは、そうした常識をGⅠの舞台で打ち砕いた。常に全力を出し切って走るオグリキャップの類い稀な勝負根性がそうさせたといえる。

2023年秋、南井克巳さんは当時をこう述懐した。

「天皇賞を負けたのが本当に悔しくて、それで、また中2週で千六（のマイルチャンピオンシップを）使いに来て。あれでまた取りこぼしたら、もうあとはないなと思っていた。しまいぐっと伸びて勝って……。あれは本当、オグリに救われたわ。あれがなかったら俺の人生は狂ったかもしれなかった」

自分の人生を救ってくれたオグリキャップに感謝。それがマイルチャンピオンシップのレース後に見せた涙の真相だった。

オグリキャップの時は、天皇賞（秋）で「勝てるレースを落とした」が、名誉挽回のチャンスがすぐさま巡ってきた。しかし、ナリタブライアンの時は、結果的にその機会さえなかった。

「(汚名返上が) できなかったもんね。(その機会が) なかったもん。最後、それ (「勝てるレースを落とした」こと) で終わってしまったのは、やっぱり残念だね」

2023年秋、私は南井さんにこう尋ねた。

「もう一回、ナリタブライアンに乗ってみたかったという思いはありますか」

答えはこうだった。

「自分の足元が万全になってから、またブライアンに乗ってみたかったですね。それは間違いないね」

春の天皇賞を勝っていたら「勝てるレースを落とした」という事実はなく、「勝たなきゃいけないレース」を勝ったことでナリタブライアンと南井克巳のコンビは継続し、宝塚記念も制していたかもしれない。だが、それは「もし」という想像の世界の話。現実はナリタブライアンの手綱が南井に戻ることはなかった。

ナリタブライアン高松宮杯出走の真相

5月5日、大久保正陽はナリタブライアンを、2週間後の5月19日に行われる高松宮杯に登録した。前年まで7月初旬に芝2000メートルで実施されていた同レースは、この年からGⅠに昇格し、芝1200メートルのスプリント戦に生まれ変わっていた。

高松宮杯登録という事態を呑み込めない多くの報道陣はすぐさま、阪神競馬場にいる大久保に真意を尋ねに行った。

「登録しなくては使えない（出走できない）でしょう」

大久保が発したのは、そのひとことだけだった。前年、天皇賞（秋）に大久保がナリタブライアンを登録した際も報道陣は出走に半信半疑だったが、大久保は出走させた経緯がある。それを考えれば、この発言はゴーサインと受け取ってよかった。

そうはいっても、天皇賞（春）からスプリントGⅠへの転戦は極めて異例。かつてタケシバオーが1969年に3200メートルの天皇賞（春）を制したあと、その秋に行われた1200メートルのスプリンターズステークスを勝ったことがある。しかし、ナリタブライアンのように3200メートルを走ったその次のレースで、一気に2000メートルも距離を縮めてスプリント戦に出走することなど前代未聞だった。

しかも距離体系が確立されていないタケシバオーの時代とは違う。ナリタブライアンの時代には、スプリンターにはスプリンターの、中長距離馬には中長距離馬の番組があり、そのためのステップレースが用意されている。それなのに、なぜナリタブライアンを1200メートルのGIレースに出走させるのか。そこが最大の疑問として残された。

翌6日、武豊との再コンビで高松宮杯に臨むことを大久保は明言した。

「以前からブライアンはどんなレースにも対応できる馬と話してきたとおりです。それに宝塚記念を使うためにも高松宮杯を使うのがコンディションを維持していくためには理想的。正式な出否は来週に決定しますが、南井くんとも話をして他の騎手に声をかけました。（武豊は）昨秋のプレッシャーのなかで（GIに）騎乗してもらったお礼返しです。9日の稽古で武くんに乗ってもらうことになっています」

週刊ギャロップの記事によると、春の天皇賞が終わってすぐの4月下旬、ベテラン記者と大久保正陽の間にこんな会話が交わされたそうだ。

「間近のレースを使うため、順調に調整を進めています」

「安田記念ですか？」

「いや、安田記念は考えていません」

会話はそこで終わったという。

ベテラン記者が具体名として挙げた安田記念は、6月9日に行われる1600メートルのGIレース。ナリタブライアンが宝塚記念の前に出走するとしたら、定量の58キロで出走できるマイル戦だろうとベテラン記者が考えたのも当然だし、スプリント戦を思い浮かべることができなかったのも当たり前。もう一歩踏み込めなかったベテラン記者を責めることはできない。

高松宮杯での騎乗を大久保正陽の長男で調教助手を務める雅稔から依頼された武豊は、こう切り返したという。

「**今年から距離が変わったんですよ**」

「**もちろん知っとるよ**」

冗談交じりだったとはいえ、当惑ぶりが窺われるエピソードではないか。1200メートルのGIであることを承知して騎乗を依頼したことを確認するや、武豊は「よろしくお願いします」と快諾した。騎乗するのが、他ならぬナリタブライアンだったからだろう。当時、武豊はこう話していた。

「なんといってもブライアンですからね。それに阪神大賞典の最後の800メートル、2200メートルを走ってさらにあの時計（45秒8）で上がってくるんだから、この馬には計り知れないものがあります。たしかに責任重大だけど、僕はあの馬に乗せてもらえるだけでも嬉しい。だって、もう二度と乗れないと思っていましたから」

大久保正陽の宣言どおり、5月9日の調教で、ナリタブライアンの背中には武豊がいた。坂路で800メートル55秒7を馬なりでマークした。

「気分良く走らせることだけを考えたんですが、すごくいい動きでした。状態はかなりいいですよ」

パートナーの体調に太鼓判を押した武豊は、自らを納得させるようにこう言った。

「たしかに1200メートルは短いでしょうけど、能力の桁が違いますからね。大丈夫だと思ってますよ。（前回乗った阪神大賞典でも）以前と比べて少し掛かるようになった。でも今回に限っては、（短距離戦だけに）前が相当速くなるし、簡単には止まらないでしょうからね。むしろ掛かってもらわないと」

高松宮杯の週になると、スポーツ紙は当然、ナリタブライアンに関する記事にスペースを割いた。電撃戦と呼ばれる1200メートルに対応できるのか――それが最大のテーマだった。

サンケイスポーツでは、ナリタブライアンが出走した全20戦のラップを検証。そこから出した答えは、「瞬発力は文句なしだが、スプリント戦で求められる前半34秒5を切るダッシュ力に疑問符が付く。また、前半でハイペースについていけたとしても、息の入らないスプリント戦だけに後半の瞬発力につながるかは不明」だとした。

もちろん、擁護派もいた。穴予想の名文家で知られるサンケイスポーツ記者の佐藤洋一郎は「ナリタブライアンの筋力、傑出した心肺能力をもってすれば、1マイルでアゴの上がる一本調子のヒシアケボノを筆頭とする軽薄単調（?）なスピード馬は力でねじ伏せられる」と紙面に綴った。佐藤はレース当日、「その感動的とも言える復活と勇気ある挑戦への敬意を表して」

ナリタブライアンに対抗印の◯をつけた。

5月16日、高松宮杯に向けての本追い切りが行われた。栗東トレセンのウッドチップコースで、ナリタブライアンは1200メートル80秒7、鞍上からの肩ムチ一発でラスト200メートル12秒2をマークした。手綱を取った武豊が報告する。

「いい状態ですよ。様子を見ながら直線で追ってくれという指示でしたが、肩ムチ程度でいい伸びでしたから。満足しています」

状態そのものは文句なし。あとは、「1200メートルという距離にナリタブライアンが対応できるのか」。マスコミの関心もそこに集中していた。追い切り前日の武豊への質問もそこがメインだった。マスコミの取材攻勢に多くを語らない大久保正陽に代わるかのように武豊が思いを伝えた。

「だって、これだけ能力のある馬が、この距離でどれだけ走るか楽しみじゃないですか。開幕週の状態のいい馬場で、1分6秒台の日本レコードまで出そうな激しいレースになりそうですしね」

「短距離戦ではとにかくスタートが大事。これは当然です。まあ、ブライアンはスタートがいいから心配ないですよ。中京の1200メートルはスタートしてからの直線が（487メートルと）長く、枠の有利不利がないから乗りやすい。ラストの直線が長いので、うまく中団につけてね。そこから先はお楽しみです」

「正直言って、3200メートルから1200メートルへの距離短縮なんて、わからない部分もあるけど……。でも、絶対能力が違いますから。大丈夫だと思います」

賛否両論が渦巻いた高松宮杯の当日、僕は競馬場にいなかった。その日は休みをもらって高校時代の友人の結婚式に出席していた。レースは披露宴に出席している時に行われたので、テレビの生中継すら見ることができなかった。あとで4着に敗れたと知った時の感想は「やっぱり」で驚きはなかった。事実、サンケイスポーツで発表した予想で、僕はナリタブライアンを無印にしていたからだ。

その後、録画していたビデオでレースを見た。

スリーコースが逃げ、フラワーパークが2番手につけてレースは進む。ナリタブライアンは抜群のスタートを切ったもののスプリンターの猛者《もさ》たちのダッシュ力に敵わず後方から4番手の位置で競馬をすることになった。ただ、流れには乗っているようで、武豊は無理に押して前につけようとはしていない。

だが、勝負どころでも前との差はまったく縮まらない。ペースが上がってからの武豊の手は動きっぱなしとなった。3、4コーナーの中間点で先頭に立ったフラワーパークは馬なり。鞍上にいる田原成貴の手はまったく動いていない。直線に入ってようやく追い出されたフラワーパークは、力強い脚取りで後続を突き放していく。

一方、ナリタブライアンは？　外を回したら絶対に届かないと判断したのか、内を通って直線を向くと、そのまま馬群の間を割って脚を伸ばしてきた。だが、時すでに遅し。フラワーパークの脚いろはそれ以上だった。先頭との差はまるで詰まることなく、ナリタブライアンは4着でゴール板を駆け抜けた。

ナリタブライアンの前半600メートルの通過タイムは34秒0。スプリント戦で求められる前半34秒5を切るダッシュ力は見せたが、ラスト600メートルのタイムは、2着のビコーペガサスと同じ34秒2。長距離戦で繰り出してきた33秒台の瞬発力を見せることはできなかった。息の入らないスプリント戦だけに後半の瞬発力につながらなかったといえる。

勝ったフラワーパークは、4コーナーで先頭に立ちながらメンバー最速の末脚（34秒1）を使った。前半で自身の持つ卓越したスピードを生かして先行し、後半もスピードを持続させる。まさに短距離のスペシャリストの勝ち方の見本を見せつけた。これではさすがのナリタブライアンも勝てない。

レース直後、武豊はこう振り返った。

「駄目だったですね。周りが言っていたほどついていけないなんてことはなかったけど、好スタートを切れて（道中3番手を進み1番人気で3着だった）ヒシアケボノの後ろくらいにつけられると思ったら、外から一気に来られてしまって……。枠順のせいにはしたくないけど、内枠で（上位に）来ているのは僕の馬ぐらいですから。今日は力を出し切れませんでした」

外枠からの発走だったら邪魔されずに取りたかった位置でレースを進められたかもしれないが、狙った場所に他馬に入られてしまったのは、ナリタブライアンに速い流れに乗れる脚がなかったからとも言える。「オールマイティーの馬をつくりたい」と大久保はかつて語っていたが、距離体系が確立し、距離ごとにスペシャリストが幅を利かせるようになった時代にそれを求めるのは酷だった。だが、大久保正陽は、現実から目を背けるようにこう言った。

「残念ではないよ。十分盛り上げたでしょ。らしさを見せてくれたし、納得のいくレースです。展開や位置取りでジョッキーも苦労したんじゃないかな」

「納得のいく」とは、まるで「ここはひと叩き。本番は次回の宝塚記念」と言っているかのようだった。そのように思ったのは僕だけではないだろう。

ナリタブライアンは、このレースで１４００万円の賞金を獲得。これで総獲得賞金は10億２６９１万６０００円となり、メジロマックイーンの10億１４６５万７７００円を抜いて国内並びに世界の賞金王となった。

南井克巳も、この高松宮杯に騎乗していた。先約のあったエイシンミズリーの手綱を取って最下位13着に終わった。ナリタブライアンの結果を彼はどう見て、どう思っていたのか。２０

23年秋に振り返ってもらった。

「かわいそうだと思いますよ。値打ちを下げちゃったね。ああいう偉大な馬は、最後までやっぱりちゃんとしなきゃ。最後は肝心ですよ」

——結局は人間が決めることですからね。馬は自分で価値を決められないので

「そう」

——人間が責任を持って馬のために考えてあげないといけない、ということですよね。だから、もし南井さんがナリタブライアンを預かっていたら高松宮杯には……

「使ってないって。こんなことはしない」

——高松宮杯にナリタブライアンが出走すると陣営に聞かされた時は

「『えー!?』と思いましたね」

——南井さんが乗れなかったのは……

「もう武豊で行くようなことを言ってたんじゃないの」

——そうなんですね

「うん」

——それはつまり降ろされた……

「降ろされた。降ろされたと思うよ、完璧に。こんな（レースを）使うんだもの」

南井さんの口から初めて出た告白に疑問が氷解していった。

天皇賞（春）で2着に敗れたあと、大久保正陽が南井克巳の騎乗に対して激怒しているという話がどこからともなく流れてきた。

調教師は南井を降ろしたがっているという噂も運ばれてきた。

南井克巳で臨むことになっていた既定路線の宝塚記念で武豊への乗り替わりを選択すれば、南井を降板させたことが明白となる。**そう思わせないための奇手が高松宮杯への出走だった。**南井にエイシンミズリーに騎乗するという先約があれば、武豊への騎乗依頼も「お礼返し」で通る。南井の名誉を傷つけることもなく、武豊はもちろんのこと大久保自身も悪者にならず円満に降板、乗り替わりが実現する——と。

大久保正陽は当時から武豊に絶大な信頼を寄せていた。1993年春に大久保を取材した際、23歳の武豊を「彼はベテランだから何も言う必要はない」と話していた。武豊は当時、その年の桜花賞でベガに騎乗して早くも12個目となるJRAのGⅠタイトルを獲得していたものの、プロになってまだ7年目。若き天才騎手に、57歳の調教師が「ベテラン」と呼んだことに僕は驚いていた。その直後、武豊は大久保の管理馬であるナリタタイシンを駆って皐月賞を制したことで、なるほどと納得したものだ。

「南井克巳を降ろすのであれば、手綱を任せられるのは武豊しかいない」

そんな大久保の思いが、30年近くの時を経て初めて理解できたような気がする。

とはいえ、たった一度の失敗で、それまでナリタブライアンと固い絆で結ばれてきた南井を主戦から降ろすのはいかがなものか。もしかすると大久保は南井について、大怪我をするまえのような騎乗はもう望めないと見切りをつけたのかもしれない。ただ、そうであったとしても、オグリキャップの時に調教師の瀬戸口勉《つとむ》がしたように、名誉挽回の機会を与えてもよかったのではないだろうか。

「替わるんだったら、この辺で替わっとけばよかったんだよ」

2023年秋のロングインタビューの際、南井克巳さんはそう言って、自身が復帰するまえのレースを指さした。阪神大賞典まで3戦続けてナリタブライアンの手綱を取った武豊がその後も乗り続けるべきだったと言うように――。

「ここまで来て、ここで替わることもないと思うんだけど」

――そうですよね

「馬（ナリタブライアン）に対してもね、やっぱりここでこんなとこを使ってね。まあ、ファンは楽しみにしていたかわからないけど。でもね。それ（出走するレースの選択）はもう先生の考えだし、オーナーの考えだし。私にはわからないけど。本当に昔からよく知っている方ですし、世話になったし、僕もよく乗せてもらったけど。でも、これだけはちょっと……。やっぱり、そこまでする必要があったのかな、と。僕が（天皇賞で）負けたのが悪いんだけどね」
――そうですか
「うん、それが（ナリタブライアンが高松宮杯に出走した）原因だと思います。僕が負けたのが原因でそうなったから、馬のために申し訳ない。だけど、やっぱり可哀想だよね。こんな強い馬をこういうとこ（高松宮杯）に使ったらね」
――そうですよね
「うん。可哀想だわ、やっぱり」
――結局はそれで……
「うん、終わったでしょ」
――終わっちゃいましたからね
「終わった。可哀想だわ」
ふたりきりの調教スタンドは暫し沈黙が支配した。

屈腱炎発症、引退、そして種牡馬入りへ

高松宮杯からちょうど1カ月後の6月19日、衝撃のニュースが競馬界を駆け巡った。ナリタブライアンが屈腱炎を発症したことが明らかになったのだ。

屈腱炎とは、上腕骨と肘節骨をつなぐ腱（屈腱）の腱繊維が一部断裂して発熱と腫れを起こすこと。馬の前脚の屈腱はバネの役割を担っており、伸縮することで走る時にスナップを利かせたり、着地の衝撃を和らげたりする働きをする。人間のアキレス腱と同じような役割を果たしており、馬は腱にたまったエネルギーを上手に使って効率良く走っている。そのため、屈腱炎を発症すると思い切り走るのは困難で、能力を十全に発揮することができなくなる。生死にかかわるものではないが、完治するのは難しいことから「不治の病」と言われている。ナリタブライアンの兄ビワハヤヒデも引退に追い込まれた病だ。

関係者がナリタブライアンの異変に気づいたのは、全休日明けの6月18日の早朝だった。栗東トレセンにある大久保正陽厩舎の馬房からナリタブライアンを引き出すと、わずかに右前脚を気にするそぶりを見せた。脚が少し腫れていた。この日は角馬場での軽い調整にとどめて様子を見たが、19日の朝になると熱も持ったため、栗東トレセン診療所で検査したところ屈腱炎と診断された。

「ガクッときた。宝塚記念を控えての矢先のこと。本当にショックだった」

大久保はそう言って、馬主の山路秀則に報告、了承を得た上で長期休養することを明らかにした。それは現役を続行して再起を目指すということだ。

「無事にいけば有馬記念を最後に引退するはずだった。しかし状況が変わった。年内は難しいかもしれないが、復帰に全力を傾け、種牡馬入りする前にもう一度、なんとか大きなレース（GⅠ）を勝たせてやりたい」

ナリタブライアンの症状は、栗東トレセン診療所の所長いわく「屈腱炎としては重くも軽くもない普通程度の症状」ということから大久保は復帰を目指すことを決めたという。

ナリタブライアン屈腱炎のニュースを聞いて、高松宮杯のレース直後にテレビ中継で語った競馬評論家・大川慶次郎の予言めいた言葉を思い出したファンも多かったろう。

「あとは無事だといいなあ……。馬を無理させたことで故障したりすることがあるんですよ。股関節（の故障）をやってますからね。ちょっと心配ですけども……」

ある獣医師は「レースが原因だとすれば、1週間以内に判明するもの」と、高松宮杯出走と屈腱炎発症の因果関係を否定するが、詳しい原因は断定できない。

大久保正陽がいくら「復帰を目指す」と言っても、屈腱炎によって引退を余儀なくされた競走馬は数知れない。

完治することはまずない。「幹細胞移植」という手術もあるが、これにしても劇的に良くなることはなく、患部に負担をかけずに時間をかけて養生《ようじょう》するしかない。たとえ復帰したとしても、走っている時に最も体重がかかる場所だけに、全力で走れば走るほど再発する可能性は高い。当然、卓越した能力を持つ馬ほど再発の不安が大きくなる。再発すれば一からやり直し。それだけに、種牡馬として大きな期待をかけられる競走馬ほど「屈腱炎イコール引退」というケースが多い。発表翌日のスポーツ紙には「屈腱炎」「長期休養」と並んで「引退の危機」の大きな見出しが躍ったのは、そのためだ。

シンボリルドルフ以来の三冠馬であるナリタブライアンには、種牡馬として大きな価値がある。股関節炎を発症後はGIレースを勝てなかったが、阪神大賞典でマヤノトップガンとの一騎打ちを制したことで、後世まで語り継がれるであろう伝説も作ることができた。

重ねて言うが、屈腱炎が完治することはない。股関節炎から復帰後の戦績を見れば、長期にわたることが確実な休養後に復帰したとしても再びGIを勝てる見込みは低い。復帰を目指している間に種牡馬としての価値は下がっていく。種牡馬入りを望む声が大きい今こそが、種牡馬としての売り時であるのは明らかである。大久保正陽がいくら現役続行に固執しても、周囲が引退へ向けて動き出すのは明白だった。それがいつ表面化するか——あとはそれだけだった。

ナリタブライアンは6月29日に函館競馬場に入った。温泉施設のあるここで患部の治療に努めるためだった。8月28日には生まれ故郷の早田牧場新冠支場へ移った。

最初に引退報道が出たのは9月19日だった。日刊スポーツが「引退決定」と報じた。他のスポーツ紙から真偽を聞かれた大久保正陽はこれを否定したが、オーナーの山路秀則が読売新聞の取材に認めた。それでも大久保は頑なに否定し、現役続行にこだわった。

大久保から引退が正式に発表されたのは10月10日だった。その前日には、国内産競走馬として史上最高額の20億7000万円のシンジケート（1株3450万円×60株）が組まれ、生産者の早田光一郎が経営するCBスタッドで種牡馬入りすることが決まっていた。

「まだ現役を続けてターフに復帰させたいという気持ちは残っているが、（故障や事故の可能性のある）危険なレースよりも今後のブライアンのためには種牡馬が一番の選択と考え、7日の四者会談で引退を決めた」

押し切られた格好の大久保正陽は、引退会見でそう言うのが精いっぱいだった。

大久保がなぜここまで現役続行に固執したのか、鬼籍に入った今となってはわからないが、大久保には大久保なりの信念があったのだろう。ひとつ言えるのは、**当時は調教師が大きな権限を持っていたということだ**。片や山路秀則は、今やほぼ絶滅してしまった「カネは出すけど口は出さない」という、いわゆる「お大尽《だいじん》オーナー」だったといえる。

それゆえに大久保は、結果的に時期尚早だった天皇賞（秋）で復帰させたり、天皇賞（春）

から高松宮杯参戦という奇手を使ったりという、〝信念という名のエゴ〟を通すことができたのではないだろうか。それが競走馬にとって幸福かどうかはわからないが、少なくとも２０２０年代では、大久保の選択は非常識だとして当時以上に批判を浴びるだろう。

ナリタブライアンと好対照といえるのがイクイノックス。ナリタブライアンは人間のエゴによって引退のタイミングを引き延ばされたが、イクイノックスは同じ人間のエゴでも逆に余力があるうちに早めに引退することになったからだ。

２０２２年に天皇賞（秋）と有馬記念のＧⅠを連勝したイクイノックスは、翌23年の初戦に選んだドバイシーマクラシックで先手を奪うと、世界の強豪たちを寄せ付けず圧勝した。これによって、競走馬の能力を数値化したレーティングで世界ランキング１位となったイクイノックスは、その後も宝塚記念、天皇賞（秋）、ジャパンカップを制した。総獲得賞金は22億１５４４万６１００円となり、アーモンドアイの19億円超を抜いて国内歴代トップに立った。

天皇賞（秋）の走破タイムは１分55秒２。従来の記録を０秒９も上回るＪＲＡレコードだった。競馬のタイムには公式の世界記録というのはないが、２０００メートルでは１９９９年９月26日にチリの３歳ＧⅠレースで牝馬のクリスタルハウスがマークした１分55秒４を上回る世界最速だった。

ここで動いたのが、イクイノックスを生産したノーザンファームだった。その代表の吉田勝己は、1分55秒2という驚異的な走破タイムに驚くとともに恐怖を感じていた。速く走れば走るほど能力の高さを誇示できるが、その半面、スピードに追い付かず肉体が悲鳴を上げる可能性がある。つまり、一歩間違えば大きな故障を起こしかねない。天皇賞（秋）を制した時点でもイクイノックスのランキングは世界1位。最悪の事態が起きる前に種牡馬入りさせたい――そう願うのは当然だった。

イクイノックスは、ノーザンファームグループが運営するシルクレーシングの所有馬。それだけにノーザンファーム代表の吉田勝己が、社台ファーム代表の吉田照哉《てるや》（勝己の兄）、追分《おいわけ》ファーム代表の吉田晴哉《はるや》（ふたりの弟）とともに運営する社台スタリオンステーションで種牡馬入りすることは既定路線だった。

天皇賞（秋）の次走であり、２０２３年の大目標に設定されていたジャパンカップをもって現役引退が決まった。ジャパンカップを制覇すれば、国内賞金王となり、さらに同じ年のドバイシーマクラシックを勝っていたことから２００万ドル（約3億円）の褒賞金を獲得できる。イクイノックスは、思惑どおりジャパンカップを制し、年間世界ランキング1位のまま種牡馬入りした。種牡馬としての評価額は60億円規模だった（出資会員へ分配する総額は、維持費や莫大な保険金を引いた50億円だったそうだ）。

余力のあるうちに引退したイクイノックスについて、２０２２年2月末に調教師を定年引退

▲東京競馬場で盛大に行われたナリタブライアンの引退式

した藤沢和雄はこう語っている。

「これだけ素晴らしい競走成績を挙げ、すごく貴重な血統だけに、ジャパンカップを最後に引退して種牡馬入りさせたのは当然です。競馬は『もう一回使っても変わらないじゃないか』ではないんですよ。もっとイクイノックスの走りを見たかったというファンの気持ちはわかるけど、一回でも多く走らせるほど故障のリスクは高くなる。素晴らしい競走成績を残した素晴らしい血統の馬を無事に引退させるのがオーナーや調教師の仕事。貴重な馬を無事に引退させて牧場に戻す。これこそ、我々ホースマンが大事にすべきことです。引退する馬に『自分よりもっといい子をつくってくれるだろう』と思ってやることがすごく大事なんです」

屈腱炎になっても現役を続行させようとしたナリタブライアン陣営と、余力を残して元気なまま種牡馬入りさせたイクイノックス陣営。時代が違うと言われてしまえばそれまでだが、2頭の名馬のうちどちらが人間のエゴによって翻弄されたかは語るまでもない。

消えた天才ジョッキー・田原成貴との対面

外側から見ている人のほうが当事者よりも客観的に状況や物事を判断できるという「岡目八目《おかめはちもく》」という言葉がある。「他人の正目《まさめ》」とも言う。2023年暮れに取材を依頼したひとりは、ナリタブライアンを語る上で、まさに岡目八目だと思ってのことだった。だが、取材に応じてくれるのかどうかが心配だった。その人物とは、元騎手の田原成貴だから。

彼が2001年に競馬界を去ってから、その名前は、過去の記事を読んだり過去の映像を見たりする時以外では、彼が事件を起こしてニュースになった時くらいだった。「もう二度と取材をすることはないだろう」とも思っていた。だから競馬界を去ってからの彼の足跡については関心がなかった。ところが、2020年に東京スポーツの専属解説者となったことで私の心境は変わった。

東スポでは競馬の予想や予想記事の執筆、YouTubeの「東スポレースチャンネル」の出演やボートレース振興会の仕事、地方競馬の展開予想など多岐にわたっている。2022年の有馬記念の展開予想は67万回も視聴されているので、競馬ユーチューバーとしてはトップランクの人気を博している。

同じマスコミ側の人間となって活躍しているだけに、「いつか再会する機会があるかもしれない」と思っていた。

私が所属するサンケイスポーツは、騎手そして調教師だった田原成貴の言動に批判的だったため、私が競馬担当になるまえから彼とは確執があった。だが私自身は、彼と懇意にしている複数の生産者と親しかったことで個人的に友好関係を築いていた。

彼が主戦を務めるマヤノトップガンの話を聞くために彼の師匠である谷八郎の厩舎を単独で訪ねた際、デビュー後に目覚ましい活躍を見せていた福永祐一がやってきて田原成貴に頭を下げて教えを請うた姿も目撃している。

ナリタブライアンのノンフィクション本を出すことが決まってから、当事者以外に話を聞くとしたら彼しかいないと思っていた。なぜなら、ナリタブライアンに先着した騎手は彼を含めて24人おり（とはいえ、その大半はナリタブライアンが本格化するまえの2歳時か、股関節炎から復帰初戦の1995年秋の天皇賞でのもの）、複数回先着した騎手も4人いるが、ナリタブライアンに2度も勝ったのは田原成貴だけだから。しかも頭が良くて弁も立つ。これ以上の適任者はいない、と。

そうはいっても、騎手と記者として友好関係を築いていた当時とは違うし、何より30年近く音信不通である。取材のオファーを受け入れてくれるのか。しかし、東京スポーツの知人を介して取材依頼を出すと、拍子抜けするくらいあっさりとOKが出た。

東スポの知人から「あとは直接、本人と話してください」と、現在の携帯電話の番号を伝えられ、電話をかける時は緊張した。30年ほどまえ、彼のマスコミ（特に毎週のようにトレセンへ取材に来るスポーツ紙の記者）への対応はだいたいぶっきらぼうで、それは私に対しても例外ではなかったからだ。饒舌《じょうぜつ》な時のほうが多いのだが、気分屋だけに不用意な発言をすれば取材を打ち切ることもあり（なかにはもっと面倒な騎手もいたが）、尖《とが》った彼へは慎重に言葉を選んで取材していた。

高鳴る自分の胸の鼓動を聞きながら、教えてもらったばかりの電話番号をスマホに入力した。

「鈴木さん、久しぶりですね。いつ以来になるのかな」

電話口から忘れようもない懐かしい声が聞こえてきた。ただ、その語り口がマイルドで丁寧なのが30年前とは違っていた。

田原成貴が語るナリタブライアン

都ホテル京都八条で再会した田原成貴さんの姿は、記憶とほぼ変わりなく若々しかった。髪は黒々とし、歩く姿も若々しく、65歳になったとは思えない。再会までの長い月日を感じさせるのは、目じりに刻まれた皺《しわ》ぐらいだった。

「鈴木さん、それならそうと事前に言っておいてよ。そうならネクタイを締めてきたのに。これは鈴木さんの失敗だよ」

この日、田原さんから苦言を言われたのは、スマホのカメラで恐縮だが写真を撮りたいとお願いした時だけだった。実は事前に話して拒否されるよりは当日にお願いするほうが応じてくれる可能性があると思って言い出せなかったのだった（実際は写真撮影にも応じてくれたし、掲載も了承してくれた）。

「今は楽しく仕事をしていますよ。もう、そんなに大したお金もいらないし、ゆっくり生活できればいいから」

ロビーラウンジのソファに座った田原さんの見た目は30年前とほとんど同じだが、実際に会って話した印象はすっかり変わっていた。電話口で感じたように柔和になっていた。変化の理由を彼はこう語った。

「東スポと専属契約するまでの会社勤めが大きいですね」

そして、こう続けた。

「なかなか厳しかったですよ、一般社会は。でも、競馬の社会にすぐに戻らなくてよかったですよ。一般社会の大変さがわかったから。競馬学校でも、僕みたいな性格の子は1カ月か2カ月、一般社会でバイトなど研修をさせたほうがいいと思いますね。そうしたら世の中がよくわかる。僕らの頃は、今のような教育機関の競馬学校ではなく、馬事公苑の講習生。競馬会に所属しているのか厩舎に所属しているのかわからない、身分があやふやな状態で教育も行き届かなかった。若くして騎手試験に合格して右も左もわからないでポンと馬に乗って、ちょっと成功したらいきなり大人の世界に入り込んじゃう。だから、そのまえに社会勉強を絶対にしてお

▲“天才”と呼ばれた当時の雰囲気そのままに私の前に現れた田原成貴

いたほうがいい。僕なんか社会勉強をしたのは五十を過ぎてからですよ」

決して見下しているわけではないが、僕は社会の中で更生された「新しい田原成貴」に会っているようだった。

彼の今を伝えるのはこの本の本筋ではない。ナリタブライアンとの対戦で最も勝利を収めた男が、一流騎手としてナリタブライアンをどのように捉えていたのかを知りたい。それが本題。だからこそ、私は京都まで足を運んで彼と話しているのだ。

初めてナリタブライアンと対戦したレースを田原さんは覚えていなかった。

「いやあ、どれだろうね。どれって覚えてないね。下準備を全然しなくて。それが自然だと思って」

今回の取材に臨む田原さんのスタンスがわかった。このインタビューをまったくの自然体で臨み、聞かれた瞬間に当時に戻ろうとしているのだ。

初めてナリタブライアンと対戦したのは、1993年のデイリー杯3歳ステークスだった。11番人気のサムソンビッグに騎乗して14着。ナリタブライアンは2番人気で3着に敗れ、勝ったのはボディーガードだった。

「勝ち馬を言われると思い出しますね。ナリタブライアンは、いい馬だと思いましたよ。『走るだろうな』とは思いました。ただ、実際は間近で見ただけだから……。デイリー杯に来るまでに何勝してたかな？」

デビュー2戦目の新馬戦と4戦目のきんもくせい特別の2勝と伝えた。

「2回目の新馬戦がすごく強かったんじゃなかったかな？　『強いなあ』と思いましたよ。ただ、それをどこで見たのかはもう覚えていませんね。あとで（レースの映像を見て）そう思ったのか……。2着に負けた（デビュー戦の）競馬でも、そんなに悪い競馬じゃなかったんですよ、たしか」

次に対戦したのは京都新聞杯。7番人気のバンブーフェリーニに騎乗して10着だった。勝ったのはスターマン。

「スターマンね。そうそう、覚えてる。（バンブーフェリーニは）ナリタブライアンをどうのこうのとか意識するのではなく、自分の競馬に徹してどれだけ前（の着順）に来られるかという馬だった。『潰しにいって』『負かしにいって』と思えないほど当時のナリタブライアンというのは一番いい時だったじゃないですか。ダービーや皐月賞を見ていたら、僕のバンブーフェリーニでは歯が立たないと思っていたので、『隙あらば、影が踏める辺りまで来られれば凄い』と思っていたくらいですよ。ホントに、何をやっても太刀打ちできないというのが正直な気持ちでしたね。だからといって最初から諦めていたわけじゃないけど……」

その京都新聞杯で、ナリタブライアンは2着に敗れた。

「圧倒的人気でしょ？　負けるなんて思っていなかったですね。なかなか単勝オッズが1・0倍になんかにならないですよ。（敗因は）南井さんにしかわからないと思うんだけど、逆に『なんで負けたのかな』って思っちゃったよ。馬体を見て仕上げもそんなに悪くなかったし、あっさり負けたという感じやったしねえ。ただ、やっぱり負けたのはダービー以来のぶん、仕上がり途上だったよね。後ろから見ていたけど、思い出せば鈍かったよ。反応というか動きが……。夏にいろいろあったかはわからないけど、間に合ったという感じかもしれないね」

クラシックで唯一、ナリタブライアンと対戦したのは菊花賞だった。この時もバンブーフェリーニに騎乗していた。

「菊花賞は返し馬を見た段階で良かったよ。京都新聞杯とは違うな、と。何か発散するオーラというか……。京都新聞杯の時は、菊花賞と比べると馬体がボコッとしていた感じでしたね。内面ができていなかったのと違うかな。京都（新聞杯）と菊（花賞）では反応が全然違った。早めに先頭に立っても他の馬とは別次元の競馬だったもの。（バンブーフェリーニは）全然、話にならなかった。『対戦』までいかなかったね。『参加した』というだけ。頭数合わせじゃないですけど……。この時は圧倒的に強かったよね、3歳の時のナリタブライアンは……。うん。今思うと、京都新聞杯は負けたけど、他の馬だったら惨敗ぐらいのデキだったかもしれないですね。それでもあれだけ走っているんだから」

　3度目に対戦したのは翌1995年の阪神大賞典だった。この時はカシノエタニティに騎乗して8着だった。

「強かったよね。そこから何があったの？」

　ナリタブライアンは天皇賞（春）へ向かう途中、股関節炎を発症して長期休養を余儀なくされた。当事者ではないので、覚えていないのも当然だろう。

「そこからナリタブライアンじゃなくなったよね。極端なことを言うと。（それまでは）強かったね。菊花賞、有馬記念、阪神大賞典までは無敵だったよね。強い馬が本当に本格化したという感じだよね。『さあ、どれだけここから勝つんだろうか』と思ったけど、やっぱり好事魔多しかな。あそこ（股関節炎）からいろいろあったけど、そのあとでもあれだけの競馬をするのだから強いのは強いよね。ただ、ナリタブライアンを語る上では95年の阪神大賞典までだね」

「ナリタブライアンじゃなくなった」というのは「本当のナリタブライアンじゃなくなった」という意味かと聞くと、次のように言葉をつないだ。

「そうそう『本当の』ナリタブライアンじゃなくなった。やっぱり、フットワークから何から迫力がなくなったよね。ダービーや菊花賞や有馬記念は唸っていたものね」

　もし股関節炎を発症しなければ、1995年の競馬シーンは変わっていたのだろうか。

「変わっているよ。ナリタブライアン一色でしょう。（股関節炎後にナリタブライアンが先着

を許した出走馬を見て）これらには本調子では負けなかったでしょう。股関節炎がなくて順調だったら無敵だと思いますよ。よほど仕上がり途上で使わない限りは」

股関節炎から復帰後のナリタブライアンを田原さんは外から見てどう思っていたのだろうか。

「やっぱり『苦労してるんやろな』と。仕上げに、というか（患部が）痛いんだろうなと思いましたよ。本当じゃないな、と。だって、あんな走りじゃないもの。たぶん南井さんは依頼されているほうだから言えなかっただろうけど『本当じゃないな』と思っていたと思いますよ」

主戦騎手はナリタブライアンの復帰直前にゲート内の事故で大怪我をして、ナリタブライアンと入れ替わるように長期休養を余儀なくされた。

「そうか。（その秋の騎乗は）的場さんと武豊くんか。的場さんは悪い時に乗ったと思うよ。たぶんね、たぶんだけどね、馬主さんによるけど、今だったら引退させているかもわかんない。ただ、あの頃（1990年代初頭）の競馬だからね。でも、本当のナリタブライアンじゃなかったね。可哀想だったよ、ちょっと。フットワークが全然違うもん。単純に言えば、一完歩6メートル跳べる馬が5メートル半しか跳べなくなっていたようなもの。全然、弾《はず》んでなかったもの。あの状態で翌年、ちょっとだけ立ち直って、阪神大賞典でマヤノトップガンとのデッドヒートに勝って、天皇賞で2着に来るんだから、やっぱり能力はあったんだよね、ほんとに。それでもいい状態では決してなかったですよ。阪神大賞典の時に、俺はナメてたの」

伝説の96年阪神大賞典を田原成貴が回顧する

いきなり話が核心に迫ろうとしたので、私は身構えた。目の前にいる田原さんの目の色、そして語り口が変わっていた。30年前の田原成貴に戻っているかのようだった。

「やっぱり勝負事はナメちゃいけないよね。競馬を結果論で語るなという人が多いけど、結果論で語らないといけないところがある。負けたほうとしては『こうしていれば勝ったな』という思いがあるから」

阪神大賞典のあとで、田原さんはマヤノトップガンを管理する坂口正大調教師から「実は急仕上げやった」と言われたという。

「大阪杯（3月31日）に使う予定を阪神大賞典（3月9日）にしてもらったのは僕。馬主さん（田所祐）に『天皇賞を使うんだったら、今のトップガンは引っ掛かるから2000メートル（の大阪杯）を使ったあとの3200メートルはつらい。当時の大阪杯はGⅠじゃなかったからね。GⅠだったら逆に2000メートルのほうが競馬をしやすいから大阪杯に行きましょうと言っていたと思うけど……。でも、GⅠじゃないし、2000メートルのあとの3200メートルではより引っ掛かる。『天皇賞を勝つんだったら阪神大賞典を使ってくれ』とお願いしたんですよ」

阪神大賞典の最終追い切りに乗った時の感触は、年度代表馬のタイトルを決定づけた有馬記念を制した時と同じくらいと思うほど良かった。

「返し馬も良かったし……。『よし、これやったら早めに突き放したら、本調子ではないブライアンは追いついてこられないだろう』と。それでちょっと早めに（仕掛けて）いったんですよ。でもちょっと差された。差されたということは、ちょっと仕掛けが早かったということ。すごく悔やんでますよ」

レースが終わってから、坂口調教師の口から出たのが「ちょっと急仕上げだった」という言葉だった。

「急仕上げだったら、もっと僕は（仕掛けどころを）我慢していた。急仕上げプラス俺が強気の競馬をしたぶん、最後のクビ差（負け）になった。マヤノトップガンの全能力を発揮すれば、俺がスパートしたところからでもゴールまでもつと思ったんですよ。（でも）ちょっと止まったということは、僕の仕掛けが早いということなんです。坂口先生のいう『急仕上げ』と僕の強気の競馬。両方マイナスでしたよね。だから、急仕上げでなければ勝っていたと思いますよ。あの仕掛けでいっても。トップガンが90の仕上がりなら今のブライアンだったら追いつけないと思ったんですよ」

田原さんは僕の質問を待たずに続けた。

「結果論で言うと『ナメたのかな。強気すぎたかな』と。強気すぎたぶん、仕掛けが早くなった。止まったのは仕掛けが早かったから。仕掛けが早いといっても、ひと呼吸かふた呼吸ですよ。ふた呼吸早かったな、と思う。僕のミスです。ただ、昔のブライアンだったら、3馬身くらい（マヤノトップガンを）かわしていたのかもしれない」

田原さんはその時、有馬記念で抱いた思いを再認識したという。

「ブライアンは終わったな、と」

有馬記念でナリタブライアンは絶好の手応えで直線を向き、逃げるマヤノトップガンに襲いかかる態勢でいた。ところが、三冠を制した時のように伸びない。

「グアーンと外から来たんですよ。ターフビジョンに（直線でのブライアンが）チラッと見えて、こう思った。『グアーンと来て、4コーナーで終わった』と。本当はグアーンと来てグアーンと伸びる馬だけど。あとでビデオを見返すなどして『ブライアンは終わったな』と。『終わった』と言っても、他の馬からしたら能力は高いけど、**『本当のブライアンではないな』と。**その思いがあるから余計に阪神大賞典（での慢心）につながった。だから天皇賞で2着に来た時は驚いたよね。よく2着に来たよね。『いやあ、やっぱりこの馬は能力があるんだな』と」

天皇賞でのナリタブライアンは、直線入り口でマヤノトップガンを潰しにいった。

「マヤノトップガンは引っ掛かったよね。掛かった。阪神大賞典を急仕上げで走った反動もあって、馬がエキサイトして全然、折り合いがつかなかった。その時、思いましたね。『先行策ではトップガンはもう勝てないな』って。特に長い距離では、と」

余談になるが、その思いが、マヤノトップガンとのコンビで後方一気の競馬で制した翌年の天皇賞（春）につながったのは言うまでもない。

「天皇賞でのナリタブライアンは少し仕掛けが早かったんじゃないかな。南井さんは全盛期のブライアンの乗り方をしたよね。股関節を痛めるまえのブライアンならあの仕掛けでよかったんだろうけど。それでも2着に来たように『やっぱり能力があるんだ。絶好調でないのに、やっぱり走る馬なんだな』と思った。だからびっくりしましたよ。内在する能力の差を感じたね。故障もその馬の競走成績に含まれるものだけど、改めてそれを感じた。それでも、皐月賞から1995年の阪神大賞典までの走りからしたら、96年の天皇賞は、こんな言い方をするのは悪いけど、3・5速ですよ。**4速でなくて3・5速で走っているようなもんですよ**」

ゴールまでの約600メートルを2頭が併走した阪神大賞典は〝伝説のレース〟として語り継がれている。だが、田原さんは「**名勝負とは言えない**」とも語る。実際、私も当時、栗東トレーニングセンターの調教スタンドで彼が「あんなのはマッチレースじゃない。本当のマッチレースは、テンポイントとトウショウボーイによる有馬記念だ」と報道陣に熱く語っていたのをよく覚えている。

「決してあのレースにケチをつけているわけじゃない。でも、テンポイントとトウショウボーイの有馬記念を見ているから。１９７７年の有馬記念で、テンポイントとトウショウボーイはスタートからゴールまで一騎打ちを演じている。『あれが本当のマッチレースだろう』と言っているわけです。ナリタブライアンと、有馬記念を逃げ切ったマヤノトップガンによる名勝負と言われるのは、負けた側としても非常に嬉しいですよ。後世まで語り継がれるというのは」

それでも、こういうレース自体はよくあるものだと田原さんは言う。

「600メートルくらい2頭で後続を引き離して併走するというのは未勝利戦でだってあるでしょう。2勝クラスでも3勝クラスでもそういうことはいくらでもあります。それがナリタブライアンとマヤノトップガンだったから、野球でいえば阪神の村山（実《みのる》）さんが投げて、巨人の長嶋（茂雄）さんがサヨナラ本塁打を打った天覧試合みたいだから名勝負と言われるようになった。名勝負には必ず2着馬がいるじゃないですか。逆に（全盛期の）ブライアンのように7馬身も突き放したら名勝負とは言われない。ケチをつけているわけじゃない。よくあるレースなんですよ。勝負的には未勝利戦でもよくあります」

１９７７年の有馬記念は、そうした「よくあるレース」ではなかった。

「トウショウボーイとテンポイントはスタートからゴールまで出たり入ったりして、しかも後ろにグリーングラスがいるんですよ。あれをやると、普通はグリーングラスに差されるんですよ。それが差されなかった。負けたトウショウボーイも凄いですよ。あれを僕は語っているんです。皆さん、YouTubeで見られるからぜひ見てくださいよ」

テンポイントとトウショウボーイは最初から最後まで、相手はこの馬しかいないと定めて死力を尽くしたレースだったが、阪神大賞典はそうではなかったようだ。

「ブライアンとトップガンのレースは、豊君が俺を潰しにいっているわけではないんですよ。俺が先に出て、それについてきてじっと我慢しているだけ。ブライアンにトップガンを潰しにいって突き放せる手応えはないわけ。それこそ、グリーングラスのような差し馬がいたら（そのような馬に）やられちゃいけないと（思って）トップガンを差して後続に差されないという絶妙な仕掛け。差せる馬がいないのもわかっていたけど、（マヤノトップガンに）差し返されちゃいけないというレースぶりだった。まえ（全盛期のブライアン）だったら、簡単にピューンとトップガンを突き放していたと思う。やっぱり、豊君も昔のブライアンじゃないということをわかっているから。トウショウボーイとテンポイントは最初からファイトしているけど、こっち（の2頭）はそんなにファイトしていないんですよ。普通のシューッ（と2頭で伸びていく）という競馬ですよ」

伝説のレースと語り継がれる理由のひとつが、一騎打ちを演じたふたりのジョッキーの騎乗にもあると田原さんはみている。

「でも、競馬ファンの方が名勝負だと言ってくれるのは、負けたほうとしても嬉しいですよ。ふたりとも綺麗に乗ったしね。僕的には、4コーナーで（ナリタブライアンを）外に弾《はじ》くか、直線で一回外に弾いていたら負けなかったんだけどね。特に4コーナーで来た時に（ブライアンに）馬体をぶつけて弾いたら、当時のブライアンの腰だったらダメージがあるなと思ったんだけど、それをやっちゃあね……。僕の人生はペケがいっぱいついているけど、競馬では意図して汚いことはやったことがないからね。ふたりが綺麗に乗っているから名勝負だと言ってくれているんだなと思うんです。豊君だって内に寄せてこなかったしね。一旦前に出た時、たぶんあの手応えだったら嫌だったと思う。マヤノトップガンが差し返しにかかっているからね。でも、豊君は綺麗に乗った。さすがは豊君だよね」

4コーナー早め先頭から5着に敗れた春の天皇賞のマヤノトップガンの敗因をどう捉えているのだろうか。

「急仕上げで出走した阪神大賞典の反動で引っ掛かってしまったこと。それに尽きる。見た目にはそんなに悪いレースじゃないですよ。でも、俺のなかにはもうちょっと行きたくはなかったよね（行くのをもう少し遅らせたかった）。ぱっと見はあの頃のトップガンの勝ちパターンなんだけどね。でも内情はそこまで苦労してきているぶん、伸びなかった。阪神大賞典の反動があったかな」

▲97年の天皇賞（春）でサクラローレルに雪辱を果たした田原成貴とマヤノトップガン（写真右）

そして、ナリタブライアンの敗因を自分から語り出した。

「俺（マヤノトップガン）を目標にしたナリタブライアンはちょっと失敗だったと思うね。俺は馬が引っ掛かって、でもあれ以上引っ張ると駄目だし……」

「10回やって10回勝つ」田原成貴の高松宮杯分析

ナリタブライアン陣営はその後、高松宮杯への出走を表明した。

「出ないだろう。サービスで登録したんだろうと思いましたよ。サービスという言い方は変だけど、高松宮杯が1200メートルのGⅠになったから、競馬を盛り上げようとした大久保先生のサービスかな、と。それぐらいにしか思わなかったね」

ところが、武豊での出走が決まった。

「南井さん、怪我とかじゃなくて？　そこはいろいろあったかもわからないけど……。天皇賞は厳しく言えば、南井さんの仕掛けが早かったからね。ああいう形になると、（1、2着の差は）2馬身半くらいはつくよね。南井さんがまくった時にサクラローレルのノリちゃん（横山典弘）は仕掛けないで我慢してたんだから。だからサクラローレルは息も入ってるし脚もたまってる。天皇賞の仕掛けは早いと思うけど、マヤノトップガンがいたから気持ちのわかる早仕掛けですよ。わかる？　闇雲に来たわけじゃなくて、目標にする強い馬が（前に）いたわけだから。まえのブライアンだったら、あれでいいんですよ。あの手応えでグアーと上がってきたから、南井さんも騙されたと思うんですよ。でも、そこからが昔のブライアンじゃない。有馬記念の時の豊君でもそうですよ。グアーンと来て『さあ伸びる』と思ったと思うんですよ。菊花賞だってダービーだって南井さん、ああいう競馬をしているんだもの。あの手応えで、あの時（春の天皇賞）も手応えがあったから、早仕掛けで上がったんだと思う。正直に反応したんでしょう、体が。でも、ところがどっこい、そこからが（以前のナリタブライアンとは）違った。南井さんも『昔のブライアンとは違う』と感じなきゃいけなかったんだろうけど、それは仕方ないな。南井さんを責められないよ。厳しい言い方をすれば、あの乗り替わりは仕方ないかもしれないけど……。南井さんでいったほうがいいのにな、ナリタブライアンはやっぱり南井さんだよな、と思ってましたよ」

「あの乗り替わりは仕方ない」ということは、当時も南井克巳はナリタブライアンから降ろされたと思っていたということなのか。

「思いましたよ。（南井さんが）降ろされて豊君になったけど、豊君も嫌だったろうね。千二に乗るのは……たぶん」

高松宮杯を使うことで、大久保正陽調教師とマスコミとで軋轢が生じたのを外からどう見ていたのだろう。

「その時はマスコミのほうが正論と思ってましたよ。昔はマイル（の距離）がいいような馬でも使うレースがなくて長距離を走らざるを得なかったことがあったけど、ナリタブライアンの頃は距離体系が確立していて、合う距離のレースがあるじゃないの。使うレースがあっただけに、マスコミが（大久保正陽調教師を）叩いたのもわかります。ただね、大久保先生の肩を持つわけじゃないけど、大久保先生と馬主さんのなかで、それ（1200メートルはナリタブライアンにとって距離が短いこと）はわかっていたと思うんだよね。『本当ならそっち（2000メートル以上の適距離のレース）じゃないの？』と。でも、1200メートルに駒を進めたというのは、なんらかの思惑があったんだろうね。俺は関係者じゃないから非難はできない。でも、マスコミの言うこともわかる」

なんらかの思惑とは……。

「それはわからない。それがわからないからマスコミが叩いたんでしょう。たぶん、こういう狙いがあるのでは、というのがわかれば、誰かがそれを書いていたでしょう。大久保先生もそれを明確に話さなかったから、余計に物議を醸すことになったと思いますよ。馬は馬主さんのもので、例えば、馬主さんが『使え』と言ったのを大久保先生が受け入れて矢面に立ったのかもしれない。大久保先生が決めたことになっているけれども、馬主さんから『使おう！』と言われれば、馬主さんの馬だから大久保先生も使うしかない。そこはわからない。ただ、『田原君はどう思いますか？』と聞かれれば、『使うべきじゃないんじゃないの』とは思う。大久保先生だって、使いたくなかったけれども使わざるを得なかった事情があったかもしれない」

田原さんが、ナリタブライアンが高松宮杯を走ったのは馬主の要請かもしれないと考えるのは、田原さん自身がかつてそうした状況に置かれてつらい思いをしたからではないだろうか。

主戦騎手を務めたサンエイサンキューが、馬主の要望によって過酷なローテーションで次々と重賞レースに出走した挙句、故障を発症。通常であればその場で安楽死の処置が取られるほどの重傷だったが、延命措置が試みられて闘病の末に死亡した。

「馬は馬主さんのもの」という田原さんの発言は、このサンエイサンキューのことを思い起こしてのものだったのかもしれない。

田原さんがナリタブライアンを預かる身でいたら、どうだったのだろう。

「僕だったら、使ってほしくないし、走らせてほしくないなと思う。ただ正直に。それは結果論じゃないですよ。高松宮杯を勝っていたとしても思う。あの時のナリタブライアンだったら、スタートしてすぐにガシガシ行かなきゃならない千二のスピード競馬に使ったら腰に負担がかかると思うし、長い距離なら温まるというか腰がちゃんとはまるまで（トップスピードに乗るのを）待てるけど、千二じゃ待てないからね。そりゃあ、ダービーをぶっちぎった時のブライアンだったら、千二に行くと言ったら『未知なる距離への挑戦』『この馬はスピード馬だとも証明したい』と言って、それも夢物語でいいかもわからないけど」

高松宮杯は騎乗したフラワーパークが、これぞスプリンターの勝ち方という手本のような競馬をして勝った。ナリタブライアンは直線で伸びたものの4着までだった。

「フィールドが違うよね。ブライアンはスプリンターじゃないもん。陸上競技の選手が水泳に出るようなものとまでは言わないですよ。でも、(ウサイン・)ボルトに1万メートルを走らせます？　スピードはあるけど、世界記録を連発しているケニアのマラソン選手に200メートルや100メートルは走らせられないじゃないですか。一般の人にわかりやすく言えば、そういうことですよ。でもね、ナリタブライアンは、格好はつけたよね。(高松宮杯を使う)思惑ははっきり見えなかったから、あの時のマスコミは正論で、それだから大久保先生を責めたんだと思いますよ。俺もあの時は(ブライアンの使い方に)『なんで？』というクエスチョンが大きかったですね。あれだけの馬だから。でも格好はつけたよね」

当時のフラワーパークとナリタブライアンが千二で対戦したら、何度やってもフラワーパークが勝つと思うかという問いに、田原さんは断言する。

「絶対勝つ。絶対勝つ。同じ状態だったら、10回やって10回勝つ」

ブライアンが逆転できるとしたら……と食い下がると、このような答えが返ってきた。

▲「10回やっても10回勝つ」と田原成貴が振り返るフラワーパークの快勝劇

「いやあ……皐月賞とかダービーの時のデキがあっても無理なんじゃないの。それだけフィールドが違うってことですよ。絶好調のナリタブライアンが来ていたら、もっと（着差を）縮めたと思うけど、やっぱり着順（フラワーパーク1着）は変わっていないですね。だからみんなが騒いだんだと思う」

騎手時代の田原成貴といえば、トウカイテイオーによる有馬記念の涙の復活勝利も思い出される。もし、トウカイテイオーが勝った1993年にナリタブライアンが、逆にナリタブライアンが勝った1994年の有馬記念にトウカイテイオーが出走していたら、どちらが勝っているのだろうか。

「いい勝負だったんじゃないの。戦ったメンバーはトウカイテイオーの時のほうが強かったと思いますよ。当時の猛者がいた。ただ、あの時のナリタブライアンは強かったから、2回やったら1勝1敗だったかもね」

ナリタブライアンと対戦したレースで2勝を挙げたのは田原さんだけだ。

「たまたまだけどね、うん、たまたま。っていうかさ、勝てたこと自体、ナリタブライアンがすでに全盛期を過ぎていたということ。俺が乗って勝った馬を下に見ているわけじゃないですよ。正直言って、ナリタブライアンを語るんだったら、1回目の阪神大賞典まで。『それ以降のレースは見ないほうがいい。それまでがナリタブライアンの本物の走りですよ、皆さん』っ

▲トウカイテイオーの復活に涙する田原成貴。誰よりも競馬に対してピュアだった

て言いたいですね。やっぱり走りが違うもの。飛んでるし、弾んでるし。それぐらい全盛期のナリタブライアンは強かったですよ。日本の競馬が変わる分岐点となったサンデーサイレンス産駒が席巻するまで、ナリタブライアンより凄いなと思える馬はいないね。あの迫力のある、ゴール前で突き放すような馬は……」

武豊の口から語られた大久保正陽調教師との関係

「えー！　そんなになるんだ」

ナリタブライアンが三冠馬に輝いてから、２０２４年で30周年だと聞いた武豊さんは驚いた。一流騎手として第一線を走り続けているだけに彼の体内時計の進み方が常人よりも速いのかもしれず、30年の月日などあっという間だったのかもしれない。

「いやいや、30年の時の流れの速さに素直に驚く武豊さんが、今でも現役騎手として活躍していることのほうが驚きですよ」

日本が誇る希代のジョッキーに、胸の内でそうツッコミを入れている自分がいた。ナリタブライアンがデビューする前年に、57歳の大久保正陽をして「ベテラン」と言わしめたように、当時23歳だった武豊さんは、ナリタブライアンよりもまえからスターだったのだから。

ドウデュースを駆って制した２０２３年の有馬記念は、まさに天才騎手の真骨頂といえるものだった。有馬記念で自身の持つ最年長ＪＲＡ・ＧⅠ制覇記録を54歳９カ月10日に更新。しかも10月末に負った右太ももの筋挫傷から前週に復帰したばかりだった。

テレビで見ていても現地の盛り上がりは伝わった。勝利騎手インタビューで「ドウデュースも私も帰ってきました」と語り「メリークリスマス！」（その年の有馬記念はクリスマスイヴ決戦だった）で締められるのは、千両役者のこの男しかいない。

ＪＲＡがYouTubeの公式チャンネルで公開した有馬記念のジョッキーカメラ映像は、彼の凄さを如実に伝えていた。ヘルメットの前部に着けられた小型カメラの映像がブレないのだ。究極の騎乗である「鞍上人なく鞍下馬なし」はこういうことを言うのかと感嘆した。映像を見たユーザーから「カメラ酔いしない」「本当に足を怪我したのか？」「体幹がいかに優れているかがわかる」といった称賛の声が寄せられるのも当然だった。

これも体のメンテナンスを怠らず、体幹を鍛えているからだろう。その努力を表に出さず、あっさりと勝つように見せるところが天才の天才たるゆえんだ。見た目も（もちろん年輪を重ねていることを除けばだが）30年前と変わらないだけに、もしかすると人間ではないかもしれない。65歳になった田原さんもそうだが、見た目が老けないだけに、騎手というのは同じ人間でも人種が違うのだろうか。そう疑ってしまうほどだ。

２０２４年初頭に取材が叶ったもうひとりが武豊だった。

三冠達成後のナリタブライアンに４度騎乗してレースの臨み、マヤノトップガンとの年度代表馬対決で沸いた阪神大賞典を制した騎手に、どうしても話を聞きたかった。

現役ジョッキーだけに競馬場に行けばその姿を間近で見ることはできる。しかし新型コロナウイルスの蔓延以降、取材規制が強まり、おいそれと現場で取材できなくなった。

コロナ以降、競馬記者クラブ員であることを証明する徽章や写真付き通行章だけでは競馬場の検量室前まで行けず、各社に支給されている取材許可証を首からぶら下げることが必須となった。いくらサンケイスポーツの記者とはいえ、今回のように会社の仕事ではないことにそれを使用するのは憚《はばか》れる。

取材に応じてくれた時に、必ず一定の時間を取ってしっかり取材できるのは……と思案して出てきたのが『武豊ＴＶⅡ！』（フジテレビワンツーネクスト）の収録日。週刊ギャロップで年に一度のロングインタビューの取材でも使った手だった。番組制作会社のプロデューサーを介して取材依頼書を送ると、番組収録後に時間を取ってもらえることになった。

結論から言えば、知られざる真実が出てきた。少なくとも私はそれを知らなかった。

インタビューは『武豊ＴＶⅡ！』の番組収録と同じホテルのスイートルームで行われた。スタッフに案内されて入室すると、まだ収録の最中だった。「ちょっと押してまして」とスタッフ。

▲2023年の有馬記念でドウデュースを勝利に導き存在感を見せつけた武豊

奥のベッドルームで、収録のモニターを見ている顔見知りのフジテレビのプロデューサーの隣でその時を待った。

収録が終わり、笑顔で寝室に入ってきた武豊さんに挨拶。対面で話すのはいつ以来だろう。少なくとも取材規制がなかったコロナ前だ。

「どこでやります？」

「撤収作業の音が入りにくいところがいいですね」

「じゃあ、ここだね」とプロデューサー。

2台のベッドが並ぶ寝室の窓際でインタビューが始まった。窓からは鴨川が見える。

インタビューの冒頭でナリタブライアンの三冠達成から今年で30周年であると伝えた時、武豊さんから出たのが「えー！　そんなになるんだ」という驚きの声だった。

私が何度も取材した騎手のうち、抜群の記憶力を誇る方が3人いる。名騎手かつ名調教師だった野平祐二さん、名騎手だった岡部幸雄さん、そして目の前にいる武豊さんだ。

それだけに、30年前後の出来事を尋ねることに不安はなかった。しかし、ナリタブライアンへの騎乗が巡ってきたことや高松宮杯での再度の騎乗についていきなり聞くのは、相手の心証を考えると拙速といえる。まずはアイドリングのような質問から始めた。

――初めてナリタブライアンと対戦したのは1993年ですが、どのレースか覚えていますか

「覚えていないですねえ」

――デイリー杯3歳ステークスでした

「あー、はいはい」

――武さんは1番人気のニホンピロオウジャに騎乗して10着でした

「あー」

と、思い出してうなずく。

――ナリタブライアンは2番人気で3着。勝ったのはボディーガードでした

「(松永)幹夫さんね。うんうん」

――このレースは覚えていますか

「覚えてますね」

――どんな感じで

「どんな感じで？(苦笑) いや、まあ、僕の馬もね、いい馬だったんですけどね、なんかあんまり動かなかったな。まだね2歳で、みんなそれぞれまだまだ、その馬その馬の手探りのところがみんなある感じのレースだと思います」

――そうですよね。その次に対戦したのが、ナリタブライアンにとってはデイリー杯3歳ステ

ークスの次走になる、京都3歳ステークス、今で言う京都2歳ステークスでした。武さんはダンヒルシチーに騎乗して、4番人気で7着でした。

――こちらは覚えていますか

「あー、はいはい」

「覚えてますね」

――どんな感じで

「いやー（苦笑）」

――ナリタブライアンが勝って、初めてシャドーロールを着けたレースでした

「でも、そう言われても、そんな……」

――覚えていないですか

「いや、覚えているけど。そんな意識はないですよ。もう本当、普通のレースですよね」

そう振り返るのも当然だ。当時のナリタブライアンは、まだ2勝馬。しかも勝ったり負けたりを繰り返していただけに、ビワハヤヒデの弟とはいえ、クラシックの有力候補でもなかった。京都3歳ステークスは連勝街道の入り口。他の馬の騎乗者にとっては同じレースに出走する馬の中の一頭でしかない。アイドリングだったとはいえ、失礼な質問だったと、これを書きながら反省している。

――そうすると、武さんにとってナリタブライアンの存在を意識し始めたのは、いつ頃からでしょうか

「朝日杯かな。やっぱ『凄いな～』と思いましたよ」

ナリタブライアンが圧勝した朝日杯3歳ステークスの騎乗者に「武豊」の名前はない。どこで見ていたのだろうかと思っていたら「香港行ってたんちゃうかな」と言う。そうだった。ナリタブライアンと同じ大久保正陽厩舎で、馬主の山路秀則が所有するナリタチカラで香港国際カップに出場していたのだった（結果は7着）。

――調教師は香港で、かすかに流れるラジオ短波の放送で朝日杯のレースを聴き、終わった直後に電話をして勝ったことを確認したという話です

「大久保先生から『朝日杯は勝った』みたいなことは聞いたと思います。あの時は、どっちに転んでもおかしくなかったんです。南井さんがもし香港に行けば、俺が朝日杯っていう感じだったと思います」

初めて聞く話に理解が追い付かなかった。今風に言えば脳がバグった。南井さんが香港国際カップでナリタチカラに騎乗して、武豊さんが朝日杯でナリタブライアンに騎乗する可能性があった？

「チャンスがあったんですよ。ほんとね、南井さんとどっちを乗るかみたいな話になっていたんですよ」

——あ、そうなんですか⁉

「そうなんです。だって清水英二さん（もナリタブライアンに）乗っていたでしょ」

そう言われればそうだ。

「大久保厩舎は僕と南井さんがだいたいいい馬に乗っていて、ナリタチカラにもふたりとも乗っています。（朝日杯と香港が）同じ日に行われるってなって、（ふたりのうち）どっちが選んだのか覚えてないけど、こうなって（自分が香港で騎乗し、南井さんがナリタブライアンで圧勝して）『わ～』って。あとから思えばですけど。そこ（朝日杯）からですからね、ブライアン（が頭角を現したの）は」

思えば、ナリタブライアンの三冠の前年に大久保正陽厩舎のナリタタイシンで皐月賞を制している。

「まえの年か。（皐月賞の2着は）ビワハヤヒデだもんね。だから、そういう近いところにいたのに逃したなっていう感はありましたね。大久保厩舎の馬に乗せてもらっていて、山路オーナーの馬も乗せてもらっていたのにナリタブライアンに乗ってなかったのは、やっぱり……『いや〜、すごく近いところにチャンスあったのに逃した』っていうのはすごく思っていましたね」

ナリタブライアンが函館でデビューしたことが運命を分けたといえる。

「それはありましたね。小倉にいたもんな、俺。あの時、北海道に行っていたら、もっと早くに三冠ジョッキーになれてたんかな〜とか思いますよね」

1993年夏に武豊が北海道で騎乗していたら、ナリタブライアンのデビューの際、大久保正陽がまず初めに武豊に声をかけたのは想像に難くない。

「大久保厩舎のナリタの馬ですからね。だから2回逃した感じはしましたね。2回、チャンスあったんだよなあ……」

デビュー前と朝日杯3歳ステークスの2回。そこに分岐点があったというわけだ。

「ありましたね。ニアミスでしたね。まあ、でもそれも競馬の面白いところで……。そうやって香港に行けたことも大きかったしね。いい経験ができたし、ナリタチカラでいいレースもできたしね」

馬主の山路秀則も調教師の大久保正陽も鬼籍に入ってしまった。

ところで、武豊から見た大久保正陽とは、どのような人だったのだろう。

「実は子供の時からよく知っていて。隣だったんですよ」

「え？」と思わず声が出てしまった。

「家っていうか、（大久保）厩舎が『イの1』だったでしょ。僕、『ロの1』に住んでいたから。（弟の元騎手で現調教師の）幸四郎《こうしろう》はまだ（生まれて）いなかったから男の3人兄弟。大久保先生のところは子供が5人兄弟で、すごく仲良くて、本当に一緒に遊んだり、学校行ったりして。すごく近い存在の方だったんですよ」

これも初耳だった。もしかすると、以前に聞いたり、インタビューや対談記事で語っているのを読んだりしたのをすっかり忘れていたのかもしれないが……。

大久保厩舎の道を挟んで向かいの「ロの1」は武田作十郎《さくじゅうろう》厩舎だった。10歳くらいまで家族とそこに住んでいた。理由は名ジョッキーとして〝ターフの魔術師〟と呼ばれていた父、武邦彦さんが武田作十郎厩舎に所属していたからだという。

「武田先生は京都に住んでいて、（厩舎の居住スペースが）空いているから、うちの親父が住んでいたんでしょうね。朝ね、ランドセル背負って、調教でみんな運動しているところを歩いて小学校へ通っていたんです」

ランドセルを背負った武豊少年が武田作十郎厩舎から出てくる。示し合わせたように大久保正陽厩舎から同じくらいの年齢の息子たちが出てくる。厩舎回りの運動や、コースへ向かう人馬に交じって小学校へ行く彼らの姿を想像してみた。「騎手・武豊」の原点を垣間見るようだった。彼は根っからの厩舎で生まれ育った厩舎人であり競馬人なのだ。「ニンジンは馬の食べ物だと思っていたから嫌い」と話していたのも、これで合点がいった。

弟の幸四郎が生まれる頃に坂路の裏辺りに引っ越したという。僕は驚きを持って武豊の話を聞き続けた。

「大久保先生には本当に可愛がってもらったし、だから騎手になってデビューした時も、ずっと応援してもらっていたし、いろいろ教えてもらいましたね。競馬には厳しい先生だったけど……そんなに甘くはなかったです。返し馬の指示とか結構あったし。レースも結構（数を）使いますからね。でも『大丈夫だ』って。結果も出ていたし。なんていうのかな、やっぱり自分の考えとかをしっかり持たれている人やなって思いましたね。本当に自分のポリシーみたいなものをすごく持っている方でした。いろいろ勉強になりましたね」

そういう人だからこそ、ナリタブライアンに１２００メートルのレースを使うという選択肢も出てきたのだろうか。

「そうですね。本当に周りに囚《とら》われないっていうか、自分の感じでいく人やったから」

その頑固さゆえに、マスコミとは軋轢も生じたのだろう。

「あー、そうでしたね。結構、頑固でしたねえ。そして厳しかったですね。もう、凄い。本当にいろいろ経験させてもらったし、若い時からチャンスもすごくもらったしね。いっぱい勝ったな、一緒に」

　武豊が生まれた時から大久保正陽は彼を知っており、両者の家族間の絆は固かった。それだけに主戦の南井克巳が大怪我をして乗れなくなった時、大久保正陽は真っ先に武豊に声をかけた。もちろんそれは、武豊がデビュー当初から類い稀な才能を発揮していたからこそなのだが。回り回ってナリタブライアンへの騎乗がようやく叶ったのは1995年のジャパンカップだった。大久保正陽は、その前の天皇賞（秋）から乗ってほしかったという。

「たしかそうだったと思います。これ（天皇賞）、なんで乗れなかったんだっけ？」

――アイリッシュダンスの先約があった、と

「あー、そうかそうか。そうでしたね」

――声をかけられた時はどのように思いました

「嬉しいですよね。あれだけの馬ですからね、その状態がどうこうじゃなくて。そうやって声がかかるのは嬉しいし、乗りたいです。ジョッキーならみんな乗りたいと思いますよ、あれだけの馬なら」

――レースではジャパンカップで、厳密に言えば、ジャパンカップに向けた調教で初めてナリタブライアンの背中に跨がりました。乗ってみてどのように感じましたか

「やっぱり、すごく乗り味が良かったですし、乗りやすいなっていうのは思いました。すごく

頭のいい馬だなと思ったのは覚えていますね」

――しかし結果は、的場均さんが騎乗した天皇賞（秋）も武さんが騎乗したジャパンカップも、道中はいい感じで進みながら直線で伸びそうで伸びませんでした

「そうね。（脚いろが）そのままですよね。なんか、あの馬らしい走りじゃなかったですよね」

――少しは「おっ！」と思ったところはあったのでしょうか

「う～ん。でも、全然トップスピードにならなかったですね。本調子じゃないんだろうなと思っていました。なんかあんまり走ってないな、走れないなと。違和感がありましたね」

――4着だった有馬記念も同じですか

「同じです。いい形になったんですけどね。『あー、ここまでか』って感じでしたね。なんかちょっと状態が良くなっているような感じがしたんですけど、やっぱり伸びきれないですもんね。『う～ん』って感じでしたね。あれだけ強い馬でもやっぱり体調を崩すと、ちょっとしたことでも勝てないんだなと思いましたね」

武豊も認めた〝最強の三冠馬〟ナリタブライアン

話を聞くのが先走りすぎたようだ。ここで軌道修正。時をナリタブライアンのクラシックシ

ーズンに戻そう。

――武さんがすでに朝日杯の時に意識されていたナリタブライアンは、1994年の初戦として出走した共同通信杯を圧勝しました

「凄かったですね」

――続くスプリングステークスでも盤石の競馬をしました

「どんどん強くなっていましたね」

――皐月賞で武さんはフジノマッケンオーに騎乗して対戦

「後ろから追い込んでね。ダービーはフジノマッケンオーで4着か」

――そうです。この2戦については

「でも、自分はやりたいレースをして精いっぱいの結果だったと思います。まあ、とにかくナリタブライアンが強いっていうのは……ちょっと抜けていましたね」

――その馬を負かすためにはどのように……とかは

「いや、思わなかったな」

――そうですか

「思わない、思わない。ほんと、そういうことは考えなかったですね。強すぎて」

――ナリタブライアンは菊花賞も制して、シンボリルドルフに続く三冠馬になりました。菊花

賞で武さんは騎乗していませんが

「アメリカ行ってたんちゃうかなあ。ブリーダーズカップかなんかで」

ブリーダーズカップマイルにスキーパラダイスに騎乗して10着だった。

「(菊花賞は)めちゃくちゃ強かったな。乗りやすそうだな、とも思いましたね。アメリカに行ったのも『どうせ菊花賞に乗っても勝てないじゃん』って(思って)行ったというのを覚えていますね」

——そうなんですね

「僕ら(騎手)はいろいろ(同じ日に複数の)オファーをもらうと、どっちに乗るべきかなとか、どっちの馬がいいかなとか考えます。そういうのはよくあることですけど、菊花賞と同じ日(週)にアメリカへ行ったら菊花賞に乗れなくなるというのはあったけど、いや、もう全然。どうせナリタブライアンが出るから……っていうのは覚えています」

——そうですか

「(菊花賞に続く)有馬記念の時も、阪神で乗っていたんですけど、『いや、どうせ有馬に行ったって(ナリタブライアンが勝つのだから)』っていう気持ちでしたもんね。ま、勝つだろうなと思って見ていたら、普通に勝ちましたね。なんか凄い安定感でしたよね」

——1995年の阪神大賞典ではハギノリアルキングに騎乗して対戦。2着で7馬身差をつけ

られました

「いやもう、一緒に走っている時、あの馬を負かしにいって……みたいなことはあまり考えなかったですね。むしろ2着を取りにいくみたいな気持ちがあったと思います」

その後、ナリタブライアンは、股関節炎で休養せざるを得なくなった。もし股関節炎を発症せず、順調に1995年シーズンを戦っていたらナリタブライアンは出走できなかった天皇賞(春)や、黒星を喫した天皇賞(秋)、ジャパンカップ、有馬記念でどんな競馬シーンを作ったのだろうか。

「それはもう勝っていたでしょうね、普通に走ればね。それぐらい抜けて、抜けて、強かったです」

武豊をして「抜けて、抜けて、強かった」と言わしめた頃のナリタブライアンにレースで騎乗することは叶わなかったが、今も伝説のレースと語り継がれている1996年の阪神大賞典を勝った。あのレースをどのような位置づけとして自分史に残しているのだろうか。

「やっぱりナリタブライアンで勝ちたいって気持ちはすごく強かったですよね。復活してほしいっていう気持ちは強かったですから。ただね、マヤノトップガンも強い馬だったから『うーん、どうかな』って。ただね、本来の力を出せれば、絶対ナリタブライアンのほうが強いとは思っていましたね。もう、馬の状態を心配するんじゃなくて、強いと思って乗ろう、と」

――レース直後に「絶対に勝ちたいレースだった」という話もされていました

「そうですね」

――一方で「勝つには勝ったけど、あれ？　と感じもした」とも

「たしかにね。もっと走るだろうなっていうのは……。まだ戻り切っていないのかなとは思いましたよね」

――名勝負と言われています

「たしかにレースは本当にマッチレースで、珍しいですよね。強い二頭でずっと馬体が合っていましたからね。最後の最後ですもんね。本当にゴールの瞬間、ぐいっと出たって感じでしたね。本当、最後ね。ずーと並んでいたんですけどね。馬が本当にゴールを知っているような感じで踏ん張ってくれた感じでしたね。凄い馬だなと思いました」

続く天皇賞（春）でナリタブライアンに騎乗したのは、三冠を戦い抜いた主戦の南井克巳だった。武豊はカミノマジックに騎乗して16着（最下位）。ナリタブライアンがサクラローレルに差し切られたシーンを遥か後ろから見ていてどう思ったのだろう。

「あの3歳の頃の強さ、三冠の頃の強さを知っているから、まだ本当じゃないのかなと思いました」

天皇賞後、宝塚記念の前に高松宮杯を使うことになり、騎乗依頼が届いた。

――オファーが来た際、「今年から千二になったんですけど」って言ったそうですね
「ハハハハ。冗談でね」
――相手は「うん、知っとるよ」って
「まあまあ、それは冗談で。正直、ちょっと驚きましたけどね。『えっ、高松宮使うんだ？』と。でも、話をもらってすごく嬉しかったし『いや〜面白いな』と思いましたね」
――「面白いな」ですか
「うん。面白いなと思いましたね。『そのアイデアがあったか！』って感じでしたね」
――とはいえ、いきなり2000メートルも距離が短縮するというのは
「たしかにね、あんまりないですよね。まあ、でも、なんかちょっときっかけをね、馬に刺激を入れたいのかなということも思いましたけどね」
改めてレースを振り返ってもらった。
「うーん。距離がっていうより、なんかやっぱり本来の走りじゃないような気はしましたね。あの時ね、あんまりいい感じじゃなかったな。万全なら千二でも強かったと思うけどね」
――スタートはすごく良かったですよね
「もともとスタートが速い馬ですからね。たぶん楽についていけるだろうなと思っていました。そんなに周りが言うほどその距離不安っていうのは、僕はあんまりなかったですけどね」

――ただ、ちょっと内枠からの発走だったので、外から行きたい馬たちが前めのポジションを取ろうとしました

「うん。さすがにそういうレースを専門で使ってきている馬は速いのは速いですよね。そこはもう、もちろん、普通にそうなるだろうなと思っていましたけど。まあまあ、3コーナーとかからでもね、十分。800～700（メートル）あれば、ちょっと力が違うんじゃないかなとかも思っていましたけどね」

――だとすると、武さんが騎乗した時はまだ本調子ではなかった

「うーん。一回も（本調子）じゃなかったと思いますよ。すごく万全の時に乗りたかったですね。どんな走りをしたんだろうな、と思いますね。まあでも一回、阪神大賞典で勝てたことはすごく大きかったし、自分のなかでも嬉しかったしね。そこはおっきいですね。あれ負けていたら、やっぱちょっとずっと悔しいですもんね。やっぱり1着と2着の違いを感じましたね」

――万全だったら千二の競馬でも、という話を聞いたので、この質問は野暮かもしれないですが。マイルのGⅠを使っても……

「強い。絶対強いと思いますよ。うん。普通に走るのが速いからね。ダートでも強かったと思う」

――あ、そうですか

「うん、抜けていたと思います」

しかし、ナリタブライアンにその機会は訪れなかった。高松宮杯4着後に屈腱炎を発症。その後、二度とターフに戻ることはなかった。

「残念でした。やっぱり、すごくその（高松宮杯の）あとのレースも乗りたいなと思っていたので」

――次ならもっといい状態で出られるかもという思いも

「ありますね。『高松宮杯を使ったことが、いいほうに行けばいいな』という話はしていたから」

――武さんはその後、三冠馬のディープインパクトと出合いましたが、その前に見たナリタブライアンというのは

「いやもう、史上最強と思っていましたよ」

――三冠レースに限ったら、ディープインパクトと比較すると

「どうですかね。それ（ディープインパクト）と似たようなぐらい他馬と開きがあったような気がしますすね。圧倒的でしたね。圧倒的でした。本当に」

――では、ディープインパクトに引けを取らないと言ってもいいくらい

「そう思いますよ。もう本当に強かったですね。一緒に乗っていても、見ていてもね」

――ディープインパクトに出合うまえにナリタブライアンに騎乗できたとことは、武さんにと

ってはどのような意味がありますか

「歴史的名馬に乗れるって、ジョッキーとしたら凄いね。すごく名誉なことだから嬉しかったですよ。本当に。ワクワクしましたね。最初に乗る時とか、すごくワクワクしましたね」

――武さん以外の人がディープインパクトに乗るようなものですからね

「ジョッキーってやっぱり、凄い馬に乗りたいですからね。『あー、ナリタブライアンに乗れるんだ』って思いましたね。ワクワクしましたね」

――武さんにとってナリタブライアンとは

「見てて史上最強馬だと思っていました。好きな馬でしたね。乗ってない時も。なんか格好良かったですよ。『いいな、南井さん。いいな、羨ましいな』って思っていました」

武豊さんにとって、「見てて史上最強」がナリタブライアンなら、「乗って史上最強」はディープインパクトなのだろう。

「ナリタブライアンはほんとに強かったなあ。本当、呆れるぐらい強かった。30年ですか。早いね」

――三冠30周年で、改めてナリタブライアンをみんなが思い出してくれたらいいなと思っています

「うんうんうん。そうね、本当。当時をまったく知らないファンも今はいるだろうから。生ま

▲デビューから38年連続重賞勝利を達成。腕前、若々しさ、記憶力に陰りは見られない

れてなかった人も競馬ファンにはいるだろうから、もう一回、ナリタブライアンの走りを見てほしいですね」

——ある意味、武さん自身もナリタブブライアンのファンだった

「本当そうですよ。シャドーロールっていう言葉は一気にみんなが覚えましたもんね（笑）」

最終章　永遠

何もかもが順調に見えた種牡馬生活

２０２４年1月に行った騎手、武豊へのインタビューには続きがある。

ナリタブライアンの産駒が少ないことについても尋ねていた。

「そこはちょっと残念ではありますよね。もっと産駒を見たかったな、もっと乗りたかったなという思いはありますね、やっぱり。日本競馬としても、すごく大きいものをなくしたような感じでしたね」

もっと世代を重ねて産駒を出していれば、大物も出ていたのだろうか。

「本当、そう思いますよ。あれだけの馬でしたからね。その血をあまり残せなかったのは残念ですよね」

ナリタブライアンが残した産駒はわずか１５１頭。偉大な競走成績を残し、内国産馬としてオグリキャップを抜いて史上最高額となる20億７０００万円のシンジケート（1株３４５０万円×60株）が組まれて鳴り物入りで種牡馬入りした馬としては少ない。例えばオグリキャップは３４２頭の産駒を残している。ナリタブライアンの産駒が少ないのは、種牡馬入りしてわずか２年後に早逝したからだった。

調教師の大久保正陽から現役引退が正式に表明された１９９６年10月10日、ナリタブライアンは生まれ故郷の早田牧場新冠支場から、種牡馬として第二の馬生を送る繋養先のCBスタッドへ移動した。まずはそこで、引退式へ向けての調整が進められることになった。

並行してCBスタッドでは、ナリタブライアンに会いに殺到するであろう見学者を受け入れる準備が進められた。国道235号沿いには「歓迎ナリタブライアン号　7km先」と書かれた案内看板が新設された。CBスタッド内には新しい駐車場が造成され、その一角にナリタブライアンショップを併設。ナリタブライアンのグッズを多数置いて、種牡馬としてスタートする前年の秋から営業を始めていた。

週刊ギャロップが同年の11月に発行した臨時増刊『さようならナリタブライアン』に「2000年の夢に向けて――始動！」「チャンピオンはシャドーロールを外し、次の王座に挑戦する」というコピーとともに、ナリタブライアンの顔のアップ写真が目を引くシルククラブの広告が掲載された。CBスタッド場長の佐々木功《いさお》は「ブライアンズタイムの血は、決してサンデーサイレンスに引けを取らない」と、熱い思いを報道陣に語っていた。

用意されたナリタブライアンの馬房のすぐ近くには父ブライアンズタイムもいた。厩舎の廊下を挟んで二頭の馬房があった。佐々木功によると、お互いに斜めに構えて見つめ合っているポーズがそっくりだったという。種牡馬になるまえに行う試験種付けは、ものの2分とたたないうちに済ませたそうだ。

翌年の3月5日には、史上23頭目の顕彰馬に選ばれ、殿堂入りを果たした。

種牡馬生活は順調だった。初年度は桜花賞馬アラホウトク、同年の桜花賞、オークス2着でローズステークスを勝ったショノロマン、日経新春杯など重賞4勝のエルカーサリバー、2歳時に重賞を連勝したナガラフラッシュなどがナリタブライアンの種を求めてきた。

ナリタブライアンを生産した早田牧場新冠支場も、マーベラスサンデーの母モミジダンサーやクイーンステークスを勝ったロイヤルシルキーと交配するなどバックアップを惜しまなかった。持ち乗り調教助手を務めた村田光雄の実家であるハクツ牧場もラジオたんぱ杯3歳ステークスを勝ったノーザンコンダクトの母アトラクトを交配させた。

2シーズン目も、桜花賞馬ファイトガリバーや阪神牝馬特別など重賞4勝のヒシナタリーが種付けに来たり、社台ファームからは後にダイワメジャー、ダイワスカーレット兄弟を産むことになるスカーレットブーケを花嫁として連れてきたりした。卓越した競走成績に加え、大種牡馬ブライアンズタイムの後継種牡馬としての期待度は高かった。

関係者の誰もがその成功を疑わなかった。何もかもが順風満帆に見えた。

だが、夢のようなナリタブライアンの穏やかな生活は2年も続かなかった。

早逝——あまりにも急すぎる旅立ち

ここに1枚の写真がある。

ナリタブライアンの横腹に耳を当てたCBスタッド場長の佐々木功が腸の蠕動《ぜんどう》運動、簡単にいえば腸の内容物を移動させる動きを聞いている。佐々木の表情は真剣そのもの。ナリタブライアンのそばに立つスタッフも神妙な顔つきだ。

1998年6月17日。ナリタブライアンにとって2年目の種付けシーズン中、その年はすでに100頭の種付けをこなしていた。残す種付けは20頭となり、オフシーズンも間近に迫っていた矢先の出来事だった。

午後2時過ぎ、放牧地で青草を食《は》んでいたナリタブライアンが軽くク～ッと鼻を鳴らし、自分の腹を気にし始めた。疝痛《せんつう》の症状だ。

疝痛とは馬の腹痛を伴う病気の総称。JRAの公式サイトにある競馬用語辞典では、以下のように説明されている。

〈疝痛には便秘疝、風気疝、変位疝などがある。馬は解剖学的に、（1）胃の容積が小さく、胃の噴門の構造上嘔吐することができない。（2）腸管が長いので固定されにくく、腸の位置が変わりやすい。（3）腸管の太い部分と狭い部分があるため内容物がたまりやすい、など疝

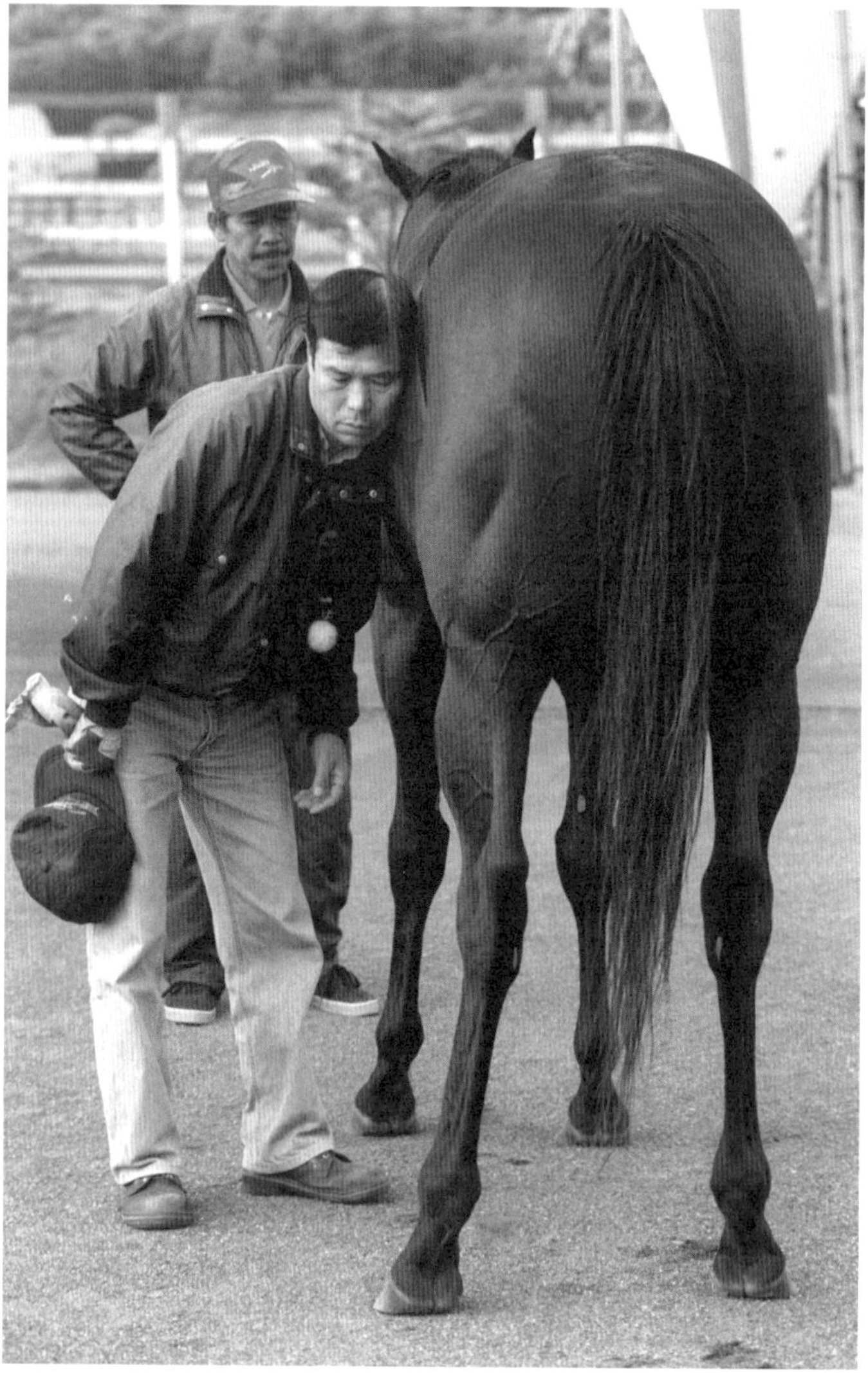

▲ナリタブライアンの横腹に耳を当てて調子を見る佐々木功場長

痛を起こしやすい構造をしている。腸管等に原因がある他、運動不足などでも発症する。特に、変位疝（腸捻転など）を発症すると開腹手術が必要となったり、致命的となることもある〉

すぐに異変に気づいた佐々木はナリタブライアンの腹をさすったり、蠕動に耳を済ませたりした。一過性のものであることを願ったが、苦しみは増すばかり。佐々木はCBスタッドの獣医師とともに、三石町《みついしちょう》（現・新ひだか町）にある三石家畜診療センターに向かった。午後9時のことだった。

運び込まれたナリタブライアンの病名は「腸閉塞《ちょうへいそく》」。一刻も猶予ならない状況という判断が下され、午後11時から施された緊急手術が始まった。

3時間にわたる手術で、ナリタブライアンの腹は30センチ切り開かれ、癒着した場所が取り除かれた。

手術に立ち会ったナリタブライアンを生産した早田光一郎は、サンケイスポーツの取材にこう答えた。

「とにかく今朝（18日朝）まで一睡もできなかった。まだ種付けの申し込みは残っているが、今年はもう休ませてやりたい。（同日）午後には立ち上がってくれました。利口な馬ですし、人間の言うことをよく聞いてくれるはず。経過が良ければ4、5日で退院できます。もちろん、来年の種付けには支障はありません。ファンの方にも心配ないとお伝えください」

回復したナリタブライアンは1週間後にCBスタッドに戻ってきた。スタッフは再発防止のため、より一層の注意を払ってナリタブライアンの状態に気を配っていたのだが……。

2度目の腹痛がナリタブライアンを襲った。9月26日午後4時半頃だった。ナリタブライアンの担当スタッフがすぐに異変に気づき、主任獣医師が駆けつけた。

「このままでは危ない」

そう診断されたナリタブライアンは、前回と同じ三石家畜診療センターに緊急入院した。かなりの激痛に襲われるためか、ナリタブライアンは立つこともままならず横たわることが増えたという。

一進一退の容体が急変したのは、夜が明けた27日の午前5時頃だった。午前10時、血液検査のデータは最悪の結果が訪れることを示していた。

午前11時過ぎに開腹手術が施された。だが、それは最後の手立てであり、確認のためだった。データが示すとおり、内臓は甚大な損傷を受けていた。胃が破裂していた。手の施しようがなかった。

三石家畜診療センターは、馬を問わず家畜の胃や腸の診療技術や手術において北海道を代表する病院として知られている。それだけに、関係者はナリタブライアンに対して、やれるだけのことはやったと納得するしかなかった。

「これ以上ナリタブライアンを苦しませない」

選択肢はそれしか残っていなかった。「安楽死」を受け入れるしかなかった。27日正午、希代の名馬は息を引き取った。

1991年5月3日に生を授かり、わずか7年と4カ月24日、実に短い2704日間の生涯だった。

ナリタブライアンの亡骸《なきがら》は27日午後3時、CBスタッドの放牧場脇の小高い丘にある馬頭観音の前に牧場スタッフ10人に見守られながら埋葬された。火葬ではなく、長さ8メートル、深さ2メートルの穴を掘って欧米式に遺体は埋葬された。日本では通常は認められないが、1996年7月13日に永眠した戦後初の三冠馬シンザンと同じ特例措置が取られた。

翌28日には訃報を知った多数のファンがCBスタッドを訪れ、ナリタブライアンとの別れを惜しんだ。10月2日にCBスタッドで営まれた追悼式には、関係者ら約600人が参列。平日だというのに北海道内外から多くのファンが訪れた。

祭壇はナリタブライアンが眠る馬頭観音の前に設けられ、遺影とともにナリタブライアンの等身大の写真が掲げられた。その前には白菊が何本も捧げられた。

「偉大なあなたと生涯の一時期を過ごせたのは幸せなこと……」

大久保正陽は、祭壇に掲げられたナリタブライアンの遺影に目をやると不意に言葉を詰まらせた。その時、追悼式直前まで降っていた小雨がやんだという。そして大久保は最後、絞り出すように愛馬に語りかけた。

「あまりにも早すぎます。安らかに眠ってください」

早田光一郎が言う。

「彼の偉業は永遠に語り継がれるものです。彼の遺志は今年生まれた子供、そして来年生まれてくる子供に受け継がれていくことと思います。哀悼の意を表してくださった皆さま、ありがとうございます。北海道に来たときは墓参りしてやってください。きっと喜ぶと思います」

そしてナリタブライアンは伝説へ

夢の続きは、ナリタブライアンが2年間の種牡馬生活で残した子供たちに引き継がれることになった。産駒の生産頭数は初年度68頭、2年目83頭の計151頭。うち血統登録数は初年度68頭、2年目79頭。この147頭の活躍次第で、父の名声がさらに高まるかどうかが決まる。

だが、その結果は芳しいものとはいえなかった。

最初にデビューしたナリタブライアン産駒は、社台ファーム生産の牝馬で田原成貴厩舎のミスサルデニア。2000年7月16日の函館芝1200メートルの新馬戦に出走して4着だった。

続く折り返しの新馬戦で2着となり、9月2日に3戦目の札幌での未勝利戦で初勝利を挙げた。これがナリタブライアン産駒の初勝利だった。

「母系の素晴らしい馬ですが、柔らかさは父譲り。デビューからの3戦は、ナリタブライアンのファンにも納得してもらえるでしょう」

レース後、取材に応じた調教師の田原成貴はそう答えた。ミスサルデニアに明るい未来が開けたかに見えたが、すぐに扉は閉ざされてしまった。続くすずらん賞は11着となり、5戦目のファンタジーステークスでの16着を最後に引退し、繁殖入りした。

２０２４年、ミスサルデニアについて田原さんに聞いた。

「当歳で見た時、ナリタブライアンらしくてすごくいい馬だと思いましたよ。産駒で初めて勝った馬として注目を集めていただけに、もう少しうまく育てることができていたら種牡馬としてのナリタブライアンの評価も変わったかもしれない。そう思うと申し訳ない気持ちです」

花嫁として先に挙げた名牝の子供たちの戦績を追ってみよう。

アラホウトクの子セタガヤウタヒメは9戦0勝。ショノロマンの子ナリタジュニアは3戦0勝。エルカーサリバーの子ブライアンリバーは地方・大井でデビューし11戦0勝。ロイヤルシルキーの子ウエーブライアンは地方・高崎でようやく4歳でデビューし2戦0勝。モミジダンサーの子シルクフェラーリは中央でデビュー11着後、移籍した地方で2勝を挙げた。アトラクトの子ナリタリュウセイは中央で11戦1勝。ナガラフラッシュの子ターフエステートは11戦3勝（うち障害1勝）。ターフエステートの戦績に胸を撫で下ろす自分がいる。

2年目の名牝の子供たちはどうだろうか。

もう一頭のナガラフラッシュの子キングシップは地方に転厩して通算34戦1勝だった。ファイトガリバーの子ファイトブライアンは中央で10戦2勝。ヒシナタリーの子ヒシマグナムは中央で19戦2勝。スカーレットブーケの子ソフィーローズは3戦0勝に終わった。

ナリタブライアン産駒から重賞勝ち馬は出なかった。重賞での最高着順は2着。マイネヴィータによる札幌2歳ステークスとフラワーカップ、ダイタクフラッグによる毎日杯の3度だった。ダイタクフラッグは、皐月賞で4着に来ており、これが産駒によるGIレースでの最高着順となった。産駒の最高獲得賞金は1億8995万3000円。2シーズン目の産駒であるブライアンズレターのものだ。古馬のオープン勝ちこそないが、1600万下を2勝し、ナリタブライアン産駒でただ一頭、古馬のオープンクラスに進んだ。また、中央競馬で最後に勝利を挙げたナリタブライアン産駒でもある。

ブライアンズレターは早田牧場新冠支場が生産した牝馬で、大久保正陽厩舎から2002年9月22日に阪神ダート1200メートルの3歳未勝利戦でデビューした。しかし、16頭立て14着と大敗。続く福島の芝1800メートル戦でも16頭立て16着と惨敗を喫した。3歳秋だけに、ここで未勝利戦は終了。中央競馬に在籍したままでは、５００万下クラス（現在の1勝クラス）に出走して年長馬と争うことになるので、地方・宇都宮競馬の中村憲和《のりかず》厩舎へと移籍した。

そこで２戦連続２着後、５連勝して再び大久保正陽の元に戻ってきた。再転入から４戦目の２００３年９月に、武豊の手綱で中央初勝利をマーク。その後、５歳時の２００４年には１０００万下クラスながらマリーンカップ（９着）、愛知杯（８着）、さらにＧＩのエリザベス女王杯にも果敢に挑戦した（16着）。

エリザベス女王杯の前に出走したレースは、父の名前を冠した「ナリタブライアンメモリアル」。このレースはＪＲＡの創立50周年を記念するＪＲＡゴールデンジュビリーキャンペーン「名馬メモリアル競走」の一環として菊花賞当日、京都競馬場で行われた。奇しくもナリタブライアンの三冠達成10周年でもあった。そこにナリタブライアン産駒としてただ一頭出走したブライアンズレターは15頭立ての８着だった。

エリザベス女王杯の次に出走したゴールデンブーツトロフィーでブライアンズレターは勝ち、１６００万下クラス（準オープンクラス）に昇格した。このレースは、世界的騎手を招いて腕を競う国際騎手招待競走シリーズ「ワールドスーパージョッキーズシリーズ」のひとつで、ブライアンズレターには香港を拠点としていた南アフリカ出身のダグラス・ホワイトが騎乗した。12番人気ながら先頭でゴールを駆け抜けた。２着は１番人気のフィレンツェ。フラワーパークが2番目に産んだ子だ。奇縁を強く感じさせる結果ではないか。

ブライアンズレターはその後も7歳まで走り続けた。準オープンクラスにいても、大久保正陽はオープン特別や重賞にも挑戦させた。2004年のサンケイスポーツ杯阪神牝馬ステークスは16番人気で7着、2005年の中山牝馬ステークスは7番人気で13着、同年の府中牝馬ステークスは16番人気で14着、そして同年のエリザベス女王杯は16番人気で18着だった。ナリタブライアンの子に重賞タイトルを取らせたいという大久保正陽の強い願いが反映されているようにみえる。

現役競走馬として最後の年となった2006年は3戦した。最後のレースは2月25日の御堂筋ステークス。7歳となったナリタブライアンの娘は7番人気で勝った。

道中は最後方13番手を進み、鞍上の藤田伸二の手綱に導かれ、4コーナーでジワジワと進出。ゴール前まで続いた叩き合いを制した。

これが大久保正陽が中央競馬で積み上げた597個の最後の勝利となった。鬼籍に入ったため聞くことはできないが、大久保正陽にとって自身最後の勝利がナリタブライアンの子によるものだったことを喜んでいたのではないだろうか。もしかすると大久保正陽の執念が最後の勝利にさせたのかもしれない。

ナリタブライアン産駒として最後にレースに出走したのは、2シーズン目の産駒の一頭であるオースミカイゼン。ナリタブライアンも所有した山路秀則の名義で、清水久雄厩舎から２００1年8月5日に小倉の芝１０００メートルの新馬戦でデビューした。中央競馬では障害４戦を含む17戦に出走したが勝てず、地方・園田競馬の花村通春《みちはる》厩舎へ移籍。さらに２００５年６月8日のレースを最後にオーナーが替わると同時に岩手競馬へと移った。

現役最後のレースは２００７年10月29日。盛岡競馬場の第６レース（Ｃ１五組、芝１６００メートル）に出走し、４番人気で勝った。自身６勝目。デビューから実に１２２戦目のことだった。

この馬が、大久保正陽厩舎でナリタブライアンの世話をしていた調教助手・村田光雄の実家、ハクツ牧場の生産馬であることにも奇縁を覚えざるを得ない。ブライアンズレターにしてもオースミカイゼンにしても、その足跡を辿ると、〝神の見えざる手〟が働いているように思えてしまう。

オースミカイゼンの現役引退でナリタブライアン産駒の出走は途絶えることになったわけだが、「血のロマン」と呼ばれる競馬にはまだ続きがある。１５１頭の中から優秀な子供が現れず後継種牡馬を残せなかったナリタブライアンだが、母の父としての活躍の可能性が残されていた。実際、ナリタブライアンは、自身の産駒たちが果たせなかった重賞勝利を母の父として達成できた。

２０１０年10月にオールアズワンが札幌２歳ステークスを勝った。それから６年後の２０１６年12月にはマイネルハニーがチャレンジカップを勝ち、２頭目となる母の父ブナリタブライアンの重賞勝ち馬が出た。

海外では、ナリタブライアン産駒であるラストブレイズの子ペリニョン（Perignon、父スニッツツェル）が２０１６年にオーストラリアの３歳牝馬限定GⅡ・ライトフィンガーズステークス（芝１２００メートル）を勝っている。ラストブレイズは北海道早来町（現安平町）ノーザンファームで１９９９年に産まれている。

マイネルハニーの母ブライアンハニーは、北海道浦河町の高昭牧場の生産馬で１９９８年生まれ。長浜博之厩舎に所属し競走成績は６戦２勝だが、２００１年のオークスに出走している（９着）。

オールアズワンの母トウホープログレスは１９９９年に早田牧場新冠支場で生まれ、大久保正陽厩舎で現役生活を送った。こちらは障害１勝を含む24戦２勝で、２００３年の阪神ジャンプステークス（J・GⅢ）での９着を最後に繁殖入り。２００８年に産んだのがオールアズワンだった。

オールアズワンには思い出がある。

おぼつかない記憶を辿れば、たぶん２００４年のことだった。とある月曜日、東京・中野の中野ブロードウェイにあるペットショップのショーウインドーにいる子犬たちを娘と見ていると、その横を通って男性が店内に入っていった。「こんにちは〜。エルムスペットクリニックです」と店員に話しかけた、甲高いその声が耳に引っ掛かった。かつて何度も耳にした聞き覚えのある声だったからだ。もしやと思って面《おもて》を上げて店内を覗いてみると、初老の男性が店員と話している。見間違いなどするはずがない。

まさしく早田光一郎だった。

早田光一郎は２００２年11月に、運営・指揮していた早田牧場とその関連会社が負債総額約58億円を抱え、札幌地裁から破産宣告を受け、競馬の表舞台から姿を消していた。かつて「日高の風雲児」と呼ばれ、サラブレッド生産界で一世を風靡した男が目の前にいた。

早田も、声をかけてきた私の顔を見て驚いていた。それでもすぐに平静を装い、以前にもよく見てきた笑みを浮かべながら

「鈴木さんじゃないですか。久しぶりですね」

そう言って、長男が杉並区で経営している動物病院の仕事を手伝っていると言って名刺をくれた。動物病院の名前とその住所、電話番号などの他、彼の名前だけが印刷されていた。肩書のない名刺を見て、「凋落」の二文字が浮かんだ。

それにしても、なんという偶然だろう。いつか話を聞いて週刊ギャロップにそのインタビュ

ー記事もしくは取材リポートを載せたい。そう思いながら、その日は早田と別れた。

２００５年2月、早田光一郎は自身が種牡馬として日本に導入したブライアンズタイムのシンジケートと、創設当初から深く関わってきたシルクホースクラブの資金を横領した容疑で逮捕された。その後、裁判で高裁への控訴が棄却され、一審の判決を受け入れた早田は懲役５年の実刑判決が確定して服役した。

これで早田の話を聞く機会は失われたと思ったが、２００９年に仮釈放処分となって4年2カ月にわたる服役生活を終えたことを知った。

その時、私は2年にわたったサンケイスポーツ運動部の次長（デスク）の務めを終え、週刊ギャロップの編集長になっていた。いつか使うことがあると思い、財布に入れて持ち歩いていた名刺を生かすチャンスが巡ってきたと思った。

その機会が訪れたのは２０１１年秋。週刊ギャロップで、人と馬をつなぐ絆のノンフィクション「名馬は一日にして成らず」を連載していたフリーライターの石田敏徳に、名刺の一件を伝えて「早田光一郎に会って話を聞かないか」と取材を促した。

連絡を取った早田光一郎は取材を受け入れてくれた。石田とともに早田が働いている動物病院に行ったのは２０１１年9月30日だった。病院の一室で、早田は自身の栄光と挫折と今に至るまでを包み隠さず我々に語った。

話の詳細は、同年の11月６日号からスタートした石田敏徳の連載に譲るが、そこで早田光一郎の話のなかに出てきた馬の一頭がオールアズワンだった。

服役を終えた早田のところに一本の電話がかかってきた。電話の主は宮川純造《みやかわじゅんぞう》。早田と宮川は先代から付き合いのある同郷の馬主。同じ福島高校出身の先輩・後輩の間柄だった。どうやって調べたのかわからないが、早田の連絡先を突き止めて電話をかけてきた宮川が言った。

「お前のアドバイスどおり、あの馬を繁殖に残してよかったよ」

あの馬とはトウホープログレス。早田が生産したナリタブライアンを父に持つ牝馬だ。大久保正陽厩舎で２００２年４月に３歳でデビューしたナリタブライアンの娘は、同年の８月に初勝利を挙げた。その後、障害戦で１勝して24戦２勝の成績をもって２００３年９月に競走馬生活を終えた。

「この馬は血統がいいから繁殖に残したほうがいい」

宮川にそう勧めていたのが早田だった。トウホープログレスの祖母にあたるヤアティズ（Yir Tiz）は、ＧⅠ・ＡＲＣサイアーズプロデューセスステークスなどニュージーランドの重賞を４勝し、その息子のミスターティズ（Mr.Tiz）はニュージーランドとオーストラリアのＧⅠレースを７勝もしていたからだった。

宮川は早田の勧めに従ってトウホープログレスを繁殖として残した。２００８年３月６日、早田の服役中に生まれたのがネオユニヴァースを父に持つ牝馬だった。オールアズワンと命名された牝馬は、2010年8月に領家政蔵厩舎からデビューすると2戦目で勝ち上がり、続くデビュー3戦目の札幌2歳ステークスも勝った。宮川にとって重賞初勝利だった。だからこそ、宮川は連絡先を突き止めて服役を終えた早田と話をしたかったのだろう。

早田は言った。

「(宮川は) 福島に来たらいつでも寄ってくれとも言ってくれて……。正直、すごく嬉しかったです。もちろん、あれだけたくさんの人に迷惑をかけたんですから、今更、誰にも合わせる顔なんてないんですけどね」

2023年10月に行った南井克巳さんのインタビューでは当然、競走馬として引退後のナリタブライアンについても聞いた。

——ナリタブライアンが急死した時、どのような感情、感想を抱きましたか

「これから種馬として子供を出していくのに、ちょっと早いかな、残念だな、と。結果を出す前に終わってしまって……」

——ナリタブライアンがもっと長生きしていたら、種牡馬として活躍できたと思いますか

「まあ、それはわからないですね。(種牡馬として成功するには繁殖牝馬との) 配合がありま

すからね。ただ、楽しみはあったと思うので、早く亡くなったのは残念ですね」
武豊よりもシビアなのは、自身が調教師としてナリタブライアン産駒を手掛け、活躍馬を出せなかったことがその理由のひとつであるのだろうか。
――調教師をやってみて、改めてナリタブライアンの凄さというのを感じたことはありますか
「ああいう馬はなかなか出るものではないしね。これ（類い稀な能力）を維持していくっていうのは、厩舎のスタッフがやっぱり凄いなと思いますね。こんな馬が出て、それを大事に、三冠馬にさせたというのは、やっぱり大久保先生をはじめ厩舎のスタッフの方はやっぱり凄いなと思いますね」
――調教師視線では、厩舎のスタッフに目が行くんですね
「やっぱり、ちゃんとケアしていって、ローテーションを組んで調教をつけて、三冠という結果を出してきたというのは凄いと思いますね。今だったら外厩である程度のこと（調教）をやってきて、（入厩したら）それをうまく（維持するように）やっているんだけど、（当時は）本当にもう（すべて厩舎で）仕上げていくんだからね。それが一番素晴らしいなと思います」
――天国のナリタブライアンに今、声をかけるとしたら
「やっぱりもう少し長く生きてほしかった。それが一番ですね」
南井さんへ私からの最後の質問はこれだった。

――南井さんにとってナリタブライアンとは

「僕の、人生でも、ジョッキー人生でも、世間の人に見ていただいた馬。三冠っていうのは、(世間の人に)やっぱり凄い印象をつけてくれた馬だと思いますし、アピールさせてくれた馬だと思いますよ」

ナリタブライアンが繋養されていたCBスタッドのパドックに建設された「ナリタブライアン記念館」が2008年に閉館した。2000年、命日にあたる9月27日に開館し、館内には重賞競走の肩掛けやゼッケン、トレードマークだったシャドーロールや記念写真や勝負服、優勝レイ、記念品などが展示されてファンに親しまれてきたが、CBスタッドが破産した影響で2002年に一時閉鎖された。関連グッズを販売していた会社が運営して再開したものの、2008年に再度閉館となった。

記念館はその後、2011年に優駿スタリオンステーション繋養種牡馬をはじめとする種牡馬の事務管理、種牡馬株の売買斡旋など競走馬に関するマネジメント業務を行う株式会社優駿によって「優駿記念館」として生まれ変わった。展示物は優駿スタリオンステーションで種牡馬生活を送っていたオグリキャップに関するものに入れ替えられたが、ナリタブライアンの馬碑は当時のまま残されており、希代の三冠馬を偲ぶことができる。

▲「人生でも、ジョッキー人生でも、世間の人に見ていただいた馬」とナリタブライアンを振り返る南井克巳

おわりに

２０２４年５月初旬の未明、本書の再校のゲラに朱《あか》を入れ終わった時、ナリタブライアンを巡る私の新たな旅が終わりに近づいたことを実感した。

昨年４月下旬のことだった。「出版社の編集者がナリタブライアンのエピソードを話せる記者を探している」と上司から伝えられた。上司が手にしていたのは１９９４年11月７日付のサンケイスポーツ１面の縮刷コピー。そこにはナリタブライアンの三冠達成を伝える私の記事が載っていた。私が適任というわけだった。

翌月、ワニブックス編集長の岩尾雅彦さんからメールが届いた。

〈ナリタブライアンの書籍は編集者としての集大成と位置付けております。ナリタブライアンはあれだけの実績がありながら、正当な評価がなされていない、あるいは「なぜ？」が多い馬でもあると思います。来年が三冠馬になってからちょうど30年の節目の年になります。南井さんをはじめ多くの方のお話が聞けたらと考えております。それには競馬と現場を知る方＝著者の協力が不可欠で、相談の連絡を差し上げた次第です。〉

本書でも触れたとおり、２０２４年に私は還暦を迎える。節目の年に最も現場で取材し、かつ最も印象に残っているナリタブライアンを「私は取材した」という確かな証《あか》しを残したい。

漠然とだがそう思っていたので渡りに船だった。岩尾さんから声がかからなければ、漠然と思っていたままで終わっていただろう。

執筆に当たりインタビューに応じてくれた南井克巳さん、岡部幸雄さん、田原成貴さん、武豊さん。この伝説のジョッキー4人から新たな話を聞けなかったら、私にとっても集大成といえるこの本は決して世に出ていなかっただけに感謝の念に堪えない。ありがとうございます。

また、この本を出せたのは、ナリタブライアンの現役当時、私がサンケイスポーツの競馬記者として栗東トレーニングセンターを中心に現場を取材していたからこそ。その機会を与えてくれたサンケイスポーツにも感謝している。それに、サンケイスポーツ（東京版）のデータベースで自分の記事を含めた当時の紙面を読めなかったら、この本はできなかった。サンケイスポーツと週刊ギャロップを紐解くうちに当時の出来事が鮮明に蘇ったのは執筆する上で大きかった。週刊ギャロップに掲載された作家の木村幸治さん、競馬ライターの石田敏徳さんの記事はとても参考になり、引用もさせてもらった。この場を借りて感謝申し上げます。

そして何よりもこの本を手に取ってくれた皆さん、読んでくださって本当にありがとうございます。「はじめに」で書いたように、この本を読み終えたあと、皆さんがこれまでと異なるナリタブライアン像を見い出せていたのであれば著者冥利に尽きます。

2024年5月吉日　サンケイスポーツ記者　鈴木学

史上最強の三冠馬
ナリタブライアン

著者 鈴木 学（サンケイスポーツ記者）

2024年6月10日　初版発行

写真　産経新聞社／鈴木 学
装丁　金井久幸（TwoThree）
協力　若林優子
校正　大熊真一（ロスタイム）

発行者　横内正昭
編集人　岩尾雅彦
発行所　株式会社ワニブックス
〒150-8482
東京都渋谷区恵比寿4-4-9えびす大黒ビル
ワニブックスHP　http://www.wani.co.jp/
（お問い合わせはメールで受け付けております。
HPより「お問い合わせ」へお進みください）
※内容によりましてはお答えできない場合がございます。

印刷所　株式会社 美松堂
DTP　株式会社 三協美術／mint design
製本所　ナショナル製本

ISBN978-4-8470-7444-8